人文社会科学与生态文明建设丛书

生态文明建设政治学初论

郇庆治　李昕蕾　鞠传国　著

中国环境出版集团·北京

图书在版编目（CIP）数据

生态文明建设政治学初论/郇庆治，李昕蕾，鞠传国著.
—北京：中国环境出版集团，2023.7
（人文社会科学与生态文明建设丛书/洪大用主编）
ISBN 978-7-5111-5542-9

Ⅰ. ①生… Ⅱ. ①郇…②李…③鞠… Ⅲ. ①生态文明—政治学 Ⅳ. ①D0-05 ②X24

中国国家版本馆 CIP 数据核字（2023）第 113563 号

出 版 人 武德凯
策划编辑 李修棋 周 煜
责任编辑 周 煜 宋慧敏
封面设计 宋 瑞

出版发行 中国环境出版集团
（100062 北京市东城区广渠门内大街 16 号）
网 址：http://www.cesp.com.cn
电子邮箱：bjgl@cesp.com.cn
联系电话：010-67112765（编辑管理部）
发行热线：010-67125803，010-67113405（传真）
印 刷 北京中科印刷有限公司
经 销 各地新华书店
版 次 2023 年 7 月第 1 版
印 次 2023 年 7 月第 1 次印刷
开 本 787×960 1/16
印 张 24.75
字 数 250 千字
定 价 98.00 元

目　录

导 论

顾名思义，“生态文明建设政治学”就是关于生态文明建设这一新兴公共政策议题领域的政治学理解与阐释，或者说，是政治学理论与方法在生态文明建设这一新兴公共政策议题领域中的拓展运用。[1] 而且，由于这里的政治学理论与方法在更大程度上属于政治学中的比较政治学学科分支，所以，我们也可以把生态文明建设政治学归类为一种新的比较政治学或议题政治学分支。而作为一个仍处在构建初创阶段的新兴学科分支，在笔者看来，它至少需要廓清如下三个基础性的问题：

1 郇庆治：“环境政治学视野下的绿色话语研究”，《江西师范大学学报（哲社版）》2016 年第 4 期，第 3～5 页；李垣：“生态文明建设的‘浅绿’与‘深绿’：基于环境经济学和环境政治学的解读”，《湖北行政学院学报》2015 年第 6 期，第 20～25 页。

一是对“生态文明建设政治学”及其研究对象的学术界定或概念化，二是生态文明建设政治学对既有的环境政治学的承继与超越，三是生态文明建设政治学的社会主义质性特征。

一、什么是生态文明建设政治学

简言之，生态文明建设政治学是围绕着生态文明建设政治阐发与构建起来的学术话语体系或新兴学科分支。而对于作为一种独立政治现象或研究对象的“生态文明建设政治”（或“生态文明及其建设政治”）的理解，一是要将其置于生态环境议题的政治化和传统政治的生态化拓展的全球性进程之中，二是要明确它所处的特定情势下的当代中国背景与语境。

就前者而言，作为近代工业文明及其不断扩展深入的伴生性后果，生态环境质量退化或破坏至少在 19 世纪中叶就已经引起人们的关注，比如恩格斯 1844 年在《英国工人阶级状况》中对于伦敦、曼彻斯特等早期工业城市的环境污染和工人生活环境的描述，但是，生态环境问题被明确认定为一种全球性生存与发展挑战甚或危机，一般认为是始于 1972 年联合国在斯德哥尔摩举办的人类环境会议。在这次会议上，所有联合国成员国的政府以及相关国际组织被要求本着共同但有区别的责任原则，来维护地球这一人类唯一家园的健康。自此，生态环境议题及其应对在包括越来越多发展中国家在内的世界范围内成为一种公共管理政策，民族国家层面上的政府、政党、社会运动团体与工商企业，国际层面上的联合国机构、国际组织和研究智库、跨国公司等，都开始在某种程度上或以某种形式做出自己的回应，也就是开启了所谓的绿化或生态化的进程。另一个重要转折点是 1992 年在巴西里约热内卢举行的联合国环境与发展大会。这次会议所通过的《里约环境与发展宣言》和签署的《联合国气候变化框架公约》与《生物多样性公约》奠定了从那时至今的国际环境政治与治理合作构架，而可持续发展原则与战略则成为广大发展中国家重构其生态环境保护治理政策体系的统摄性伞形概念。结果是，不同样态的或“绿色颜值”深浅不一的可持续发展，比如生态现代化、绿色发展、绿色经济（增长）、社会生态转型，逐渐在全世界范围内变得时尚与流行，尤其是在爆发了 2008 年世界经济与金融危机之后。依此而论，当代中国其实并没有落后于这一始于 20 世纪 70 年代初的世界政治绿化进程太多或游离于之外，而是其中的一个重要见证者、参与者和贡献者。换言之，自那时以来，中国共产党及其领导下的政府就一直致力于对国内外的生态环境问题不断地做出政治化阐释与应对[1]，而且事实上也是如此。

就后者而言，狭义的或严格意义上的生态文明建设政治，是由中国共产党及其领导下的政府对于我国社会主义现代化

1 郇庆治：“改革开放四十年中国共产党绿色现代化话语的嬗变”，《云梦学刊》2019 年第 1 期，第 14～24 页；刘希刚、刘扬：“中国共产党生态文明建设理念的与时俱进和创新发展”，《广西社会科学》2018 年第 1 期，第 20～24 页。

建设正在进入新时代这一政治研判，以及相应采取的生态环境治国理政理念方略或广义的生态环境保护治理政策所决定的。[1]也就是说，它是中华人民共和国成立以来历代中国共产党人持续不断地探索社会主义现代化建设背景下加强与改进生态环境保护治理体制机制努力的有机组成部分和时代版本，因而既是一个一脉相承的连续性过程，也包含着对时代问题与挑战回答的重大创新。对于这种时代特点，习近平同志 2018 年 5 月 18 日在全国生态环境保护大会上的讲话中，将其精准地概括为“三期叠加”：“生态文明建设正处于压力叠加、负重前行的关键期，已进入提供更多优质生态产品以满足人民日益增长的优美生态环境需要的攻坚期，也到了有条件、有能力解决生态环境突出问题的窗口期”[2]。换言之，新时代生态文明建设政治的使命，就是要对“生态环境保护治理形势依然严峻”“人民群众对改善生态环境质量和优质生态产品需要满足的愿望日益强烈”“改革开放以来的经济社会发展已经提供了实质性解决生态环境突出问题的条件能力”的生态环境保护治理客观现实，做出一种“生态文明建设”政策话语体系下的政治阐释与应对。

严格来说，“生态文明建设”和“生态文明”不仅在词语具体构成上就有着明显的位阶层次之分，前者更应准确理解为

1 徐行、张鹏洲：“我国生态文明建设的政治考量与政府职责”，《理论与现代化》2016 年第 4 期，第 99～104 页。

2 习近平：“推动我国生态文明建设迈上新台阶”，《求是》2019 年第 3 期，第 8 页。

后者的一个隶属性层面或它的实践层面，而且在我国的特定背景和语境下，围绕着“生态文明建设”伞形概念所构建起来的更接近于一种政策话语体系，而围绕着“生态文明”伞形概念所构建起来的则更接近于一种学术话语体系。因而，当我们在公共政策及其比较的层面上展开讨论时，生态文明建设是更加适当的统领性概念，当我们在哲学伦理或政治理论层面上进行讨论时，生态文明作为统领性概念显然要更为合适些，但也不能绝对化，本书就是在以前者为主、兼顾后者的意义上使用[1]。

因而，对生态文明建设政治的研究或生态文明建设政治学，其主体内容是在国家的整体性政治制度框架之下，围绕着生态文明建设公共政策的议题形成、政策决策、执行落实、评估完善等具体环节或阶段而进行的。比如，生态文明建设绩效考核政策主要是指对各级党委、政府及其主管部门和主要负责人所开展的生态文明建设战略与政策实施情况及其成效的评价，并且会依此做出组织人事调配或物质奖惩意义上的决定。具体来说，在议题形成阶段，虽然其必要性是较容易达成共识的，但可以想见的是，具体由哪一个党政部门（为主）来实施考核、依据哪些评估指标与标准来进行考核、如何利用所获得的考核结果，都是存在很大的不确定性或竞争性的；在政策决

1 笔者在他文中曾提出把“生态文明及其建设”作为一个涵盖这二者意涵的更高位阶概念，参见郇庆治：“生态文明及其建设理论的十大基础范畴”，《中国特色社会主义研究》2018 年第 4 期，第 16～26 页。

策阶段，某一个党政部门（为主）经过一定的公开程序或内部委托获得组织实施考核评估的主导性权力，然后由它所拟定提出的考核评估方案就会通过必要法律程序而成为国家或地区性的合法方案；在执行落实阶段，这个党政部门（为主）代表国家或地区负责实施对目标区域内的生态文明建设绩效的考核评估，往往要对被考核单位做出优劣等级或奖罚意义上的决定；在评估完善阶段，这个党政部门（为主）要根据已经实施考核活动中所暴露的评估程序、指标标准和激励效应等方面的不足对考核评估体系进行调整完善，当然也包括必要情况下的重构或废止。

这方面的一个典型实例是，环境保护部早在 2007 年就已开始实施我国“生态文明建设（试点）示范区”的遴选创建工作（在此之前则是遴选促进“生态示范区”建设），2012 年后则呈现为与国家发展改革委等七部委主导的“生态文明先行示范区”评选、国家统计局等四部委主导的“绿色发展指数”测评、中组部的“地方党委政府和领导干部分类考核”等形式相并列的竞争性格局，2017 年后进一步按照党中央要求重构为“生态文明建设示范市县”和“‘绿水青山就是金山银山’实践创新基地”评选促建的考核形式。[1]

但也必须看到，生态文明建设政治学与通常所意指的环境

1 郇庆治：《生态文明建设试点示范区实践的哲学研究》，中国林业出版社 2019 年版，第 5～12 页；乔永平：“我国生态文明建设试点的问题与对策研究”，《昆明理工大学学报（社科版）》2016 年第 1 期，第 24～29 页。

公共政策（管理）研究之间的显著区别，是前者具有较强的政治哲学意味。这主要是由于，虽然二者作为公共管理政策，初看起来都是针对或指向某种形式的生态环境问题及其综合体，但它们所采取的观察思考角度与政策应对思路存在明显差别。总体来说，环境公共政策更加侧重于经济技术进步和行政监管手段的环境治理直接或短期效果意义上的运用，而生态文明建设政治学则更加强调对于生态环境问题的尽可能是“五位一体”意义上的综合性、整体性、长期性解决方案。比如，对于持续严重影响我国较大地域面积的重污染天气问题，环境公共政策更容易考虑与选择针对受影响地区的基于燃煤技术改进、污染企业关停、机动车限行、气象干预等经济行政手段的公共政策，而生态文明建设政治学则会更多考虑与选择重新认识或调整受重污染天气影响地区以及更大范围内的自然生态与地理气象特点、人口资源环境与经济社会发展关系、经济产业结构和能源技术结构。

具体地说，生态文明建设政治学蕴含着公共政策视域中至少如下四个关系层面上的政治哲学意蕴或考量：人与自然、经济与环境、个体与社会、国内与国际。

从政治哲学视角来看，人与自然关系同时呈现为一种自然生态循环与物质能量信息变换关系和一种持续变动过程中的社会历史关系，而且这两个层面之间是彼此制约与相互影响的。也就是说，现实中的或我们身处其中的人与自然关系，其实是一种“社会的自然关系”[1]。具体而言，它不仅是个体、社群和社会等不同规模或类型的人类集群与自然之间的感知、认识与实践关系，还是基于特定自然生态地理区位和既有社会历史条件的经济技术与社会政治文化关系。毫无疑问，对自然生态系统及其构成元素的科学认知与道德伦理尊重，是现代社会与文明得以发展延续的重要前提。当代生态科学研究已经清楚地揭示，无论就人类个体或社群还是文明社会而言，生态环境的基础决定性作用是始终存在的甚或无法逾越的，而“生态兴则文明兴、生态衰则文明衰”则是对于这一生态唯物主义法则或历史事实的科学概括[2]。但同样不容置疑的是，以社会关系为中枢的整个社会的生态化重构，构成了当代社会或文明的可持续发展与生存延续的更为根本性的方面。完全可以说，没有当代社会的生态化重塑，就不会有人与自然关系的和谐相处。因而，在生态文明建设过程中，坚持或实现人与自然关系的和谐共生，其主战场则在于人与人关系的调整协调。

最一般意义上的经济发展与环境保护之间的关系，其实是伴随着人类社会或文明的整个进程的。一方面，二者之间本质上并不是一种矛盾对立的关系，因为任何一个社会或文明都希望获得兼得或共赢的结果，物质生活富裕及其条件保障是人类

---

1 乌尔里希·布兰德、马尔库斯·威森：《资本主义自然的限度：帝国式生活方式的理论阐释及其超越》，郇庆治等编译，中国环境出版集团 2019 年版，第 25～27 页。

2 中共中央文献研究室（编）：《习近平关于社会主义生态文明建设论述摘编》，中央文献出版社 2017 年版，第 6 页。

社会文明进步的基本体现，但山清水秀的城乡自然环境也是不可或缺的目标追求。另一方面，必须承认，迄今为止的社会文明形式——狩猎采集、游牧业、农业和工业文明，都造成了对周围自然环境的破坏性影响，比如定居化生存后的畜牧养殖、大面积的农业开垦和集中于城市的工业生产。但只有在现代文明社会条件下，经济发展和生态环境保护之间才发展成为一种公开的、直接的矛盾冲突关系。这既是由于人类社会在工业化大生产和城市化生存基础上所集聚起来的强大的改变整个地球范围内的自然生态环境的经济技术能力，也是由于与工业化大生产和城市化生存相适应而建立发展起来的资本主义社会关系。一般来说，“深绿”的生态中心主义理论集中于批判前者的非生态特征，“红绿”的生态马克思主义或生态社会主义理论集中于批判后者的反生态本质，而“浅绿”的生态资本主义或绿色资本主义理论则同时强调这二者的积极一面，即它们也可以用于生态环境保持与修复的目的。[1] 但事实已证明，现实中二者之间是一种彼此“互嵌”程度极高的依赖与支撑关系，其整体生态环境破坏性质是毋庸置疑的，而所有使其关系实质性“脱钩”的努力，都意味着对二者各自的一种根本性改造。因而，在生态文明建设过程中，无论是强调现代经济生态化和发展绿色经济的环境保护效果，还是强调生态环境保护目

1 郇庆治等：《绿色变革视角下的当代生态文化理论》，北京大学出版社 2019 年版，第 1～17 页。

标要求的经济转型倒逼效应，都离不开“社会”及其变革这个媒介。

对于个体与社会之间的关系，自由主义政治学更多强调的是个体权益及其保障的基础性地位，不承认没有对等权利认可与保障的义务或责任，而社会主义理论则更多强调的是包括家庭、学校、社区、社群、行政区、民族、国家等在内的社会集群的重要性，认为离开了社会制度条件及其不断完善作为保障的个体权益是很难实现的。这当然不是说，自由主义政治就不要求个体承担任何义务和责任，或者，社会主义政治就不承认、尊重和保护个体的合法权益。然而，又必须看到，自然生态议题确实在很大程度上重塑着我们对于个体与社会之间关系的既存认识。一方面，个体的生态环境权益与民主政治权利大大扩展了我们对于个人权利义务认知的地平线，也为新背景语境下的国家法制保障与社会建设提出了更高的要求。另一方面，个体与社会之间的许多既有边界，已经完全消解或渐趋模糊。比如，个体或家庭的日常生活消费在当代社会中正具有日益凸显的社会政治意义，许多原本属于个体的自由决定或选择的事项，如今已经必须受制于或服从于某种社会性的决定，而社会则有着更多、更大的权限或授权，来民主或权威性地做出限制个体生活自由的有关决定。我国在 2020 年新冠肺炎疫情期间启动修改的《中华人民共和国野生动物保护法》明确全面禁食野生动物，而这在不久之前还是许多人的一种生活习惯或消费自由。因而，在生态文明建设过程中，单纯强调个体的伦理意识和责任担当，或者片面扩大社会的议决规约权限，其实都会带来一些意料之外的后果。

国内与国际关系是另一个因为生态环境问题而变得重要性凸显的维度。在传统国际政治理论中，民族国家一直被视为无可置疑的第一主体，即便是那些认可与支持国际合作的理论学派也不从根本上否认这一点。而这就意味着，承认国际社会或超国家层面上的无政府状态是国际政治理论的一个基本假设，世界各国政府之间的外交往来与（非）制度化合作都首先（只）是为了确保与扩大民族国家的既定利益。应该说，生态环境议题的兴起对于这一国际政治理论架构及其核心假设带来了巨大冲击，最具冲击力的方面则是像全球气候变化应对这样的世界性生态环境挑战或危机的超国家威胁性质与全球合作需要，而“我们只有一个地球”的口号和“人类命运共同体”理念是对此的最形象表述。也就是说，共同的生态环境挑战及其应对，理应成为我们地球居民意识自觉和同舟共济的制度框架构建的“第一推动力”，而全球生态文明建设，理应成为世界各国的绿色政治与政策选择。然而，至少从20世纪90年代初至今的实践来看，国内与国际维度之间的诸多僵硬界限依然难以实质性消除，而最大的障碍并不在于对共同目标要求的认知理解，而在于对于各自应该做出的切实努力存在着难以弥合的分歧。因而，在生态文明建设过程中，亟待实质性突破的一个重要方面是逐步打破二者之间的森严壁垒，尤其是实现国际维度的国内化，真正能够做到“全球思考（行动）、地方行动（思考）”。

二、生态文明建设政治学对环境政治学的承继与超越

理解生态文明建设政治学确立依据及其学科意涵的一个重要维度，是弄清楚它与现有的环境政治学的异同。总体而言，它们之间既存在许多方面的相近性，但也有着一些显而易见的差异。环境政治学的学科发展及其理论成果在研究内容与方法方面为生态文明建设政治学提供了重要基础或参考借鉴，而生态文明建设政治学则在研究论域、学术话语和主体视角等方面实现了重大拓展或转换，从而能够更鲜明地反映我国新时代环境政治理论与实践上的质性特点。

概括地说，环境政治学作为一个环境人文社会科学学科，其形成始自20世纪60年代初在欧美发达工业化国家中最早出现的环境社会批评舆论与生态哲学伦理思潮，以及随后发生的大众性环境社会抗议运动。它们不仅促成了在此之前就已经多次发生的大规模环境污染事件（比如1952年爆发的“伦敦烟雾事件”）的大众公开化，而且成功地将生态环境问题“界定”为一种资本主义国家或社会中的社会政治问题，也就是实现了它的“政治议题化”。这方面必须提及的是美国海洋生物学家蕾切尔·卡逊1962年出版的《寂静的春天》。这部作品第一次

把象征工业技术进步的化学杀虫剂所带来的生态系统或生态多样性破坏后果以令人震撼的方式展示出来，并向资本主义工业文明发展方式及其伦理道德基础提出了严肃的质问和批评。20 世纪 70 年代初，在环境政治成功实现从街头抗议到政党竞选、从国内政治竞争到国际舞台合作的制度化呈现的同时，环境政治学也就应运而生成为一个新兴的政治学分支学科。与作为一种社会政治现象的“环境政治”不同，“环境政治学”致力于对环境政治实践中的议题确定、政治主体、政府决策与政策落实等环节方面做出理论阐释。[1] 不难理解的是，绿党或环境政党的形成发展、进入议会直至组阁执政，从一开始就成为环境政治学关注的焦点。[2]

在过去的近半个世纪中，环境政治已经从最初的工业（城市）污染防治、环境运动与政党政治、政府环境政策、国际环境合作等有限议题领域，扩展成为几乎涉及现代经济社会发展各个维度层面的人口资源与生态环境问题域，并且所关注的主题或焦点也已经从当初的工业污染处置、绿色运动与政党动员、政府主管部门政策及其落实，转向个体生活消费、资源循环利用与新能源技术开发、综合性可持续发展实践、全球气候变化应对合作，等等。相应地，环境政治学研究也已经从最初的更多关注主流渠道议题确定、传统政治角色作用发挥、政府

1 郇庆治：“雾霾政治与环境政治学的崛起”，《探索与争鸣》2014 年第 9 期，第 48～53 页。

2 郇庆治：《欧洲绿党研究》，山东人民出版社 2000 年版，第 1～2 页。

法制化政策制定及其落实、欧美国家环境政治，转向更加强调污染源头预防技术、区域多部门协同治理、经济政策手段综合运用、发掘弘扬发展中国家和原住民生态智慧，等等。[1] 总之，环境政治学研究的视域和学科方法更加丰富与多样化了。[2] 其中，环境自然科学的发展和环境工程技术的进步，起到了一种十分重要的助推作用。比如，全球气候变化议题始于 20 世纪 80 年代中期被接受为一个科学事实的“大气臭氧层空洞”问题——尤其表现在地球两极地区，以及迅速确定的大气臭氧层损耗与氟利昂等制冷剂产品使用之间的联系，到 1992 年联合国环境与发展会议时已经被确定为围绕着《联合国气候变化框架公约》的全球气候变化应对政治。而作为一个科学咨询机构于 1988 年成立的“联合国政府间气候变化专门委员会”（IPCC）及其系列评估报告，成为国际社会了解全球气候变化现状与趋势的最权威信息来源。

在我国，环境政治学是与其他环境人文社会科学学科一起成长起来的，始于 20 世纪 70 年代末 80 年代初的改革开放基本国策，同时在社会实践需要和学术研究推动方面扮演了一个

1 郑石明：“国外环境政治学研究述论”，《政治学研究》2018 年第 5 期，第 91～102 页；党文琦、奇斯・阿茨：“从环境抗议到公民环境治理：西方环境政治学发展与研究综述”，《国外社会科学》2016 年第 6 期，第 133～141 页。

2 郇庆治（主编）：《环境政治学：理论与实践》，山东大学出版社 2007 年版，第 1～3 页；郇庆治：《环境政治国际比较》，山东大学出版社 2007 年版，第 2～3 页。

"催生婆"的角色。[1] 一方面，欧美国家代表性学术流派或学者著述的翻译评介，成为最先采用的学术研究和学科构建进路。结果是，精彩纷呈的绿色政治观点或人物像一波接一波的潮水涌入人们的视野，比如 20 世纪 80 年代中后期最早翻译出版的罗马俱乐部的《世界的未来：关于未来问题一百页》《人类处在转折点》《展望二十一世纪：汤因比与池田大作对话录》等。这方面最具代表性的分别是吉林人民出版社 1997—2000 年组织出版的"绿色经典文库"和山东大学出版社 2005—2012 年组织出版的"环境政治学译丛"，前者包括巴里·康芒纳的《封闭的循环：自然、人与技术》、丹尼斯·米都斯等的《增长的极限》、芭芭拉·沃德和勒内·杜博斯的《只有一个地球：对一个小小行星的关怀和维护》、世界环境与发展委员会的《我们共同的未来》、艾伦·杜宁的《多少算够：消费社会与地球的未来》等经典名篇，后者包括默里·布克金的《自由生态学：等级制的出现与消解》、安德鲁·多布森的《绿色政治思想》、戴维·佩珀的《生态社会主义：从深生态学到社会正义》、克里斯托弗·卢茨的《西方环境运动：地方、国家和全球向度》、萨拉·萨卡的《生态社会主义还是生态资本主义》、罗宾·艾克斯利的《绿色国家：重思民主与主权》和约翰·德赖泽克的《地球政治学：环境话语》等环境政治学名著。

1 郇庆治："2010 年以来的中国环境政治学研究论评"，《南京工业大学学报（社科版）》2018 年第 1 期，第 23～38 页；郇庆治："环境政治学研究在中国：回顾与展望"，《鄱阳湖学刊》2010 年第 2 期，第 45～56 页。

另一方面，明显受到国内学术环境与语境的影响，对于生态马克思主义或生态社会主义和环境公共管理的探讨，成为我国环境政治学研究中的两个议题侧重或“亮点”。前者的“红绿”意识形态特征，使得我国的环境政治理论研究较为容易地“对冲”了生态中心主义哲学伦理的强势地位和可能影响，生态无政府主义或生态自治主义并未引起我国学者的太多关注，更没有对党和政府的环境政策取向及其制定实施产生太大的影响。执政党及其领导下政府的适当政策——而不是地方或小规模社区的自主自觉的生态化理念及其实践——始终被认为是现实环境政治的中枢核心。之所以会是如此，在很大程度上是由经济社会现代化进程的迅速推进所带来的生态环境问题应对实践需要所决定的。这使得广义的环境管理同时在政府（公共）管理或公共政策和环境工程技术两个不同的学科背景或话语体系下发展起来，即分别隶属于政治学（尤其是公共管理学）的“环境公共管理（政策）”和隶属于环境工程技术学科的“环境规划与政策”（与环境自然科学、环境工程技术相并列），尽管这二者在现实的学术研究和交流中很难做截然区分。

就此而言，生态文明建设政治学和环境政治学的确有着很大程度的相似或相通之处。首先，对各种类型的生态环境问题的政治学理解与应对，也是生态文明建设政治学作为一个公共政策议题研究领域或学科方向必须要面对的。也就是说，环境政治学视野下的或已经取得的理论成果，都构成了生态文明建设政治学研究的重要基础或组成部分。这从根本上说，是由作为二者研究对象的“环境政治”与“生态文明建设政治”之间的近似性所决定的[1]，即它们都致力于探索生态环境保护治理目标实现的适当的政治进路，尽管后者的目标与任务以及所对应的政策手段要更为综合一些。也就是说，至少就其直接性目标任务和在初始阶段而言，生态文明建设政治需要花大力气应对解决的也是经济社会现代化过程中已经累积起来的生态环境破坏后果或风险，而对此更为有效的显然是各种形式的环境政治知识和手段。比如，对于一个都市或区域的持续严重的重污染天气问题，迅速明确的难题确定和果断有力的行政与经济技术措施无疑是最先需要的，然后才能考虑发现更深层次问题和引入更加综合性、立体性的解决思路手段。

其次，环境政治学的比较政治研究方法，也是生态文明建设政治学可以借鉴运用的。这其中尤为重要的是理论与实践相结合的方法论和个例分析与比较分析方法的综合运用。[2] 前者所强调的是，必须要从理论与实践相统一的方法论高度来界定和分析环境政治问题或生态文明建设政治问题，既不能高悬于概念理论推演的层面上泛泛而论，也不能拘泥于经验观察事实

1 贾秀飞、叶鸿蔚：“环境政治视阈下生态文明建设的逻辑探析”，《重庆社会科学》2019 年第 2 期，第 76～83 页。

2 冉冉：“政体类型与环境治理绩效：环境政治学的比较研究”，《国外理论动态》2014 年第 5 期，第 48～53 页。

的叙述报告；而后者所强调的是，基于客观全面持续的调查研究的个例动态分析和多案例比较分析，是科学研究一个环境政治问题或生态文明建设政治问题的基本方法，任何片面、局部、暂时性考察的局限和分析立场态度方法上的偏执，都很容易导致先入为主的或以偏概全的谬见。比如，对于不同类型的生态文明建设典型案例的研究，既要对生态文明及其建设的基本理论、党和国家的方针政策有着全面清楚的理解，也要熟练掌握政治学尤其是比较政治学的研究方法与技术；既要对目标个例的方方面面和来龙去脉有着动态深入的了解，也要将其置于与其他近似或不同案例的比较中加以考察分析。

当然，相比之下，生态文明建设政治学确有自己的时代特质或学科特色。对此，我们可以从如下三点来理解。其一，研究论域的不同。一方面，与环境政治学的相对严格界定不同，比如大气污染、水污染、土壤污染、噪声污染和近海污染、水土流失与土地荒漠化、全球气候变暖，生态文明建设政治视域下对“生态环境问题”的认定要宽泛得多，不仅涵盖了传统意义上更多属于生态空间或生态性质的问题，比如生态安全、生物多样性减少、林草湿地保护，还包括了大量只是结果上与自然环境质量相关或对之有一定影响的问题，比如野生动植物及其相关产品消费、城市交通系统中的小汽车偏好、过分依赖化石能源的供电供暖体系。另一方面，生态文明建设政治明显涵盖了广义的生态环境问题之外的更宽泛领域。这方面最有说服力的论据，是党的十八大报告关于生态文明建设的“五位一体”的规定性阐述，即生态文明建设必须融入其他“四大建设”（经济、政治、社会、文化建设）的各方面和全过程。也就是说，生态文明建设同时从路径机制和目标任务上包含着它的经济、政治、社会和文化维度或层面，也就理应成为生态文明建设政治学所关注与研究的论域，而不应仅仅局限于生态环境本身的保护治理。因而，尽管也要注意防止过度泛化可能导致的研究论域的模糊性或不确定性，但至少与环境政治学相比，生态文明建设政治学的突出特征是它的研讨论域的广泛性和交互关联性。

其二，学术话语的不同。相较于环境政治学侧重于具体生态环境问题的直接性或即时性解决理路，也就是一种“浅绿”性质的问题确定与应对逻辑，生态文明建设政治学更加强调生态环境问题本身、成因与结果的复杂性以及相应的综合性整体性解决理路，也就是一种更多具有“红绿”特征的系统性问题确定与应对逻辑。依此而言，生态文明建设政治学本身蕴含着或具有一种较为激进的理论特质。这种激进特质既来自对于当代社会整体架构，尤其是它的经济社会结构的彻底批判态度与根本性重建主张，也来自这样一种深刻变革所要求的或所导致的人与自然关系、社会与自然关系的哲学伦理意义上的重塑，而这意味着作为社会主体的人类个体及其不同类型组合的公民意识与道德文化素质的生态化革命。[1] 也就是说，生态文明建设政治及其话语体系，既不同于以法制化文本政策及其执行落实为主的公共政策政治，也不简单是一种新民主话语及其政治或一种新道德伦理意识及其践行，而是一种分析性与规范性相结合的文明转型话语及其政治[2]，是关于现代工业文明如何实现生态化革新或自我否定的革命性话语及其政治。因而，虽然不宜做过分的夸大或片面性解读，但生态文明建设政治学确实有着更为强烈的未来指向或乌托邦意蕴。

其三，主体视角的不同。与环境政治研究相比，同样值得关注的是生态文明建设政治研究主体的观察与认知视角上的“三大转变”。一是研究者从更注重对欧美发达工业化国家的实践经验、理论知识和学科建设的学习借鉴，转变到更加自主地认知解决经济社会现代化发展过程中所面临的广义上的生态环境问题，也就是越来越侧重用自己的知识经验来独立确定与解决被认为是属于自身的问题；二是研究者从经济社会现代化发展初期对于绝大部分生态环境问题所采取的相对消极被动应对立场，转变到对于包括生态环境问题成因预防或源头处置等在内的更加积极主动作为态度，也就是越来越倾向于采取一种主动出击的思路与策略；三是研究者从过去的常常是

1 约翰·贝拉米·福斯特：《生态革命：与地球和平相处》，刘仁胜等译，人民出版社 2015 年版。
2 郇庆治：《文明转型视野下的环境政治》，北京大学出版社 2018 年版，第 2～5 页。

“言必称西方”转变为如今日益凸显的“东方自信”，相信在绝大多数生态环境问题上，当代中国都已同时是问题成因及其解决方案的一部分，而且，生态文明及其建设集中体现了我国作为一个发展中大国的绿色理论思考、实践创新与世界性贡献。[1]

三、生态文明建设政治学的社会主义质性特征

理解与构建生态文明建设政治学所关涉的另一个重要议题，是对于生态文明建设政治的社会主义质性特征的阐发与彰显。的确，即便在环境政治学话语体系下，也存在生态马克思主义或生态社会主义的政治理论和“红绿”的社会运动与政党政治的研讨，从而表明了同样的生态环境问题的不同政治理解与公共政策应对思路。而在生态文明建设政治学的视域下，社会主义质性特征或政治选择的论辩和追问，就成为一个尤其突出也更加关系着全局和未来的方向性问题。

至少在当代中国背景和语境下，生态文明建设政治学所要回答的第一个“政治”问题，就是生态文明建设的社会主义质性特征及其政治政策意涵，也就是说，当代中国的或真实意义上的生态文明建设为何必须是社会主义的，而不能是资本主义的。[2]

1 王雨辰：“构建中国形态的生态文明理论”，《武汉大学学报（哲社版）》2020年第6期，第15～26页。

2 郇庆治、李宏伟、林震：《生态文明建设十讲》，商务印书馆2014年版，第79～105页。

对此，我们可以从如下两个方面来理解：其一，我国的生态文明建设为什么要坚持社会主义的政治取向和目标追求？其二，我国的生态文明建设与世界主要资本主义国家的环境政治与公共政策及其话语体系究竟有何区别？

对于前者，依据马克思主义的唯物史观，社会主义社会中的生态文明是与整个社会的经济、政治、社会与文化等各个领域的社会主义进步特征相关联的，而这些进步首先是由于完成了对于原来主宰性的资本主义制度体系的历史性取代所实现的或所导致的。[1] 也就是说，所谓的生态文明，不过是整个社会的社会主义性质变革的一部分或相应体现，尤其呈现为人与自然关系和社会与自然关系构型的历史性进步。因而，在很大程度上，社会主义社会中的生态文明，并不是由于届时的人类社会可以掌握魔法般的新型科技知识与手段，从而在做到满足人们无限（不断）丰富的物质文化需要的同时，轻而易举地消除或避免之前社会中普遍存在着的各种形式的生态环境问题，而是由于社会主义性质的制度设计及其日益完善，可以达致社会生产生活与生态之间、人口资源环境和经济社会发展之间、经济理性和社会理性与生态理性之间、人或社会与自然关系之间等众多维度层面意义上的动态平衡与良性互动。也就是说，人与自然和谐共生的生态文明愿景，并不是由于人类社会实现

1 张云飞：《唯物史观视野中的生态文明》，中国人民大学出版社 2014 年版，第 511～519 页、第 545～554 页。

了对自然生态系统及其构成元素的经济或科技征服，然后可以做到生杀予夺、随心所欲，而是由于可以在最大程度上做到对自然生态规律的认知、把握与尊重——尤其是基于多层面上民主达成的社会性共识，而不是杰出或权威个体社群的独断性决定。由此可以说，生态文明其实是一种社会整体文明基础上或条件下的领域性进步，而单纯的生态环境构成要素及其衡量指标上的改善可以表征但却不足以代表生态文明本身。

当然，必须强调的是，我国的社会主义社会还不是一个成熟发达意义上的社会主义社会，至少不是马克思恩格斯所设想的作为共产主义社会的低级形式或阶段的发达社会主义社会。一方面，中国特色社会主义是马克思主义基本理论与我国社会主义革命与建设实践相结合的理论、道路、制度与文化体现，而 1987 年党的十三大所做出的我国依然处于并将继续长期处于“社会主义初级阶段”的政治判断，决非仅仅从社会生产力水平相对较低而得出的。另一方面，在世界范围内，我们还不得不与依然占据强势地位的资本主义制度体系、国际秩序及其支撑性文化价值观念进行长期性竞争，而这也就决定了我国进行社会主义建设的外部国际环境远非顺水行舟。应该承认，这一国内外环境对于我国的生态文明建设有着一种双向性的抑制作用。相对弱势的综合实力与国际地位，使得我们往往采取淡化意识形态歧见的包容性国内政治和“韬光养晦”的国际竞争战略，尽量弱化甚至回避国家制度和整个社会的社会主义性质，而这样做的难以避免的后果之一，则是会影响到社会主义制度特征优势及其社会政治动员潜能的更充分发挥。所以，笔者多次强调，应该更自觉地坚持与阐发我国生态文明建设的社会主义质性，或者说“社会主义生态文明”的政治哲学基础与未来愿景，其核心理由则是社会主义生态文明这一术语和理论的“转型话语”（政治）特征[1]。

对于后者，我们又要澄清两个具体性的问题，一是欧美主要资本主义国家的生态环境问题，就像它的逐渐形成、加剧与改善一样经历了一个历史性过程。20 世纪 70 年代中后期所形成的有利于这一问题应对的世界性经济、政治、社会与文化“机会结构”是至关重要的，其主要表现之一是，这些国家将国内或整个区域的环境污染性产业转移到了位于亚太地区等的所谓新兴经济体国家。借助于这种污染源转移策略，这些国家不仅大幅减少了其境内的传统类型环境污染物的排放总量，还进一步刺激促动了国内第三产业或服务业的兴起发展。结果是，这些国家在20世纪90年代中后期普遍实现了生态环境质量的较大幅度改观——除了个别大都市和工业中心城市，碧水蓝天、鸟语花香成为普通民众的生活环境常态。但问题是，如果把这些国家的高标准生活消费置于全球背景下来观察，他们自己的生态环境改善更多是建立在世界其他国家和地区以及整个星

---

1 郇庆治：“作为一种转型政治的‘社会主义生态文明’”，《马克思主义与现实》2019 年第 2 期，第 21～29 页。

球的生态环境的持续恶化基础之上的。就此而言，即便这些国家中的“绿色故事”本身都是真实的，也并不是普遍有效的或可复制的。对比之下，当代中国的生态文明建设无论从现实可能性还是发展中社会主义国家的性质来说，都已不可能再简单通过低端产业转移或污染转嫁的方式来实现。

二是欧美主要资本主义国家的生态环境问题公共政策并不是一种价值观念或意识形态中立的经济技术或公共行政管理政策。简言之，资本主义国家或社会中的环境公共政策，就只能是一种资本主义性质的政策。这当然不是说，资本主义制度条件下的国家或社会就会完全无视生态环境问题，任其蔓延与恶化而无动于衷，而是说，它必然会、也只能是按照资本主义的经济社会规律来理解、界定和应对生态环境问题，即走向“绿色资本主义”或“生态资本主义”[1]。其核心理念是，资本主义社会条件下的任何公共政策，都不应质疑或挑战基于生产资料私有制的市场经济体制本身，即只能通过产权、资本、产品、市场的合理与创新组合，来实现生态环境改善目标与资本积累目标的兼得共赢，而且第二个目标始终是决定性的。由此也可以理解，20 世纪 80 年代中期出现的“可持续发展”理念原则，很快就在欧美国家中被再阐释为“生态现代化”或“绿色增长”“绿色投资”“绿色经济”，而它们在自 20 世纪 90 年

---

1 郇庆治（主编）：《当代西方生态资本主义理论》，北京大学出版社 2015 年版，第 2～10 页。

代初开始的国际气候变化履约谈判中关心的焦点之一，则是全球性“碳交易市场”和“低碳技术转让”交易规则。

相形之下，当代中国的生态文明建设作为一种公共政策，是服从或服务于中国特色社会主义现代化发展的总体目标的，而这个总目标的核心则是“以人民为中心”和构建“人类命运共同体”[1]。简要地说，在国内层面上，党和政府所采取的改善生态环境质量的任何政策举措及其成果的评判，都以人民群众不断增加的优质生态产品需要和优美生态环境需要的满足为根本前提，相应地，各种形式的资本、市场与技术手段的开发运用，只具有虚拟或象征性的意义，而绝不能成为霸权性的经济原则或逻辑；在国际层面上，我们将站在人类同呼吸、共命运的高度，来持续推动一种使绿色可持续发展成为具有面向世界各国的社会包容性的新型国际关系架构与秩序。

与生态文明建设的社会主义质性特征及其政治政策意涵阐发密切相关的另一个“政治”问题，是其中所蕴含着的生态民主视域下的社会主义民主政治实践及其丰富的巨大潜能。应该说，环境政治学的话语体系主要是在自由民主主义的理论框架之下围绕着“环境民主”这一伞形概念构建起来的。[2] 其中的核心理念是，公民个体拥有像其他基本人权和政治、经济、

1 中共中央文献研究室（编）：《习近平关于社会主义生态文明建设论述摘编》，中央文献出版社 2017 年版，第 83～84 页、第 140～142 页。

2 蔡守秋：“环境公平与环境民主：三论环境资源法学的基本理念”，《河海大学学报（哲社版）》2005 年第 3 期，第 12～17 页、第 39 页。

社会文化权利一样的受到国家法律认可与保护的环境权利，尤其是免除生态环境损害风险和享有健康宜居的自然生态环境的权利，而公民个体在享受这些权利时也有着不能影响其他公民个体或公共集体的环境权利以及其他权利的义务。概言之，可以把“环境民主政治”理解为当代民主国家、社会与个体之间的一种“绿色契约”，它在承认公民个体扩展的环境自由合法权利的同时，也赋予了国家及其政府的扩大的在生态环境保护治理领域中的宪制职责。值得注意的是，直接性和对等性是这种契约关系的两个基本特征。就前者而言，它体现为公民个体与国家及其政府之间的一种法律条文化的直接确定性关系，比如作为居民合法环境权利的享受清新空气和清洁生活环境是政府及其主管部门必须认可并加以保障的，否则，就会面临着被社会抗议、法律诉讼直至取消政治授权的后果；就后者而言，它体现为公民个体之间权利享受与义责担当的范围程度上的对称关系，比如公民个体对于清新健康的空气环境的合法权利和他应该承担的爱惜保护空气环境的法律义责是对等的，不能只要求合法权利而回避或拒绝法律义责。当然，公民权利规定与国家宪制职责之间的现实构型，并不是确定不变的，而是一个不断展开充实的民主政治过程，而环境社会政治运动和绿党发挥着十分重要的媒介和推动作用。

相比之下，生态文明建设政治学则明确地建基于如下两个“民主支柱”之上：“生态审议民主”和“社会主义人民民主”。

前者可以大致理解为“生态民主”和“审议民主”理念原则的聚合与融通。“生态民主”更加强调的是相对激进的生态主义理念原则引入民主政治理论之后所导致的民主理论意涵与政治立场的实质性改变，而“审议民主”则更加强调审议性程序相对于竞争性程序所具有的丰富与促进实质性民主政治的重要作用。二者相结合，“生态审议民主”可以通过对生态环境保护治理“理据”的程序性论辩，而不仅仅是投票式议决，来做出标准越来越严格的关于生态环境保护治理的政治与法律决策。尤其是，正是在持续进行的程序性论辩中，那些最初属于政治少数派但却符合自然生态规律及其客观要求的观点立场，有可能逐步通过“理性劝服”而不是“威逼利诱”来成为一种政治主流或取得多数席位。而显而易见的是，建立在这种审议共识基础上的环境公共政策要比借助投票多数获得通过的环境公共政策，更具有民主合法性和现实可执行性。

当代中国的生态文明建设与“生态审议民主”的契合性，同时在于对广义的生态环境保护治理公共政策的“生态意涵”和中国特色社会主义民主政治的“协商特征”的分别建构及其历史合成。一方面，中华人民共和国成立以来，尤其是改革开放以来的生态环境保护治理话语政策体系，一直存在着话语理论表述与政策执行效果之间的较大差距，也就是有着其“生态意涵”较大幅度提升的实现空间。这使得党和政府以及社会各界更容易对主流性的生态环境保护治理政策或生态文明建设举措采取一种反思性的视角立场。另一方面，中国特色社会主义民主政治对于投票议决形式的制度化嵌入程度相对较低和协商民主形式的更广泛制度化运用，不仅弱化了过分集中于投票对决及其结果所带来的恶意竞争，还在事实上提供了参与各方对于不同政策主张背后“政治理由”的更广泛关注讨论的可能性。事实也是如此。在生态文明建设过程中，我们可以看得到关于这一议题本身的从核心概念到主要政策的大量实质性深层次辩论，而这些论辩尽管从短期来看有些“束缚手脚”，但就中长期而言是非常必要的和有益的。

后者即“社会主义人民民主”，可以大致理解为一种超越后自由主义的生态审议民主的全球共和主义民主和超越资本主义民主的新型人民民主。应该说，罗宾·艾克斯利和约翰·德赖泽克等人所主张的“生态审议民主”，仍在很大程度上是一种“后自由主义民主”，至少不是“反自由主义民主”[1]。也就是说，他们的立足点仍是当代资本主义国家民主政治体制的“绿化”或完善，而这从严格的或纯粹的生态主义视角来看恰恰是无法实现的。比如安德鲁·多布森就认为[2]，新型的“生态主义民主”必须建立在同时超越民族国家和地方狭隘性的无差别的全球视野和秉承古典共和主义所强调的单向度公民责任

1 罗宾·艾克斯利：《绿色国家：重思民主和主权》，郇庆治译，山东大学出版社 2012 年版，第 93～100 页；约翰·德赖泽克：《地球政治学：环境话语》，蔺雪春、郭晨星译，山东大学出版社 2012 年版，第 233～238 页。

2 安德鲁·多布森：“政治生态学与公民权理论”，载郇庆治（主编）：《环境政治学：理论与实践》，山东大学出版社 2007 年版，第 3～21 页。

感的基础之上。也就是说，真正的生态民主必须是一种全球公民平等参与（或被考虑）的、将地球作为整体或“母亲”来理解与对待的政治民主或民主政治。当然不能简单地说，作为我国生态文明建设的核心理念和愿景之一的“人类命运共同体”就是这种“生态主义民主”，但二者的基本精神确有某些相近相通之处。

当然，更值得讨论和阐发的还是社会主义人民民主及其新型特质。它的超越资本主义民主的制度本质以及支撑这一本质的社会主义经济政治体制与社会文化基础是非常清楚的，也是不容置疑的。也就是说，离开了社会主义的经济政治制度和社会文化基础，来探讨社会主义民主的巩固与完善不过是缘木求鱼或自欺欺人。而在我国生态文明建设的背景语境下，人民民主原则制度的坚持、完善与创新对于生态文明建设的社会主义目标方向、对于中国特色社会主义实现从初级阶段向中高级阶段的自我转型，都是极其重要和关键性的。[1] 毕竟，建设社会主义生态文明终究是最广大人民群众自己的利益关切、发展需要和事业追求。因而，一个贯穿始终又十分基础性的问题是，如何通过不断鼓励和促进最广大人民群众参与到生态文明建设国家战略和公共政策的制定落实，来逐步创建符合社会主义生态文明理念原则的经济、政治、社会、文化与生态环境保护

1 张云飞：“社会主义生态文明的人民性价值取向”，《马克思主义与现实》2020年第3期，第68～75页。

治理制度体系，以及培养具有相应的生态政治自觉与知识能力来承担对于这一制度体系的监管职责的新一代公民。必须明确，生态文明建设能否最终是社会主义质性的，或社会主义生态文明是不是可以成为未来现实，归根结底将取决于普通人民群众的切实获得感、幸福感与参与感，取决于他们接受、认同与捍卫社会主义取向的政治意愿和能力。

第一章　环境政治学简论

人类对于自然生态条件重要性的认识，首先来自经济社会现代化发展过程中所产生的生态环境破坏或生存环境挑战，进而形成了对于片面追求或不惜一切代价谋求经济增长的质疑。尤其是，当这种挑战或危机明显呈现为一种对整个人类文明和人类生存延续的威胁时，其社会政治冲击与影响就变得更加突出。

作为一门环境人文社会科学学科，环境政治学始于 20 世纪六七十年代欧美发达国家对于自身环境公害问题的反思，同时也得益于随着经济全球化进程的加速和生态环境问题在世界范围内的扩散，整体上依然处于经济上升期的广大发展中国家不得不思考如何把环境保护融入现行的现代化发展进程，从而避免重蹈工业化发达国家先污染、后治理的覆辙，这集中体现为可持续发展理念全球共识的形成以及 1992 年里约热内卢联合国环境与发展大会的召开。经过半个世纪左右的不断发展，作为对如何构建人类与维持其生存延续的自然环境基础间的适当关系的政治理论探索与实践应对，环境政治学已经成为一门独立的政治学理论分支或学科，尤其注重环境政治理论话语在处置国内外环境事务、经济社会全球化进程和国际可持续发展中所扮演的举足轻重角色。[1]

本章将在系统梳理环境政治学发展历程的基础上，着重阐述环境政治学的主要议题领域、理论流派和研究方法，并简要叙述环境政治学在中国的兴起与发展过程，希望依此奠定接下来的生态文明建设政治学讨论的学科或学理基础。中国环境政治学的源起可以追溯到 20 世纪 80 年代中后期，其中欧美环境政治学理论研究与学科建设成果的译介引入发挥了重要作用，而经过 30 多年的持续努力之后，从环境政治学研究的四大议题领域即环境政治理论、环境政党与运动、政府环境政策、国际环境治理与合作来看，对欧美国家环境政策及其执行落实、全球气候变化应对及其履约谈判等的探讨，仍是我国学者最为关注、学术成果也最为丰硕的两个议题领域。[2] 当然，近年来

1 郑红莲：“多学科视角下的环境话语研究回顾与展望”，《东莞理工学院学报》2018 年第 6 期，第 55～60 页。

2 郇庆治：“2010 年以来的中国环境政治学研究论评”，《南京工业大学学报（社科版）》2018 年第 1 期，第 23～38 页。

尤其是党的十七大以来，国内学术界对于包括生态文明建设在内的环境政治与政策的研究迅速扩展与深入。这使得当代中国的环境政治研究不仅继续保持与包括环境哲学、环境伦理学、生态美学、环境史学等在内的环境人文社会科学学科的密切联系，而且凸显了其谨慎对待它可能走向的资源经济化或公共治理化的学科发展趋势，或可称之为我国环境政治学研究中的“红绿”特质或取向，而这构成了我国社会主义生态文明话语讨论与政策创新的重要氛围基础。

第一节　环境政治学的形成与发展

概括地说，我们可以把 1972 年在瑞典斯德哥尔摩召开的联合国人类环境会议、1992 年在巴西里约热内卢召开的联合国环境与发展大会和 2012 年在巴西里约热内卢召开的联合国可持续发展大会（简称“里约+20”峰会）作为环境政治学发展进程的标志性事件，并依此将环境政治学的发展历程划分为四个时期，即萌生、形成、发展与反思阶段。对于其中的每一个阶段而言，特别值得关注的是如下三个维度上的变化：一是政治议题上的变化，即生态环境议题在整体性政治议程中的地位及其演进；二是学术研究和成果表达上的变化，即作为议题政治与现实政治的反映，环境政治代表性作品的发表以及不同流派的学术进展情况；三是现实政治的变化，即生态环境议题呈现以及政府公共政策应对上的特点。

一、萌生阶段（1972年以前）

从20世纪50年代开始，欧美资本主义国家进入了一个经济高速发展的“黄金时期”，但工业与社会发展所造成的资源高消耗和污染物高排放，也使得生态环境危害急剧扩展与加深。1952年伦敦烟雾事件的发生，尤其是20世纪60年代西欧的英国与法国，然后是中欧的德国和波兰以及北欧的挪威和瑞典，再到东欧甚至整个欧洲地区的酸雨污染的弥漫，以及北美东部地区酸雨污染的扩散，使得欧美国家共同面临着严重的环境危机，并引发了欧美各国学术界、政界、社会公众对环境危害问题的关注与思考。[1] 到20世纪60年代中期，环境退化几乎在所有工业化国家都成为一个新的、尖锐的社会公共问题。结果，以“生存主义”为代表的“深绿”生态思潮成为回应欧美环境公害问题的主流性思想，大量围绕“生存主义”的环境著述和“发展限制”的绿色哲学反思，出现在人们的视野之中。这其中影响最广泛、反响最大的是美国海洋生物学家蕾切尔·卡逊（Rachel Carson）于1962年出版的《寂静的春天》（*Silent Spring*）。[2] 该书引发了欧美政界与企业界关于发展观念的广泛争论，并推动了欧美公众环境危机意识的普遍觉醒和环境社会

1 蔺雪春：“变迁中的全球环境话语体系”，《国际论坛》2008年第6期，第6～10页。

2 Rachel Carson，*Silent Spring*（Boston：Houghton Mifflin Harcourt，2002）.

政治运动的兴起。1968 年，美国生态学家加勒特·哈丁（Garrett Hardin）发表的《公地的悲剧》（*The Tragedy of the Commons*），从生态经济学的学科视角入手，引导人们进一步思考公共资源的有限性和人类占有欲望的无限性，强调对有限的公共稀缺资源的无限制使用将会危及社会整体的生存。[1]

因而可以说，20 世纪 70 年代初之前是环境政治学的萌生阶段。从政治议题变化来看，20 世纪 60、70 年代以来的环境公害事件，迫使欧美工业化国家中的政府和公众就那种盲目追求发展的道德观重新做出估价，相应地，生态环境议题从西方发达国家开始逐步嵌入到世界各国的政治议程之中。但在这一时期，生态环境问题无论是就其影响的范围、对象还是产生的后果而言，都具有明显的局部性、区域性特点，比如酸雨和水污染问题。[2] 从学术研究变化来看，自 20 世纪 60 年代以来，欧美西方国家大量基于“生存主义”的悲观主义作品问世，引发了人们对经济社会发展的负面效应及其未来不可持续性的忧虑，这种担忧把生态环境问题逐步从“静态研究”推进为“动态行动”。从现实政治变化来看，政治学家们意识到，公众对环境污染问题的社会政治关切将会重塑政府的日常工作

---

1 Garrett Hardin，“*The Tragedy of the Commons*”，*Science* 162（1968），pp. 1243-1248.

2 1979 年《长距离跨界空气污染公约》（*Convention on Long-Range Transboundary Air Pollution*），由欧洲和北美 33 个国家联合签署，旨在减少氮氧化物和二氧化硫的排放。到 20 世纪 80 年代，随着奥地利、联邦德国、瑞典和挪威等国家将它们的二氧化硫排放减少了 50%以上，欧洲的空气污染水平明显降低。

议程，因而，他们一方面可以在规划和政策制订方面为政府部门提供帮助，另一方面还需要为科学理解政策执行过程提供必要的分析手段。1970 年第一个“地球日”庆祝活动和 1971 年新型环境团体“地球之友”的成立，成为环境政治发展新趋势的先声。需要指出的是，20 世纪 60 年代末 70 年代初的环境运动，还更多体现为一种新左翼运动或新政治运动，而环境政治方面的理论思考也更多局限于哲学伦理或左翼理论批评的层面。[1]

二、形成阶段（1972—1992 年）

进入 20 世纪 70 年代之后，随着环境公害问题在全球范围内的扩散（比如日本在 60 年代末 70 年代初暴发的水俣病）和能源危机的爆发（由于欧佩克禁运而于 1973 年发生的中东石油危机），经济发展的可持续性问题进一步引发了国际社会的普遍关注。人们逐渐认识到，无法割裂经济、社会和环境之间的内在联系，而只单纯谋求经济增长、竭泽而渔式的发展模式只能给人类社会带来毁灭性的灾难。在此大背景下，20 世纪 70 年代初，在现实环境政治成功实现从街头抗议到政党竞选、从国内政治竞争到国际舞台合作的制度化呈现的同时，环境政治学也就应运而生成为一个新兴的政治学分支学科。

---

1 Robert Heilbroner，*An Inquiry into the Human Prospect*（New York：Norton，1974）；William Ophuls，*Ecology and the Politics of Scarcity：Prologue to a Political Theory of the Steady State*（San Francisco：Freeman，1977）.

1972 年在世界环境政治发展史上是具有里程碑意义的一年。其一，许多绿色议题论著相继出版，比如罗马俱乐部发表的《增长的极限》（*The Limits to Growth*），英国生态学家爱德华·戈德史密斯（Edward Goldsmith）发表的《生存的蓝图》（*A Blueprint for Survival*），以及受联合国人类环境会议秘书长莫里斯·斯特朗（Maurice F. Strong）委托、由英国经济学家芭芭拉·沃德（Barbara Ward）与美国微生物学家勒内·杜博斯（Rene Dubos）撰写的《只有一个地球——对一个小小行星的关怀和维护》（*Only One Earth: The Care and Maintenance of a Small Planet*）等，为环境政治学的形成铺平了道路。这些生态论著的出版，再次引起了国际社会对环境与发展问题的激烈辩论。一方面，《增长的极限》的出版，代表着“生存主义”生态理论进入其自身演进和社会影响的顶峰，“增长极限论”和“发展限制论”带给人类社会强烈的危机感和紧迫感[1]。另一方面，人们开始从“生存主义”的哲学反思和技术悲观主义中抬起头来，寻求更具弹性和灵活的进路来应对现实的生态环境问题。尤其是，《只有一个地球》旨在为联合国人类环境会议提供一份非正式的报告和相关背景资料，其中始终把环境与发展结合起来加以讨论，不仅高度关注发达国家中的生态环境破坏问题，同时也考虑到发展中国家所面临的生存性发展以及发展

1 参见蔺雪春：《全球环境话语与联合国全球环境治理机制相互关系研究》，山东大学 2009 年博士学位论文。

资金不足的困难。[1] 在相当程度上，《只有一个地球》代表了随后举行的联合国人类环境会议的主基调：从“深绿”的悲观性或解构性生态思想，转向注重解决现实发展问题的“浅绿”可持续发展理论。

其二，1972 年在斯德哥尔摩召开的联合国人类环境会议，是国际社会就环境保护问题召开的第一次世界性会议，意味着生态环境议题正式被纳入到世界各国政府间合作议程，而会议通过的《人类环境宣言》奠定了构建全球环境治理体系的政治基础。[2] 本次会议的主旨十分明确，那就是提醒人们和各国政府注意：人类的活动正在破坏自然环境，人类的生存和发展因此受到严重的威胁。这是世界各国政府的首脑或高级代表首次坐在一起（苏联和中东欧社会主义国家没有出席），探讨如何应对共同面临的环境挑战，讨论人类对于生态环境的权利与义务。与此同时，这也是联合国自创建以来第一次如此大规模、高规格地讨论非传统性议题（而不再是安全和经济议题），并达成了广泛的政治共识，生态环境问题从此成为联合国日常性政治议程的一部分。斯德哥尔摩人类环境会议的主要成果，可以概括为“一个宣言、一个计划和一个机构”。“一个宣言”是指大会所通过的《人类环境宣言》，“一个计划”是指包括 109 条

1 Barbara Ward and Rene Dubos，*Only One Earth：The Care and Maintenance of a Small Planet*（New York：Norton Company，1972）.

2 仇华飞、孟峤：“当代国际环境政治研究理论探讨”，《同济大学学报（社科版）》2012 年第 6 期，第 46～53 页。

具体政策建议的《环境行动计划》，而“一个机构”是指于 1973 年 1 月成立的联合国环境规划署（UNEP）。尽管《人类环境宣言》的条款本身并没有直接的国际法约束力，但它所提出的保护和改善人类环境的基本原则或政治共识逐渐为世界各国所接纳和认同，并成为此后世界各国制定国内环境法和国际环境法的法理依据。

不难理解的是，人类环境会议之后，对于“深绿”的“发展崩溃论”的理论批评开始增多。比如，美国赫德森研究所所长赫尔曼·卡恩（Herman Kahn）于 1976 年发表了《今后 200 年：美国和世界远景展望》（*The Next* 200 *Years*：*A Scenario for America and the World*），对《增长的极限》提出了系统性批判，认为科学技术的不断进步以及绿色替代性能源的不断开发足以支撑人类社会的进一步发展，而不会陷入世界性的增长崩溃。朱利安·西蒙（Julian L. Simon）于 1981 年出版的《无极限的资源》（*The Ultimate Resource*）强调指出，《增长的极限》的全球分析模型过于简单化，而且忽视了科学技术进步的作用。

基于此，在世界自然保护联盟（IUCN）等国际组织的推动下，1983 年 11 月联合国第 38 届大会通过决议，联合国秘书长任命挪威首相布伦特兰夫人（Gro Harlem Brundtland）为主席，成立了由 22 人组成的世界环境与发展委员会（WCED），负责就如何看待环境与发展的关系等问题进行专门研究。四年之后，该委员会于 1987 年将《我们共同的未来》（*Our Common*

Future）或称为“布伦特兰报告”提交到第42届联合国大会[1]，其中明确呼吁世界各国把可持续发展的概念和模式纳入自己的发展目标。[2] 联合国大会于1989年12月通过决议，决定召开环境与发展全球首脑会议。1990年，联合国开始起草该会议的主要文件《21世纪议程》（*Agenda* 21），旨在促进世界各国将可持续发展原则纳入到本国的发展规划之中。联合国环境规划署、世界自然保护联盟和世界自然基金会（WWF）再度合作，于1991年出版了题为《关爱地球：可持续生存战略》（*Caring for the Earth*：*A Strategy for Sustainable Living*）的报告，从保护生态环境和环境与发展之间关系的角度，对建立可持续发展的社会的主要原则和行动选择做了详细分析与论述，为1992年联合国环境与发展大会的召开提供智力支持。[3]

总之，从1972年斯德哥尔摩人类环境会议到1992年里约环境与发展大会，见证了环境政治学的形成和成熟。从政治议题变化来看，如果说人类环境会议标志着生态环境议题正式嵌入到全球政治体系层面，从而使得环境政治可以作为一个科学概念来加以讨论，那么20世纪80年代之后，随着工业化的拓

1 World Commission on Environment and Development（WCED），*Our Common Future*（Oxford：Oxford Paperbacks，1987），p. 52.

2《布伦特兰报告》对可持续发展概念做了进一步的系统化和完善，强调“可持续发展是既满足当代人的需要，又不对后代满足其需要的能力构成危害的发展”。该定义是迄今为止影响最大、流传范围最广的概念界定，标志着可持续发展话语的真正确立和兴起。

3 IUCN，UNEP and WWF（eds.），*Caring for the Earth*：*A Strategy for Sustainable Living*（Gland：IUCN，1991）.

展和环境污染的全球化扩散，民众对于生态环境议题的关注也从西方发达国家扩展到广大发展中国家，与此同时，可持续发展也逐渐被接纳为一个全球性理念原则和政策实践。从学术研究变化来看，学术界主流逐渐从主张发展与资源存量相对立的“发展限制论”，转到了倡导发展与环境相协调的“永续发展论”。到 20 世纪 80 年代中后期，围绕着“可持续发展”概念将环境保护与经济发展相结合、相协调的“浅绿”生态思想，在全球环境治理实践中逐渐占据了上风，致力于在承认资源有限性和环境保护紧迫性的前提下，探索人与自然和谐共处的发展路径。最后，从现实政治变化来看，自 20 世纪 70 年代初开始，随着越来越多的公众表现出对环境保护事业的关心，大众性环保团体迅速成立并有计划地开展抗议活动。像“地球之友”“绿色和平”等国际性团体组织参与了大量环境抗议行动，比如街头游行示威、非暴力直接行动等，依此来达到对政府部门施压、影响政策的目的。在此期间，环境社会运动主要致力于挑战既存的政府环境政策。[1] 自 20 世纪 70、80 年代开始，新西兰绿党、英国绿党、德国绿党分别于 1972 年、1973 年和 1980 年先后成立，欧美绿党的政治影响与实力不断扩大。随后，选举政治、议会政治与联盟政府中的政党政治，逐渐成为其推进绿色社会政治变革的重要战场。对于绿党来说，它们试图借助

1 党文琦、奇斯·阿茨：“从环境抗议到公民环境治理：西方环境政治学发展与研究综述”，《国外社会科学》2016 年第 6 期，第 133～141 页。

议会民主政治来宣传推进其政治与政策主张，从而提供一种不同于主流政党的政策与政治选择。[1]

三、发展阶段（1992—2012 年）

自 20 世纪 80 年代末 90 年代初开始，生态环境问题的全球性趋势更加明显，比如南极臭氧层空洞、全球气候变暖等，其影响范围是全球性的，进一步产生的后果也是全球性的，而这意味着全球环境治理需要来自发达国家和发展中国家的共同努力。[2] 与此同时，包括中国、印度和巴西等在内的许多发展中国家步入了经济高速增长的轨道，而在这些国家中，环境与经济增长之间的张力成为一种普遍性的社会矛盾。欧美发达国家经过近 20 年的产业与经济结构调整、科技与管理技术革新、法律规范与制度建设，工业污染治理与生态环境恢复取得了显著成效。因而，正确处理环境与发展之间的关系，或者说在可持续发展视域下应对生态环境问题成为南北方国家的共同志趣，而这也就为 1992 年联合国环境与发展大会的召开奠定了基础。

联合国环境与发展大会（又称地球高峰会议，以下简称里约会议）于 1992 年 6 月在巴西里约热内卢举行。相比之前的

1 郇庆治：“政治机会结构视角下的中国环境运动及其战略选择”，《南京工业大学学报（社科版）》2012 年第 4 期，第 28～35 页。
2 郇庆治：“重聚可持续发展的全球共识——纪念里约峰会 20 周年”，《鄱阳湖学刊》2012 年第 3 期，第 5～25 页。

国际环境议题讨论，本次大会不仅加深了人们对生态环境问题的认识，而且把环境问题与经济、社会发展紧密结合起来，希望通过强调“可持续发展”战略来践行环境与发展相互协调的观点，并寻求在发展中解决生态环境问题的现实可行路径，特别是把可持续发展理论融入各国的环保和发展实践之中。在本次会议上，可持续发展问题得到与会代表的广泛讨论，可持续发展的原则或精神被纳入《里约环境与发展宣言》（*The Rio Declaration on Environment and Development*）（又称《地球宪章》）之中，而这是第一份可持续发展全球行动计划。[1] 与此同时，与会 102 个国家的政府首脑还共同签署了《21 世纪议程》。该议程是一个在全球、区域和各国范围内促进实现可持续发展的行动纲领，旨在将可持续发展理论与各国实践相结合，鼓励世界各国在总议程的指导下积极制定本国的地方性“21 世纪议程”，并最终为全球可持续发展事业做出各自的贡献。[2] 在很大程度上，《21 世纪议程》是第一个把可持续发展议题由概念和理论推进到行动的全球性重要文件。[3]

作为贯彻落实《21 世纪议程》的具体行动，全球约有 150

1 See Earth Summit, *The Rio Declaration on Environment and Development* (1992), available at http://en.wikipedia.org/wiki/Rio_Declaration_on_Environment_and_Development.

2 See United Nations, *Agenda 21*(1992), available at http://en.wikipedia.org/wiki/Agenda_21.

3 除了上述两个权威文献，在里约大会上与会国还签署了其他三个重要文件：《联合国气候变化框架公约》（UNFCCC）、联合国《生物多样性公约》（CBD）和《关于森林问题的原则声明》。

个国家成立了可持续发展委员会。美国、德国、英国等发达国家和中国、巴西这样的发展中国家，都先后制定了自己的《21世纪议程》或行动纲领。尽管各国的侧重点有所不同，但都十分强调要在经济和社会发展的同时注重保护自然环境，注重制定符合自身国情的可持续发展指标体系。比如，1994年3月，中国政府公布了《21世纪议程——中国21世纪人口、环境和发展白皮书》，其中提出了适合中国国情的可持续发展的行动依据、战略目标和行动方案。[1] 再比如，世界自然保护联盟和国际发展研究所于1994年合作完成了《国家可持续发展战略》，在很大程度上反映了亚洲、非洲、拉美及一些经合组织国家在规划和实施国家可持续战略过程中的经验性做法，对推动国家层面的可持续发展战略的制定实施起到了积极作用。因而，《21世纪议程》以及后续性相关文件的制定实施，标志着可持续发展理论逐步走向成熟并且日益同发展实践相结合。

2000年9月召开的联合国千年首脑会议发表了《联合国千年宣言》（*United Nations Millennium Declaration*），表示将"不遗余力地帮助十亿多同胞摆脱目前凄苦可怜和毫无尊严的极端贫穷状况，决心使每个人实现发展权，并使全人类免于匮

---

1 这是一个综合性的国家政策纲领，内容涵盖了经济发展、社会进步、保护环境和资源、实行计划生育、发展科技和教育等方面的共计78个方案领域，从政策和法律建设、科学决策和管理等层面具体规定了行动目标和方案。

乏”[1]。次年，联合国秘书长公布了《执行〈联合国千年宣言〉的路线图》，其中把“保护环境和可持续发展”列为八项总目标之一。[2] 2002 年在南非约翰内斯堡举行的世界可持续发展首脑会议，是全球可持续发展进程中的另一个里程碑。它第一次旗帜鲜明地使用了“世界可持续发展首脑会议”来强调大会的“可持续发展行动”主题，因而又被称为可持续发展行动的峰会。[3] 大会通过了《可持续发展世界首脑会议实施计划》（*Plan of Implementation of the World Summit on Sustainable Development*）（以下简称《实施计划》）和《约翰内斯堡可持续发展声明》（*Johannesburg Declaration on Sustainable Development*）。其中，《实施计划》明确提出了一些基于可持续原则的环境与发展目标，并设定了相应的推进时间表和落实《21 世纪议程》的量化指标，希望促使各国在此框架下加强贯彻执行和监督的力度。值得注意的是，鉴于缺乏足够的环境治理资金和技术，广大发展中国家很难践行真正的可持续发展路径，其生态环境

---

1 United Nations，*United Nations Millennium Declaration*，available at https://www.ohchr.org/en/instruments-mechanisms/instruments/united-nations-millennium-declaration.

2 “千年发展目标”（Millennium Development Goals，MDGs）的八项总目标是：1）消除极端贫困和饥饿；2）普及初等教育；3）促进两性平等并赋予妇女权利；4）降低儿童死亡率；5）改善产妇健康；6）防治艾滋病、疟疾和其他疾病；7）保护环境和可持续发展；8）建立全球发展伙伴关系。

3 相较于 10 年前的里约大会，此次峰会规模空前，来自包括 104 个国家的元首和政府首脑在内的 192 个国家的 1.7 万名代表就全球可持续发展的现状、问题与解决举措进行了广泛的讨论。参见中国 21 世纪议程管理中心：《国际可持续发展重大事件》，http://www.acca21.org.cn/local/experi/syqhis/gjevent.htm。

状况处于不断恶化之中，约翰内斯堡可持续发展大会确立了如下两大主题：一是承诺世界各国今后将不遗余力地执行可持续发展战略，把世界建成一个以人为本、人与自然协调发展的美好社会；二是把消除贫困设立为大会的另一个核心议题，并就如何实现减少乃至消除贫困以及其他事项制定了明确的目标和具体的行动时间表。这种对可持续发展“空间公平”维度的关注，反映了人们对可持续发展理论的反思与重新认识。[1]

鉴于全球环境治理中的“南北差距”，1992 年里约会议所明确提出的“共同但有区别的责任”原则，集中体现在了首位全球性生态环境议题，即国际气候变化应对谈判中。会上，《联合国气候变化框架公约》的签署标志着全球气候变化治理体制的建立。由于全球气候变暖问题的跨界性和弥散性，涵盖所有的发达国家和发展中国家，因而气候变化议题迅速跻身为全球可持续发展实践中最重要的绿色议题。2008 年经济金融危机之后，随着新兴发展中大国的崛起和全球权力格局的“东升西降”，国际气候变化谈判中发达国家与发展中国家之间的矛盾变为温室气体排放大国和排放小国之间的矛盾，国际社会日益要求欧美工业化国家和新兴发展中国家切实承担起抑制全球

1 从里约热内卢到约翰内斯堡，人们逐渐开始意识到 1987 年《我们共同的未来》中所提出的可持续发展经典定义的局限性。当时对可持续发展的界定更多强调了其“时间正义”的维度，即既满足当代人的要求，又不对后代人满足其需求的能力构成危害的发展，但却相对忽视了“空间正义”的维度。

气候变暖的责任与义务。结果，2009 年哥本哈根气候会议在某种程度上变成了工业发达国家、发展中国家和气候变化应对脆弱国家之间的“立场表白”及自我辩护，其焦点则是《京都议定书》所确立的“共同但有区别的责任”原则及其双轨制框架（工业化国家承担约束性责任而发展中国家则暂不必要）的存废守舍。欧美国家不是把关注的重点放在对《京都议定书》减排条款落实（也就是其应承担责任）的检查评估上，而是放在如何使发展中国家明确承诺具体而且可核查的减排责任上。[1] 西方的媒体和研究者则往往习惯性地把中国描绘为“对抗性的”、“不合作的”和“僵硬的”参与方。在哥本哈根气候变化大会后，这种批评一度达到了高潮。鉴于此，中国逐步改进了自己在全球气候变化问题上主张和立场的叙述方式，并且拓展了气候公共外交的多维手段。除了举行记者招待会、发布环境保护和气候治理研究报告等外，自 2011 年德班气候会议以来还增加了在气候变化大会上举行“中国角”、设立中国气候形象大使、资助本土社会组织参与国际气候大会、支持各类气候治理学术项目、鼓励气候治理学术交流等方式，赢得了积极的国际评价。[2]

整体而言，在环境政治学的发展阶段，首先是环境议题得以进一步全球化，涉及发达国家与发展中国家权益的全球性环

1 郇庆治：“重聚可持续发展的全球共识——纪念里约峰会 20 周年”，《鄱阳湖学刊》2012 年第 3 期，第 5～25 页。

2 张丽君：“气候变化领域中的中国非政府组织”，《公共外交季刊》2016 年第 1 期，第 48～53 页。

境议题（比如气候变化应对、海洋治理、生物多样性保护等）逐步进入了全球性和地区性政治议程之中。环境政治随着经济全球化的不断扩展与深入而日益突破欧美发达国家的边界，真正成为一种世界性或全球性的政治。其次，从学术研究变化来看，环境政治学方面的理论著述开始大量涌现。所关注的一个焦点性议题是可持续发展中不断凸显的“空间公平”问题，世界资源的分配不均，发达国家污染工业的外移，发展中国家在全球生产供应链中的劣势地位等因素，共同造成了发展中国家在可持续发展道路上步履维艰。面对全球生态环境的持续恶化，发达国家和发展中国家之间的矛盾和争论是关于可持续发展国际会议中无法绕过的主题，而矛盾和争论的核心，则一如既往地集中在发达国家能否采取实质性措施，偿还工业革命以来对地球所欠下的“生态债务”。最后，从现实政治变化来看，自 1992 年里约会议以来，欧盟国家的绿党发展迅速，1993 年成立了欧洲绿党联盟（EFGP），从而提升了其区域层面上的集体影响力。自 20 世纪 90 年代中期以来，芬兰、意大利、法国、德国等国的绿党纷纷进入全国性联盟政府，同时也提升了欧洲绿党（联盟）的政治话语权。[1] 与此同时，发展中国家也逐步融入全球环境治理之中，使得全球环境治理体系不断拓展丰富，围绕《联合国气候变化框架公约》履约落实而展开的全球

1 郇庆治：“欧洲执政绿党：政策与政治影响”，《欧洲研究》2004 年第 4 期，第 105～117 页。

气候变化政治，正是这方面的突出体现，而 2002 年举行的约翰内斯堡可持续发展峰会也见证了大量环境条约和国际环境法的签署批准。此外，发展中国家不仅主动学习适应在国际环境政治中与西方发达国家开展互惠合作与利益博弈，其国内层面上的环境管治与公共政策也逐渐在国内外政治舞台上获得了认可与接纳。

四、反思阶段（2012 年至今）

自 1992 年里约环境与发展大会以来，可持续发展理念在全球推行过程中出现了“空壳化”、“模糊化”以及“践行不力”等消极现象。结果是，世界各国之间的区域经济、社会发展依然很不均衡，而全球生态恶化、环境污染的趋势也未能得到根本扭转。尤其是，广大发展中国家普遍面临着严重的资金不足、技术手段缺乏、能力建设薄弱等困难，而国际金融危机、全球气候变化、粮食和能源危机、自然灾害等挑战，进一步加重了发展中国家走向可持续发展的负担。[1]

2012 年 6 月举行的“里约+20”峰会，既是对全球范围内可持续发展理念践行的总结和反思，也是对于未来可持续发展战略实施的调整和展望。[2] 经过艰难的多方博弈，“里约+20”峰

1 于宏源：“‘里约+20’与中国的环境外交”，《绿叶》2012 年第 8 期，第 54～64 页。

2 高小升：“里约+20 峰会后的世界可持续发展问题析评”，《现代国际关系》2012 年第 11 期，第 14～20 页。

会通过了最后成果文件——《我们期望的未来》（*The Future We Want*），成为未来世界可持续发展的指导性文件。[1] 作为一次承前启后的会议，该峰会的最重要成果是让可持续发展继续作为全球思考讨论的优先议题之一，使世界各国就可持续发展继续进行谈判，并就其中的某些重要问题和挑战提出了初步解决方案，从而为世界可持续发展注入新的动力，指明了方向。[2] 针对1992年以来可持续发展战略执行不力的挑战，“里约+20”峰会就未来的可持续发展做出了一些新的决定。比如，大会肯定了绿色经济是实现可持续发展的重要手段之一，并对绿色经济的相关概念进行了必要界定。因而，正如经济合作与发展组织（OECD）秘书长安吉尔·古里亚（Angel Gurría）所指出的，“‘里约+20’峰会通过向世人展示如何将一个抽象概念转化为具体的行动计划，为我们提供了一个改变的契机”[3]。

为了进一步把《我们期望的未来》中的目标愿景落实为具体行动并形成明确的衡量标准，2015 年 9 月联合国可持续发展峰会通过了最终成果文件——《改变我们的世界：2030 年可持续发展议程》（以下简称《2030 年可持续发展议程》）。这一包括 17 项可持续发展目标（简称 SDGs）和 169 项具体目标的纲

1 United Nations，“What is Rio+20（2012）”，available at https://sustainabledevelopment.un.org/rio20.

2 于宏源：“‘里约+20’与中国的环境外交”，《绿叶》2012 年第 8 期，第 54～64 页。

3 经济合作与发展组织（OECD）：“为我们期望的未来实现包容性绿色增长”，http://www.oecd.org/greengrowth/Rio-brochure-Chinese-part-1.pdf.

领性文件，旨在推动未来15年内实现三项宏伟的全球目标：消除极端贫困、战胜不平等和不公正以及采取更为综合性的措施来保护环境体系。《2030年可持续发展议程》是对2000年通过的“千年发展目标”的重大改进与提升，尤其是规定了世界各国必须把可持续发展目标切实纳入到各自发展的全球与国家战略之中。值得注意的是，《2030年可持续发展议程》中的环境目标已经成为与社会、经济目标同等重要的可持续发展支柱，环境因素在全球发展议程中的重要性明显提升。[1] 当然，《2030年可持续发展议程》也存在着很多技术难题与不足，比如目标过多且规定模糊不清，实现难度较大。从目前来看，它所罗列的一些目标间可能包含着潜在的冲突（就像气候与能源目标之间的关系），还需要做进一步的研究与阐释，其中环境目标缺乏量化标准的问题也十分突出。

与此同时，2015年年底巴黎气候大会所通过的《巴黎协定》代表了国际社会应对全球气候变化挑战的一个新里程碑，成为全球环境政治发展进程中的标志性事件。签署《巴黎协定》的所有国家，都赞成把全球气温上升幅度控制在2℃以内，并要继续努力将其控制在1.5℃以内。《巴黎协定》把世界各国纳入到一个统一的减排体系中，并设定了相对松散但有一定的顶层管控的减排义务分配体系，通过引入一个“国家自主贡献

1 董亮、张海滨：“2030年可持续发展议程对全球及中国环境治理的影响”，《中国人口·资源与环境》2016年第1期，第8～15页。

（INDC）+五年评估盘点”的顶层管控机制，将减排义务分配这一难题从多边层面下放到各签署国，取消了事先设定减排目标的顶层设计路径，转而允许各签署国“自行领取”相关义务。其主要特点是，允许每一个签署国从自身国情和能力出发采取气候变化减缓、适应等行动，同时还规定对贫困国家施以资金援助，以帮助其完成减排目标和应对极端气候所带来的不利影响。

虽然《2030年可持续发展议程》和《巴黎协定》的贯彻落实为改善全球环境治理提供了更大的发展动力和制度创新机遇，但由于全球环境形势的严峻状况，加之全球环境治理的复杂性、紧迫性与碎片化趋势，其前景仍不容乐观。[1] 更为重要的是，国家主义的回归、民粹主义的高涨和逆全球化的抬头，必将会给国际治理制度体系带来冲击或危机。而这在过去几年中尤以美国特朗普政府转向政治孤立主义为甚，其逃避国际责任，并不断在国际舞台上采取单边主义行动，招致了国际社会的广泛批评。虽然欧盟仍试图发挥积极的引领作用，但其综合实力已显乏力态势。欧盟逐渐因经济衰退、难民危机、英国“退欧”等原因无法充当全球环境治理的单一领导者角色。在此大背景下，以中国为首的新兴发展中大国正在担负起日益重要的国际责任。党的十九大报告明确提出积极参与全球环境

1 Frank Biermann，Philipp Pattberg，Harro van Asselt and Fariborz Zelli，“The Fragmentation of Global Governance Architectures: A Framework for Analysis”，*Global Environmental Politics* 9/4（2009）：pp. 14-40.

治理，合作应对气候变化。这次大会和 2018 年 5 月举行的全国生态环境保护大会，正式确立了习近平生态文明思想，明确提出要深度参与全球环境治理，增强中国在全球环境治理体系中的话语权和影响力，形成世界环境保护和可持续发展的解决方案，引导应对气候变化国际合作，充分彰显了当代中国致力于成为全球生态文明建设的重要参与者、贡献者和引领者的雄心。[1]

2016 年正式生效的《2030 年可持续发展议程》和《巴黎协定》，为全球环境和气候治理设定了时间表与指标框架[2]，同时也为世界各国指明了绿色低碳循环发展的方向。在 2017 年举办的联合国第 72 届大会一般性辩论期间，世界各国就强化多边主义和落实《2030 年可持续发展议程》以及应对气候变化，再次达成了广泛的政治共识。[3] 即便在新冠肺炎疫情肆虐全球之时，气候变化仍被公认为人类所面临的最大威胁，而且会长期存在。因而，疫情后经济复苏理应与《2030 年可持续发展议程》以及《巴黎协定》所制定的应对气候变化目标相协调。在 2020 年 9 月 22 日第 75 届联合国大会一般性辩论上，习近平主席强调，应对气候变化的《巴黎协定》代表了全球绿色低碳转

---

1 董亮："习近平生态文明思想中的全球环境治理观"，《教学与研究》2018 年第 12 期，第 30～38 页。

2 Dario Piselli and Riccardo Pavoni，"Governing through Goals: Sustainable Development Goals as Governance Innovation"，*Transnational Environmental Law*，6/3（2017），pp. 551-554.

3 董亮："习近平生态文明思想中的全球环境治理观"，《教学与研究》2018 年第 12 期，第 30～38 页。

型的大方向，是保护地球家园需要采取的最低限度行动，世界各国必须迈出决定性步伐；世界各国要树立创新、协调、绿色、开放、共享的新发展理念，抓住新一轮科技革命和产业变革的历史性机遇，推动疫情后世界经济“绿色复苏”，汇聚起可持续发展的强大合力。

总体来说，在环境政治学的反思阶段，生态环境议题上的变化主要体现在两个方面，一是越来越多的新型全球环境问题不断涌现（比如气候变化所衍生出的损害赔偿问题、海洋塑料污染问题、重污染天气问题、海底资源开发问题、外太空垃圾问题等）；二是 2012 年后随着全球环境治理中机制碎片化、领导力赤字和治理行动乏力等问题的凸显，生态环境议题与中国的相关性迅速提高，中国在全球环境治理体系中的影响力和话语权逐步提升。在学术研究变化方面，基于生态现代化或生态资本主义理念的“技术乐观论”开始受到更多的质疑，“浅绿”可持续发展愿景更多体现为一种“应然”状态，而在“实然”状态中，可持续发展路径能否在现有的世界秩序和工业生产模式框架下走得通是存在疑问的，特别是如何解决环境和发展和谐与共过程中的“空间公平”和“资源分配”问题。基于对全球环境治理体系的非均质性与“南北差别”的反思，“南方国家”开始注重探讨不同于“北方国家”的环境保护治理路径，而中国作为发展中大国提出了以生态文明建设为中心的环境保护治理进路。而在现实政治变化方面，2012 年“里约+20”

峰会以来，联合国体制之外层面上的环境治理机制不断涌现，多元利益攸关方的参与程度逐渐提升，使全球环境保护治理领域呈现为一个更加复杂的机制复合体。与此同时，“南方国家”开始反思并不满足于自身在全球环境治理体系中的非充分代表性以及边缘性治理主体角色。中国作为发展中国家的代表开始积极争取环境治理新秩序的建构，特别是 2014 年以来，中国注重通过大国协调来发挥全球气候治理的引领性角色作用，比如与美国奥巴马政府协力推动 2015 年《巴黎协定》的达成与签署。在后疫情时代，中国积极响应联合国关于全球绿色复苏的呼吁，提出 2030 年前实现碳达峰、2060 年前实现碳中和的行动目标，并同美国拜登政府就气候变化议题拟成立联合小组来推进大国气候协调，为全球环境治理做出更大贡献。

第二节　环境政治学的议题领域、理论流派与研究方法

基于上述对环境政治学发展历程的梳理，本节将概要阐述环境政治学的议题领域、理论流派与研究方法，从而对环境政治学研究的学科框架做出更为完整的描述。

一、研究对象与议题领域

概言之，我们可以把环境政治学大致界定为一门借助政治

学理论与方法分析解决现代生态环境问题的环境人文社会科学学科，其主要研究对象是生态政治理论（思想）、环境社会政治运动与绿党、政府环境政策与管治、全球环境治理等生态环境政治现象。相应地，环境政治学研究的主要议题领域可以划分为如下四大部分：生态政治理论（思想）、环境社会政治运动（组织）和政党、环境管治与公共政策、国际（全球）环境政治。[1] 生态政治理论（思想）集中于分析不同政治主体包括个人的环境政治意识或生态政治观念；环境社会政治运动（组织）和政党集中于分析作为环境大众社会主要构成部分的环境社会政治组织与环境政党（绿党）及其所进行的社会政治动员；环境管治与公共政策集中于分析现代民主政治体制下的政府环境政策制定与落实；国际（全球）环境政治则集中于分析全球视野下的环境国际政治与合作，以及一种全球性环境治理愿景与制度框架的发展。[2]

1. 生态政治理论

政治理论可以理解为理论化了的政治意识，是对个体政治意识的普遍而又深刻的概括和表述，是社会政治意识发展的重要环节和基本表现形态。从20世纪60年代起，因生态环境问题所直接导致的政治结果，最为明显的莫过于大众性生态运动

1 郇庆治："环境政治学研究在中国：回顾与展望"，《鄱阳湖学刊》2010年第2期，第45～56页。

2 郇庆治："雾霾政治与环境政治学的崛起"，《探索与争鸣》2014年第9期，第48～53页。

的出现、绿党的产生和国际环境组织作用的凸显，而正是这三者标志着全球绿色政治的兴起。20 世纪 70 年代以来，在西方发达工业化国家，由绿色和平等社会环保组织所提出的生态环境保护要求，日益确立为一个社会政治议题，生态意识和思维由此进入了政治领域，并形成了生态（环境）政治理论。这种基于生态科学认知或泛生态价值观的理论，主张建立一种符合生态理念原则的分散化经济、社会和政治架构或模式，强调社会和政治民主以及权力扩散，追求公民的自主自决。[1] 自 20 世纪 90 年代以来，生态社会政治运动又从公众集中关注生态环境问题转为公众与政府共同关心可持续发展问题，特别是政府决策、政治过程的“绿化”，使生态运动成为名副其实的绿色社会政治运动。因而，当代西方国家中的生态环境问题就被牢固地吸纳进了政治理论思考的视野。[2] 而随着经济全球化的推进与全球性生态环境议题的不断涌现，发展中国家逐渐成为全球环境治理中的重要力量，特别是 2012 年“里约+20”峰会之后，在不断反思欧美国家的生态理念过程中探寻把自己独特的最优环境实践进行理论化，从而提升在全球环境治理体系中的制度性话语权。因此，生态政治理论不仅在政治表现形式上是多样化的，而且在政治立场和政治态度上也具有很强的异质性。比如，安德鲁·文森特（Andrew Vincent）就认为，生态政治

1 刘京希：“再论生态政治”，《东岳论丛》1998 年第 6 期，第 62～65 页。
2 蔡先凤、成红：“论当代西方绿色政治理论的形成和发展”，《世界经济与政治》2003 年第 9 期，第 41～46 页。

的“一个主要难题，是呈现在这场运动中的许多政治视角”[1] 所导致的界定和划界困难。本章的第三节将对环境政治理论的分类标准及其代表性理论流派做详尽分析。

2. 环境运动与绿党

现实中的环境政治还体现为不同政治主体的政治活动及其结果，其中政府、政党、社会公众（包括非政府组织）、大众传媒和国际组织（包括非政府组织）是主要的环境政治角色和行为体。最早的生态与替代性政治团体出现在20世纪60年代初，但大多数欧洲绿党直到十年以后甚至更晚才纷纷成立。自20世纪70年代中后期开始，一度激进的新左翼或新政治运动向独立的环境新社会运动转变，而欧洲绿党也开始组建成立并参与到议会民主政治。一般来说，公共环境政策的最坚定（主要）政治支持者是欧洲各国的绿党，比如生态维护、经济绿色（生态）转型、有机农业发展、环境经济政策工具引入、废除核能和发展新能源等，都是由绿党首先提出和引入议会政治舞台的。欧洲第一个绿党是 1973 年在英国成立的人民党。1979年，瑞士绿党成为第一个进入联邦议会的欧洲绿党。比利时法语区的生态党成立于1980年，并在次年的大选中赢得了近5%的选票和 4 个议席。在意大利，绿党于 1987 年第一次进入了全国议会，在“绿色名单”的名义下获得了13个众议院议席

---

1 安德鲁·文森特：《现代政治意识形态》，江苏人民出版社2005年版，第25页。

和 2 个参议院议席。德国绿党往往被视为欧洲绿党的“母亲党”，尽管它既不是最早成立，也不是最早进入全国议会的绿党。其政治重要性在于，它是第一个进入欧洲大国议会的强大绿党。在 1983 年大选中，德国绿党赢得了 5.6%的选票和联邦议会共计 497 个议席中的 28 个。

随着绿党在欧洲国家的不断成立和欧洲一体化的逐渐拓展，它们相互间政治合作的兴趣也随之增加。结果，第一个欧洲绿党组织产生于 1984 年。来自德国、英国、法国、比利时、荷兰、卢森堡、瑞典和瑞士的绿党，在比利时的列日市聚会并组建了名为“欧洲绿党协调”（ECGP）的网络性组织，致力于协调各成员党所共同面对的新的理念、议题和动议。[1] 20 世纪 80 年代末 90 年代初，苏联切尔诺贝利核事故的发生以及东西方冷战的结束等重大事件，都要求采取欧洲层面上的绿色行动，尤其是促进欧盟机构的民主化重塑和中东欧国家和平民主的经济政治转型。在此大背景下，“欧洲绿党协调”于 1993 年 6 月在芬兰的赫尔辛基改建为“欧洲绿党联盟”（EFGP）。“欧洲绿党联盟”的指导性原则包括：一是追求生态发展（生态可持续性、平等和社会正义）；二是主张一种综合的全球安全概念；三是核裁军与推进《全面禁止核试验条约》。1995—2005 年，绿党尤其是欧洲绿党经历了第一个纷纷进入全国性联盟政府的

1 皮尔・加尔顿：“走向 21 世纪的欧洲绿党”，载郇庆治（主编）：《环境政治学：理论与实践》，山东大学出版社 2007 年版，第 185～196 页。

"执政十年"，芬兰、意大利、法国、德国和比利时的绿党先后加入了与社会民主党等组成的"红绿联盟"政府。比如 1998—2005 年，德国绿党与社会民主党组成了"红绿联盟"政府，将"生态现代化"写入了联盟执政协议，并成为随后近 8 年联合政府的执政路线。同样重要的是，继任的总理默克尔作为科尔政府时期的环境部长（曾代表联邦德国签署了《京都议定书》），在 2005 年执政后基本坚持了一种亲绿色政策的政治立场。

3. 政府环境政策

生态环境和自然资源政策的制定与实施已成为全球日益关注的焦点，而它首先体现为世界各国的广义上的环境治理及其成效。国家环境治理是指国家机构通过立法、行政执法和司法等政治政策手段来对生态环境进行保护治理。因而，国家治理具有规模大、强制性、持续性强等特点。当然，有效的国家环境治理的实现，不仅需要强大的国家治理能力和完善的政治体制，还需要与之相应的制度民主和大众民主监督等配套性设置，否则就有可能因为国家机构的自利性而导致治理失灵。国际学术界对政府环境治理政策的研究也给予了较多关注，并取得了多方面的学术成果。[1] 比如，澳大利亚学者约翰·德赖泽克（John Dryzek）就从行政理性主义的视角分析了国家环境治理。该理论更多强调的是专家而不是公民或生产者/消费者在解

1 孔凡义："国外环境政治研究：现状及其评价"，《国外社会科学》2010 年第 4 期，第 21～27 页。

决生态环境问题中的作用，以及等级制的而不是平等或竞争性的社会关系在解决生态环境问题中的作用。也就是说，行政理性主义的环境治理模式侧重于通过政策、制度和技艺方法的创制来解决具体性环境问题，主要治理手段包括专业性资源管理机构、污染控制机构、规制性政策工具、环境影响评价体系、专家顾问委员会、政策分析技术等，而其实质是借助于这些手段把科技专家的意见嵌入到国家的官僚制结构之中，从而实现对生态环境的有效治理。[1] 而乔舒亚·巴斯比（Joshua Busby）在给美国国会对外关系委员会提交的《气候变化与国家安全：行动议程》的报告中，则从气候变化对美国内部和外部安全的影响、相关的政策选择、机构改革等角度全面分析了气候变化与国家安全的关系。[2]

再比如，保罗·伯特尼（Paul Portney）和罗伯特·史蒂文斯（Robert Stavins）分析了美国环境政策的具体内容和演进，描述了美国国家环境保护局和联邦管制体制的演变，尤其是具体讨论了美国的空气污染政策、气候变化政策、水污染政策、危险废弃物政策以及有毒物质政策和固体废物政策。[3] 托马斯·思德纳（Thomas Sterner）则对自然资源管理的政策工具做

---

1 约翰·德赖泽克：《地球政治学：环境话语》，蔺雪春、郭晨星译，山东大学出版社 2008 年版。

2 Joshua W. Busby，*Climate Change and National Security: An Agenda for Action*（New York：Council on Foreign Relations Press，2007）.

3 保罗·伯特尼、罗伯特·史蒂文斯（主编）：《环境保护的公共政策》，穆贤清、方志伟译，上海人民出版社 2004 年版。

了非常细致和深入的研究。在他看来，在保护环境和自然资源以及降低保护成本方面，良好的激励政策可能或确实有效；设计失败的激励政策如同其他政策拥护者所寻求的替代方式一样无效；如果缺乏必要的经济、法律和技术上的制度能力，以及一个适当的社会环境的支持，无论哪个政权，无论何种激励政策都将无所作为，而这些能力在发展中国家通常是十分有限的；激励政策和其他政策都必须与现有的社会状况和制度相匹配，而且在应用它们的同时也必须进行能力建设。[1] 威廉·劳里（William Lowry）着力于分析公共政策与河流之间的相互关系，检视了不同河流的具体情况对政策的制定产生影响的差异，同时分析了如何利用河流的利益相关者之间的政治分歧，并且系统地论述了美国河流管理的发展历程以及当前的政策。[2] 而安东尼·吉登斯（Anthony Giddens）则提出，要建设保障型国家。鉴于气候变化议题已经受到广泛关注，国家必须行动起来——它必须鼓励和支持各种形式的社会团体推动气候政策的发展。他所提出的另外两个基础概念，是所谓“政治敛合”和“经济敛合”。“政治敛合”指的是气候变化政策在多大程度上以一种积极的方式和其他价值观、政治目标重叠在一起。而气候变化政策可以在多大程度上变得具有创新性和充满活力，以及它是

1 托马斯·思德纳：《环境与自然资源管理的政策工具》，张蔚文、黄祖辉译，上海人民出版社 2005 年版。

2 威廉·劳里：《大坝政治学：恢复美国河流》，石建斌译，中国环境科学出版社 2009 年版。

否可以获得广泛的公众支持，关键的决定因素就是政治敛合。[1]

4．国际环境治理与合作

生态环境问题天生具有跨国性或国际性。因为，各个国家的生态环境之间往往是息息相关、相互影响的。跨国或超国家环境政治在表面上是要突破集体行动困境，实现对生态环境危机的全球管控与治理，但更深层次的问题则会涉及各国的竞争性能源技术创新，进而影响到长期性的国际体系权势转移。围绕着这些议题，国际环境政治研究主要关注的是超国家层面上的环境治理、全球环境合作和博弈，以及环境治理、合作和博弈对于国际关系和国际政治的影响。[2]

20 世纪 70 年代至 80 年代，国际环境政治（IEP）研究的影响力逐渐扩大。迈克尔 • 祖恩（Michael Zürn）系统阐述了国际环境政治研究的议程及其演进。在他看来，国际环境政治研究可分为前后两个阶段。第一个阶段是 20 世纪 80 年代的研究，为了把国际环境政策议题纳入到国际政治研究之中，将它与安全、经济、外交政策和国际制度联系在一起。而 20 世纪 90 年代之后的第二代研究者，则使用了更为精确的学术问题和研究方法，尤其侧重于对全球机构和制度进行研究。[3] 对于国际环

1 安东尼 • 吉登斯：《气候变化的政治》，曹荣湘译，社会科学文献出版社 2009 年版。

2 孔凡义：“国外环境政治研究：现状及其评价”，《国外社会科学》2010 年第 4 期，第 21～27 页。

3 Michael Zürn，“The Rise of International Environmental Politics: A Review of Current Research”，*World Politics* 50/4（1998），pp. 617-649.

境政治研究议程的变迁，罗纳德·米歇尔（Ronald Mitchell）则做了如下概括：第一，关注国际环境政治和全球治理体系所发生着的重大调整；第二，更多行为体（包括超国家行为体、区域行为体、非政府行为体和跨国公司）正在参与到全球环境政治之中；第三，国际环境政治的现实是多个层面共同发挥作用的结果；第四，目前公认的全球环境问题及其治理，与其他非环境问题之间的关联日益密切；第五，学术文献清楚地表明了全球环境政治和治理影响的扩大。[1]

国际环境政治及其研究凸显了当代国际关系中诸多规范性、理论性和经验性问题背后的根本性症结，最为突出的是集体行动难题。从国际关系的学科视角来看，这其中涉及绝对与相对收益的论辩、国际制度的作用、权力的作用、与合作相关的各种集体行为体的作用（非国家行为体、科学与政治互动）等。国际环境政治研究的跨学科特点突出，它与政治学、国际关系学、公共政策分析、社会学、法学、经济学、自然科学与技术等学科领域都有交叉。而从学科亲缘关系上看，国际环境政治研究又可以划分为如下四个类别：第一类主要是依托于传统国际关系研究，其研究内容包括环境制度与环境安全这两个方面；第二类研究主要是与国际政治经济学相关，其研究内容包括资本主义、民主、WTO、贸易和跨国公司等对全球环境的

1 Ronald B. Mitchell，“International Environment”，in Walter Carlsnaes，Thomas Risse and Beth Simmons（eds.），*Handbook of International Relations*（London：Sage Publications，2002）.

影响；第三类研究更多强调与生态环境相关的非传统安全因素，其研究内容侧重于市民社会、环境非政府组织、科学知识与政治的互动及环境话语；第四类主要研究一些与环境相关的哲学及规范性问题，比如环境人权、环境伦理与生态正义等在国际环境政治中的作用与影响。[1]

二、环境政治学主要理论流派及代表性观点

一般来说，环境政治学的理论流派可以按照如下三个维度进行分类，一是政治意识形态和价值观差异（比如“深绿”、“红绿”或“浅绿”的理论与实践），二是政治立场态度的激进与保守程度（比如激进的、温和的或保守的生态主义），三是对于生态环境议题的社会现实主义的或建构主义的认知方法（比如实在论的或解释论的方法）。这里对于环境政治学理论及其流派的分析，主要基于政治意识形态和价值观的划分维度，着重阐释“深绿”、“红绿”和“浅绿”三个维度下的代表性观点。

1. 理论流派的分类依据

其一，依据政治意识形态和价值观差异。

按照政治意识形态和价值观的差异，环境政治学理论可以划分为“红绿”、“深绿”和“浅绿”三大流派。概言之，“深绿”理论强调公众个体价值观的生态中心主义转变与提升，自

1 董亮：“国际环境政治研究的变迁及其根源”，《教学与研究》2016 年第 5 期，第 103～112 页。

觉地把个体生活与生存理解为自然生态整体的一部分，并认为单纯的经济社会制度层面变革并不能真正克服生态环境问题。比如，本质上属于“深绿”范畴的生态哲学与伦理学、深生态学、生态美学、生态自治主义与生态文明理论，就是以个体生态价值观的生态（物）中心主义转变为核心/基点的代表性生态文化理论，其共同特点是坚持认为个体价值观层面上的生态中心主义改变，即明确承认和充分尊重自然生态系统及其构成要素的独特价值，是所有绿色变革得以实现的根本或前提。

相比之下，“红绿”理论则主张以生态马克思主义或社会主义为指导，通过资本主义社会中经济与政治制度的根本性变革与重建来解决生态环境问题，因为资本主义制度所固有的内在性矛盾注定了它不能通过渐进的改良来做到这一点。比如，“红绿”意义上的生态马克思主义或社会主义、绿色工联主义、生态女性主义、社会生态学与生态新社会运动理论，都是以经济社会制度及其支持性文化观念的合生态化转变为核心或基点的代表性生态文化理论，其共同特点是坚持认为，现行社会经济制度及其支撑性政治与文化是当代生态环境难题的深层成因和根本性解决思路所在，即生态环境问题归根结底是人类自身的问题。[1]

而“浅绿”理论则呼吁通过经济技术手段与公共政策管理

1 郇庆治：“绿色变革视角下的生态文化理论及其研究”，《鄱阳湖学刊》2014年第1期，第21～34页。

的渐进革新切实解决具体性的生态环境问题，因为无论是制度层面还是个体价值观层面上的根本性变革都很难设想会经常发生。[1] 比如，总体上属于“浅绿”类型的可持续发展理论、生态现代化理论、环境公民理论、绿色国家理论与环境公共管治理论，都是以现实生态环境问题的抑制或减缓为核心或基点的代表性生态文化理论，其共同特点是主张在目前盛行的民主政治和市场经济体制框架下有效阻止生态环境难题的进一步蔓延与恶化，因而往往是“生态资本主义”性质的。

其二，依据政治立场态度的激进与保守程度。

按照政治立场态度的激进与保守程度，环境政治学理论可以区分为激进的、温和的和保守的生态主义或环境主义。激进生态主义大体上有三种表现形式：一是激进地批判，即站在某种特定生态立场上对造成生态环境问题的其他价值观、自然观、发展观或经济社会制度体系与结构进行激烈批判；二是激进地重建，即要求重建一个全新的生态社会，包括从根本上更新价值观念、改变生活方式、创建新型社会制度等；三是采取激进的变革手段和道路，即通过革命的而非逐步改良的方式推翻现行的经济社会制度、国家政权并建立一个新社会。严格来说，第三种形式从属于第二种，是第二种形式在某一方面领域的表现。借用约翰·德赖泽克的表述，激进生态政治

1 郇庆治：“发展的‘绿化’：中国环境政治的时代主题”，《南风窗》2012 年第 2 期，第 57～59 页。

应该“既是激进的也是充满想象力的”[1]，即以生态尺度激进地重构未来世界。[2]

因而，激进主义绿色话语也是一个多元参与主体的集合体。就其参与主体而言，其中包括深生态主义者、动物解放论者、多种后现代主义者、绿党成员、生态马克思主义者等。这些行为主体及其所秉持的话语有一个基本共同点，即将激烈批评对象锁定为既存的经济结构、制度结构和社会结构，强调以系统性的制度变革为切入点，重新审视和塑造民主、公平、正义、效率等基础性社会政治价值。[3] 而就其理论路向而言，主要有三种类型：安德鲁·多布森（Andrew Dobson）的政治生态主义即生态中心主义政治[4]，以默里·布克金（Murray Bookchin）为代表的生态无政府主义和以戴维·佩珀（David Pepper）、约翰·贝拉米·福斯特（John Bellamy Foster）、詹姆斯·奥康纳（James O'Connor）、乔尔·科威尔（Joel Kovel）等为代表的生

1 约翰·德赖泽克：《地球政治学：环境话语》，蔺雪春、郭晨星译，山东大学出版社 2008 年版。

2 这其中最为典型的是实施破坏性实践行动的激进生态主义者以及将生态理想推进至宗教层面的生态原教旨主义者，分别从暴力性手段运用和意念偏执或痴迷两个方面凸显了激进生态主义的特征。采取破坏性实践行动的激进生态主义组织包括地球解放阵线（Earth Liberation Front）、绿色恐吓（Green Scare）、环境生命力量（Environmental Life Force）和气候行动阵营（Camp for Climate Action）等绿色社团，针对伐木厂、农业公司、化工企业以及捕鲸船等实施蓄意破坏行动，力图恐吓或强阻生态环境的破坏者。

3 沈承诚：“西方环境话语的类型学分析”，《国外社会科学》2014 年第 5 期，第 58～67 页。

4 安德鲁·多布森：《绿色政治思想》，郇庆治译，山东大学出版社 2012 年版。

态马克思主义。[1]

温和生态主义体现为一种生态理性主义环境话语。它认识到工业主义扩张与生态环境恶化之间的必然关系，但仍认为可以通过政治、行政与市场的手段加以化解，而且这种化解方式不应是“革命的”，而是“改良的”。其基本方法论立场是，刻意淡化经济发展与环境保护之间的矛盾对立关系，并努力将协调与互补因子注入这种关系之中，从而呈现为一种同时满足现代性要求与和谐目标追求的话语体系。依据矛盾化解手段的差异，温和生态主义又可以分为如下三种类型：民主实用主义的、行政理性主义的和经济理性主义的环境话语。[2] 民主实用主义环境话语强调应在自由资本主义民主的基本制度框架下，借助民主理念、程序和组织架构来化解环境危机。具体地说，它认为应建构一个自由参与充分讨论的环境民主平台，从而实现一种交互影响式的利益表达，既允许那些基于不同立场利益的内容能够较为顺畅地输入到政治系统之中，又可以在此基础上塑造整个社会对环境问题的集体性认知或行动共识。行政理性主义环境话语着力于现实环境问题的解决，强调专家技术的核心性作用，其信任或依赖的具体手段包括：专业性资源管理机构、污染控制机构、规制性政策工具、环境评估体系、专家顾问委

---

1 田启波、关锋：“西方激进生态政治的主要理论图谱”，《国外理论动态》2017年第7期，第104～115页。

2 沈承诚：“西方环境话语的类型学分析”，《国外社会科学》2014年第5期，第58～67页。

员会、理性主义政策分析技术等。经济理性主义环境话语则强调借助市场的价格与竞争机制来实现对生态环境与自然资源的合理配置，以便应对现在及将来可能出现的环境危机。[1]

生态保守主义认为，增长极限论所彰显的事实是，人类像其他动物一样，必须消费自然资源；相应地，如果自然资源是有限的，人类对于无限经济增长的追求就不可能实现。因而，这种生态保守主义观点明显受到保守主义思想传统的影响，并不认同现代性的进步概念，强调人类“应做什么”仰仗于“能做什么”。它强调指出，人类在自然界中的地位是指生态位而不是进化地位，因而反对进化论者所倡导的进步无止境的理念以及进步的“极限状态”，主张应探讨生态相对稳定性的“极限状态”。比如，绿党就经常质疑和批判关于人类理性能力和信奉进步与创新的启蒙理念。就此而言，生态保守主义和生态激进主义在许多方面具有异曲同工之处，但保守主义者不会像激进主义者那样基于对非人类自然存在的独立道德主体地位的理解，去捍卫非人类自然界权益。比如，他们对于“共同生活”有颇为不同的界定，以约翰·格雷（John Gray）为代表的保守主义就认为，“共同生活”需要用历史和文化的术语来界定，需要通过传统进行表述，强调家庭作为共同生活实践的网络和所要传承的传统，赋予人以确定身份。而以激进绿党为代

1 Bruce Yandle，“Community Markets to Control Agricultural Non-point Source Pollution”，*Fearing Food*，1999，pp. 233-255.

表的激进主义则认为，“共同生活”是一种跨越物种界限的本体论意义上的和道德的生活。这样，激进的生态中心主义就将自己从保守主义思潮中剥离出来。[1]

其三，依据对于生态环境议题的社会现实主义的或建构主义的认知方法。

环境社会学家埃里卡·卡德沃斯（Erika Cudworth）强调指出，环境政治理论也是一种社会理论，而人同时是自然存在和社会存在，人类存在的这种两重性或矛盾性正是我们要探讨的对象。基于对社会理论的不同理解，环境政治学理论可以划分为“实在论者”和“解释论者”（社会建构主义）。实在论者强调，“不能无视自然（的实在性）”。他们认为，环境实际上是作为“彼岸”的独立性存在，与人如何看待无关，从而承认了环境以及自然的本原性。从这一立场出发，实在论把生态环境问题归结为环境状况恶化的客观事实，而反映这些事实的，则主要是科学的生态学知识。在该理论看来，生态环境问题之所以是“问题”，就在于其需要解决的紧迫性和解决过程的科学性。该理论的早期代表有马克思关于人与自然之间的物质代谢关系理论，较新的学派则有提倡实在世界层次性的罗伊·巴斯卡（Roy Bhaskar）的“批判实在论”[2]，此外还有在环境社会

1 郇庆治：“环境政治学视野下的绿色话语研究”，《江西师范大学学报（哲社版）》2016 年第 4 期，第 3～4 页。

2 See Berth Danermark，Mats Ekström and Jan Karlsson，*Explaining Society: Critical Realism in the Social Sciences*（London：Routledge，2002）.

学理论中，以统一生物学和生态学等自然科学和社会理论为宗旨的泰德·本顿（Ted Benton），以及研究社会变革环境后果引起“人的自然”变化的皮特·迪坎兹（Peter Dickens）等。[1]

相形之下，解释论者（社会建构主义）倾向于把“环境”和“自然”看作与具有社会规范和价值的人的集合密切相关的存在。[2] 基于这一立场，环境污染与生态破坏并不能立刻成为生态环境议题，而是需要经过观念建构之后才能把它们转化为人们主观认为“这是问题”的社会政治议题。该理论的代表人物有约翰·基特苏斯（John Kitsuse）和马尔科姆·斯皮克特（Malcom Spector）。他们都认为，社会问题可以被定义为“个人或集体对某种想象的状态诉苦和申诉的活动”[3]。这就是说，成为社会政治议题的关键是“意见”被承认，而支持这一意见的事实根据本身并不能把客观问题变为大众议题。在生态环境问题上，重要的不是事件本身具有多大的危险性、严重性，而是这一问题被什么样的社会集团所确认。由此看来，“环境问题是通过事件和政治，作为问题被创造和‘发明’出来的，尽管这些事件和政治与单纯的环境没有什么直接关系”[4]。因而，环

---

1 Ted Benton，*Natural Relations：Ecology，Animal Rights and Social Justice*（London：Verso，1993）；Peter Dickens，*Society and Nature：Changing Our Environment，Changing Ourselves*（Cambridge：Polity，2004）.

2 Erika Cudworth，*Environment and Society*（London：Routledge，2003）.

3 John I. Kitsuse and Malcom Spector，*Constructing Social Problems*（New York：Aldine de Gruyter，1987）.

4 Phil Macnaghten and John Urry，*Contested Natures*（London：Sage Publications，1998）.

境政治学理论的首要任务，就是一个“创制议题”的政治过程，甚至可以说，是一个“发明议题”的政治过程。对此，凯特·索珀（Kate Soper）尖锐地指出，“人类在我们所说的大部分‘自然的’东西的产生过程中发挥了重要的作用。人的作用被抽象化，被引进到环境创造的过程中，被写进了物理领域，这种抽象化还具有极端轻视社会关系的倾向，而社会关系则带有剥削的性质”[1]。

2．基于价值观分野的环境政治学理论流派

其一，“深绿”理论。

“深绿”意义上的生态哲学与伦理、深生态学、生态美学和生态自治主义，是以个体生态价值观的生态中心主义转变为核心或基点的代表性生态文化理论，其基本特点是坚持认为个体价值观层面上的生态中心主义转变，即明确承认和充分尊重自然生态系统及其构成要素的独特价值，是所有绿色变革得以实现的根本或前提。“深绿”环境政治学一般为技术悲观主义，认为技术进步并不能从根本上解决环境问题，而只会加重环境问题，倡导经济零增长和政治社会范式的深刻变革。

生态哲学与生态伦理学严格地说分属于哲学和伦理学两个不同的学科分支。前者是要从最根本的意义上解释人类社会及其自身与自然界之间的关系，尤其是人类在自然界中的地

1 Kate Soper，“Nature’s nature”，in Jon Bird，Barry Curtis and Melinda Mash et al.（eds.），*FutureNatural：Nature，Science，Culture*（London：Routledge，1996）.

位、作用以及适当的生存与生活方式（即“我们从何处来，又向何处去”），而后者是关于如何对待生态价值、如何调节人与生物群落之间和人与自然环境之间关系的伦理学说（道德规范）。但是，无论就它们形成发展的大致历程，还是就其所致力于探讨的核心议题（如何在根本性消解人类中心主义价值观的同时，明确承认与充分尊重非人类自然存在、生态和物种的内在价值及其存续需要）来说，“生态（环境）哲学”和“生态（环境）伦理学”都是经常可以互换使用的概念。生态哲学/伦理学大约形成于20世纪40年代的西方欧美国家，标志性理论是法国哲学家阿尔贝特•施韦泽（Albert Schweitzer）的“生命伦理”和英国环境学家奥尔多•利奥波德（Aldo Leopold）的“大地伦理”，尽管其理论渊源可以追溯到19世纪边沁的扩展的“道德共同体”和赫胥黎的人与自然间亲和伦理，甚至中国古代“仁爱万物”的生态伦理思想。20世纪70年代及其以后，美国哲学家霍尔姆斯•罗尔斯顿（Holmes Rolston）的《哲学走向原野》《环境伦理学：自然界的价值和人对自然的责任》等论著，将其确立为一门独立的新兴交叉学科。20世纪90年代后，中国学者关于生态哲学和伦理的著作也大量出现，比如刘湘溶、李春秋和叶平的同名著作《生态伦理学》以及余谋昌的《惩罚中的觉醒：走向生态伦理学》等。当代生态哲学和伦理的焦点性议题，无疑是提供人类（社会）与自然关系的合生态关系一般构型，以及相应的人类个体或群体的生态道德规范，即当代人类社会为何、何以成为生态化的社会和人。[1]

深生态学在一定程度上是一种最具代表性的激进的生态哲学与伦理理论流派。该理论是由挪威哲学家、生态学家阿恩·奈斯（Arne Naess）于1972年最早提出的，将生态学发展到哲学与伦理学领域，并提出了生态自我、生态平等与生态共生等重要生态哲学理念。特别是生态共生理念，包含着人与自然平等共生、共在共荣的重要哲学与伦理内涵。美国学者沃威克·福克斯（Warwick Fox）在《超越个体生态学：发展环境主义的新基础》（1990）中，论证了“自我更新存在”的内在价值，而比尔·戴维尔（Bill Devall）和乔治·塞森斯（George Sessions）则在《深生态学：充分尊重自然的生活》（1985）和《手段简单而意义丰富：践行深生态学》（1988）中，详尽阐述了深生态学的一种宇宙学和心理学的方法，即“超越个体生态学”。具有强烈非理性或直觉方法论色彩的深生态学，为我们探寻人类与自然之间的和谐共生关系指出了一种既原始、又崭新的路径，即从超越自然转向回归自然、从外向性征服转向内心省悟。但部分是由于对现代文明的深层抵触或质疑态度，深生态学往往很难得到“红绿”或“浅绿”生态文化理论流派的接受或认同，就连奈斯本人也自称之为“面向22世纪的生态学”。

---

1 郇庆治：“环境政治学研究在中国：回顾与展望”，《鄱阳湖学刊》2010年第2期，第45～56页。

生态自治主义是一种生态中心主义哲学价值观取向下的政治社会理论，主张在追求尊重非人类世界整体性的同时，建立保证人全面和彼此实现的、合作性的社区，而社会进步的基本标准是人类社区适应生态系统的程度和人类全面需要实现的程度。其中，生物区域（系统）原则和生态寺院生活准则是其核心性方面或代表性范式：前者强调生态系统（区域）完整性的优先性，比如美国的皮特・伯格（Peter Berg）和雷蒙・达斯曼（Raymond Dasmann），而后者强调人类社区生活必需品满足的自足性，比如德国的鲁道夫・巴罗（Budolf Bahro）和英国的爱德华・戈德史密斯等。[1] 需要强调的是，几乎所有的"深绿"生态主义者，都把工业社会（大城市）的消解与小规模社区（家庭）的某种程度复兴，视为未来绿色社会的首要表征（远离目前大规模的大众消费社会），而正是这一点遭到了包括大部分生态马克思主义或社会主义者在内的"红绿"人士——尤其是像詹姆斯・奥康纳这样的新一代生态马克思主义者[2]——的批评，认为这是不现实的和无法实现的。作为一种包含强烈实践意蕴的理论，生态自治主义在欧美国家也显得有些"曲高和寡"——各种形式的"生态公社"试验只具有非常有限的应用与推广价值。然而，在相当程度上作为现实工业文明（社

1　王春荣："生态自治主义及其哲学基础"，《行政与法》2006 年第 1 期，第 64～67 页；郇庆治：《欧洲绿党研究》，山东人民出版社 2000 年版，第 212～239 页。

2　詹姆斯・奥康纳：《自然的理由：生态学马克思主义研究》，唐正东、臧佩洪译，南京大学出版社 2003 年版，第 432～433 页。

会）的对立面，生态自治主义的未来绿色社会“隐喻”（小规模、低耗费、低需求）及其实现进路，仍有着不容置疑的启迪意义。

其二，“红绿”理论。

广义上的“红绿”或“绿色左翼”政治理论，在哲学价值观上，大致接受马克思主义的社会结构与矛盾分析方法和充分尊重人类自身价值及其利益的“弱人类中心主义”立场，认为生态环境问题归根结底是一种社会性弊端（同时在制度与政策层面上）；在现实政治立场上，坚持一种对当代资本主义制度的根本性批判与反对态度，认为在资本主义的经济与社会制度框架内不可能真正解决环境问题，但与此同时，也对当代资本主义国家内部的社会民主主义环境政策和传统社会主义国家的环境保护实践持一种总体批评态度。大致来说，它们包括生态马克思主义或生态社会主义、绿色工联主义、生态女性主义、包容性民主理论、生态新社会运动理论、左翼绿党政治理论、环境正义运动理论、激进绿色国家理论等众多的学术与政治支派。[1]

生态马克思主义或生态社会主义，是从唯物史观出发对当代生态环境难题所做的理论阐释，并构成几乎所有“绿色左翼”政治流派的理论与实践基础。詹姆斯·杰克逊（James Jackson）

1 郇庆治：“21世纪以来的西方绿色左翼政治理论”，《马克思主义与现实》2011年第3期，第127～139页。

对“生态马克思主义”的界定是：“生态马克思主义是一种严厉批判西方资本主义的人类中心主义观点，认为资本主义制度内在地破坏人与自然的关系，民主资本主义的经济是与自然的保护不相容的。在马克思看来，解决环境恶化难题和工人悲惨境遇的唯一出路是消灭资本主义制度。‘要想摆脱人类的异化状态’，就必须‘以一种理性的方式控制与自然的物质代谢’，而这种目标只有在根除资本主义之后才能实现。”[1] 戴维·佩珀对“生态社会主义”的“四要素组合”的经典性界定包括：一种（弱）人类中心主义形式，对引起生态危机原因的马克思主义（唯物主义和结构主义）分析，社会变革走冲突与集体行动的道路，社会主义的未来处方与绿色社会的前景。可以发现，这二者的差异仅在于“生态马克思主义”更加侧重马克思及其他经典作家相关著述的理论来源及其方法论意义，而“生态社会主义”更加强调一种未来绿色社会制度的设计及其战略，但就两者的历史发展与基本意涵而言，很难将其作为两个独立的学术流派来看待。

生态马克思主义或社会主义在理论内容上包括两个密切关联的组成部分：一是生态环境问题性质及其成因的理论分析，二是构建或走向一种新型绿色社会的道路与战略。就前者而言，生态马克思主义或社会主义认为，生态环境问题首先表

1 Zhiyan Li，“Some Thoughts on Ecological Marxism”，*Open Journal of Social Sciences* 9/12（2021），pp. 212-219.

现为一种由社会弱势阶级或群体来承担恶果或代价的社会问题，而导致其产生和不断加重的根本原因则是主宰现代社会与世界的资本主义制度；就后者而言，未来绿色社会的基本特征应是资本主义经济制度（市场体系）与政治体现（自由民主制）的消除，而实现这样一种根本性社会政治变革的道路与途径既不能仅是单纯文化价值意义上的，也不能指望通过国家权力垄断或政治专制。基于此，尽管其内部存在着大量的政治与政策主张方面的争论，生态马克思主义或社会主义既批评主流绿色政治（绿党与温和环境运动及其生态资本主义意识形态）对资本主义国家和经济技术手段的依赖和迷恋、生态无政府政治（生态区域自治运动及其深生态学意识形态）对个体价值变革和自主自发意愿作用的过度推崇、其他社会生态运动（生态女性主义、社会生态学和包容性民主）对于社会结构和国家变革作用的相对忽视，同时也批评“现实的社会主义”实践不仅没有实现真正意义上的“社会主义民主”（自由生产者的联合体），而且未能允许发展“萌生状态的环境主义”和生态学。[1]

绿色工联主义或生态工联主义（green syndicalism），主要是用来描述绿色基尔特或可持续贸易运动的政治理论概念。大致来说，它希望达成工会及其工联主义传统比如直接行动和工作场所民主，与绿色运动及其实践比如公平贸易、历史文化遗

1 郇庆治：“21 世纪以来的西方绿色左翼政治理论”，《马克思主义与现实》2011 年第 3 期，第 127～139 页。

产保护上的政治合作，但却未必能够接受后者的社会激进变革要求与目标。但是，绿色工联主义作为一种“红绿”政治理论支派的意义在于，以杰夫·尚茨（Jeff Shantz）和格雷厄姆·珀切斯（Graham Purchase）等为代表的加拿大学者，致力于实现“绿色劳工运动”和“生态无政府运动”（生态区域自治）在政治方法论与实践上的融合或结合，而劳丽·阿德金（Laurie Adkin）等学者，则更加关注在反资本主义总体实践中的“红绿”（左翼劳工运动与生态新社会运动）社会政治联盟。概言之，“绿色工联主义”的理论要点包括如下三个方面：一是生态环境问题的根本原因在于资本主义经济制度，而不是经济规模、工业制度、技术或劳工团结等具体因素。二是未来绿色社会不可能是一个完全分散和非工业的“社区”社会。而如果确是这样的话，服务于基层需要的非营利性工业及其劳动组织，就应理解为一种面向未来的而不是需要废除的元素。三是在走向“生态无政府社会”的变革进程中，“劳工运动”和“生态运动”理应成为相互尊重与支持的伙伴或政治联盟。[1]

生态女性主义或生态女权主义（eco-feminism），是一个产生于20世纪70年代初、试图将“女性主义”与“环境主义”相结合的社会政治理论与运动。其基本理念是，女性在现代家庭、社会中的从属性和受压迫地位，与自然界生态环境的不断

1 郇庆治：“绿色变革视角下的生态文化理论及其研究”，《鄱阳湖学刊》2014年第1期，第21～34页。

恶化之间存在着内在的关联，归根结底是由资本主义制度导致或促动的严重不平等的经济社会结构与文化价值观念所造成的。而对于当代生态女性主义者而言，她（他）们更倾向于把当今世界描绘成一个由“资本主义父权制”主导的、由“南方、女性和自然”组成为另一方的“三位一体”。玛丽·梅洛（Marry Mellor）、玛丽亚·米斯（Maria Mies）、瓦尔·普拉姆伍德（Val Plumwood）、卡罗琳·麦茜特（Carolyn Merchant）、艾瑞尔·萨勒（Ariel Salleh）等人是这方面的代表性学者。

在生态女性主义者看来，男性对土地的占有导致了一种统治性的文化或“父权制”，突出表现在食物出口、过度放牧、“公地悲剧”、人际剥削和土地滥用等方面，这其中，土地和动植物仅仅被视为经济资源。依此而言，自然生态的日趋恶化与女性对土地掌控能力的不断弱化之间存在着一种历史性关联，而这在资本主义时代变得尤为尖锐突出。对此，印度生态女性主义者范达娜·诗娃（Vandana Shiva）明确指出，生态女性主义的重要使命之一就是，重新阐明当代社会如何错误地理解女性与自然的生产能力和主动性，从而使得她们被不正当地使用。她认为，妇女与自然之间的特殊联系，不仅是由于受父权制社会剥削压制的共同经历，还在于相对于男性，女性对自然有更积极认同，而这在很大程度上可以从生物学意义上加以解释。在她看来，妇女在致力于维持生计的经济中，与自然合作生产和再生产物质财富，是天然的整体主义者和自然生态过程知识的专家。但是，这种选择性知识技能并未得到资本主义制度的充分理解与尊重。

艾伦·戴蒙德（Irene Diamond）和格劳丽亚·奥林斯坦（Gloria Orenstein）在1990年编辑出版的《重构世界：生态女性主义的兴起》一书中[1]，将“生态女性主义”划分为三个维度：一是强调地球本身的神圣性（精神向度），二是强调自然环境的安全健康必须与社会正义相结合（社会向度），三是强调人类生产生活方式的生态可持续性（经济向度）。有些侧重于精神向度的生态女性主义者，在强调妇女与土地被压迫之间的语言表达性关联时，往往把自然描述为“女性的”或“野性的”，比如“自然母亲”“蹂躏土地”“驯服自然”“获得自然的馈赠”等。对此，詹妮特·比尔（Janet Biehl）在《反思生态女性主义政治》一书中，激烈批评了生态女性主义中的“唯心主义”倾向，认为其过分强调女性与自然之间的神秘联系却忽视了现实世界中女性的实际生活条件。[2] 像艾瑞尔·萨勒等唯物主义的生态女性主义者，更加关注现实经济与政治议题[3]，而最多只是象征性地使用“大地母亲”或“盖娅”这些术语。总之，这些

1 Irene Diamond and Gloria Orenstein（eds.），*Reweaving the World: The Emergence of Eco-feminism*（San Francisco：Sierra Club Books，1990）.

2 Janet Biehl，*Rethinking Eco-feminist Politics*（Boston，MA：South End Press，1991）.

3 Ariel Salleh，*Ecofeminism as Politics: Nature，Marx and the Postmodern*（London：Zed Books，1997）；Ariel Salleh（ed.），*Eco-sufficiency and Global Justice: Women Write Political Ecology*（London and New York：Pluto Press，2009）.

分支流派尽管在上述立场与观点上存在着诸多具体性差异，但仍然共同构成了“女性主义的政治生态学”，并成为更为宽阔谱系下的“红绿”政治理论与运动的一部分。[1]

超越发展理论，是拉美学术界近年来提出并且影响迅速扩大的一种“红绿”理论。它着力于批判性分析拉美各国所长期面临着的发展路径、模式与理念等多重依赖性的困境或悖论，并形成了如何走出这种现实困局的较为新颖而激进的系统性看法，从而构成了一个相对完整的社会生态转型或“红绿”变革理论。

具体来说，“超越发展”理论或学派可以归结为对如下三个方面理论性议题的思考或回应。首先，对“拉美发展困境”或“资源丰富咒语”的理论反思。“超越发展”理论或学派系统考察了拉美国家在当今资本主义世界体系中的社会自然关系上的特点。然后，他们提出了两个核心性的论点：一是资源榨取主义，强调服务于世界体系中心国家资本主义生产需要导致了拉美国家的生态与社会不可持续的自然资源开采利用模式。[2] 二是“资源丰富咒语”，用来描述这些国家中由优越自然条件所决定的负面发展特征。对此，阿尔贝托 • 阿科斯塔

1 郇庆治：“21 世纪以来的西方绿色左翼政治理论”，《马克思主义与现实》2011 年第 3 期，第 127～139 页。

2 Miriam Lang and Dunia Mokrani（eds.），*Beyond Development：Alternative Visions from Latin America*（Amsterdam：Rosa Luxemburg Foundation and Transnational Institute，2013），pp. 117-143；Brand Ulrich，Dietz Kristina and Lang Miriam，“Neo-extractivism in Latin America：One Side of a New Phase of Global Capitalist Dynamics”，*Ciencia Política* 11/21（2016），pp. 125-159.

（Alberto Acosta）指出："作为这些国家表征的自然资源的超级可获得性，往往扭曲了这类国家的经济结构和生产要素配置，导致逆向再分配国民收入并使之积聚到少数人手中。"[1]

其次，对欧美可持续（绿色）发展话语与政策的理论批评。"超越发展"理论或学派，总体上属于可持续（绿色）发展话语与政策的质疑派或否定派。在该理论看来，欧美国家所理解与界定的"绿色经济"或"绿色发展"，其实是一个自我利益取向的或私利性的理念与战略，而远不是对全球性生态环境危机的整体性认知与应对。可持续（绿色）发展话语与政策尽管采用了时代化的言辞修饰或包装，比如全球性挑战或危机、全球公共治理、可持续发展政策及其管理等，但现实中无法回避的是广大发展中国家与少数西方发达国家之间的"鲜明对照"。对于拉美各国而言，在可持续（绿色）发展话语与政策的语境下，它们身份所发生的改变只是从原来的欠发达和（前）殖民地变成了可持续性（绿色发展）水平低，而它们相对于发达国家或殖民宗主国的从属性或边缘性地位并没有任何改变。[2]

最后，对拉美左翼进步政府政治与政策的理论回应。对于"超越发展"理论或学派而言，拉美地区的"超越发展"实践努力要想取得成功，需要同时深刻改变国内和国际层面上的文

1 Alberto Acosta，*La Maldición de la Abundancia*（Quito: FES-ILDIS，2009），p. 29.

2 卡米拉·莫雷诺："超越绿色资本主义"，《鄱阳湖学刊》2015 年第 3 期，第 61～62 页。

化与社会经济的关系、生产与生活模式、社会话语与权力关系或力量关系，需要同时在国内和国际层面上寻找真正具有替代性的公共政策。[1] 而对于阿尔贝托·阿科斯塔和爱德华多·古迪纳斯（Eduardo Gudynas）等来说，尽快走出依然主宰着包括左翼进步政府在内的拉美政治的“（资源）榨取主义”，应成为拉美各国发展重构或社会生态转型的“主战场”[2]。对此，古迪纳斯提出了一个分为“两步走”的渐进革新战略。首先，尽快将“掠夺式榨取主义”改变为“温和的（明智的）榨取主义”。在严格高效的社会管控体系下，运用最适当的技术，以合理的手段修复或遗弃采掘业站点，采取合理的缓和措施与社会补偿战略。然后，再进一步转向“不可或缺的（必需性的）榨取主义”，其中只允许那些为了满足国家和地区真实需求而存在的采掘业继续运营。所谓真正需要的产业，是指那些既符合社会和环境规范，又与国家和地区的经济链有直接联系的产业。[3]

其三，“浅绿”理论。

“浅绿”生态政治理论立足于人类利益或本位的环境和资源保护，试图在无须变革现代社会的基本经济政治架构（不挑

---

1 Miriam Lang and Dunia Mokrani（eds.），*Beyond Development: Alternative Visions from Latin America*（Amsterdam: Rosa Luxemburg Foundation and Transnational Institute，2013），pp. 117-143.

2 Miriam Lang and Dunia Mokrani（eds.），*Beyond Development: Alternative Visions from Latin America*（Amsterdam: Rosa Luxemburg Foundation and Transnational Institute，2013），pp. 117-143.

3 郇庆治：“拉美‘超越发展’理论述评”，《马克思主义与现实》2017 年第 6 期，第 115～123 页。

战资本主义制度），不改变既存的社会生产方式和消费模式的条件下，借助现有的社会制度机制和技术进步来改善生态环境状况。“浅绿”生态政治理论多为“技术乐观派”，认为环境政策工具创新和科技发展运用可以实现环境保护与经济发展的双赢目标追求，从而解决当代社会所面临的系列环境伦理、社会与政治问题。由于“浅绿”生态政治理论最先是在欧美资本主义国家提出并得以实施的，因而又往往被称为“生态资本主义”理论。

“生态资本主义”可以宽泛地概括为，在现代民主政治体制与市场经济机制共同组成的资本主义制度架构下，以经济技术革新和强化公共政策管理为主要手段来应对生态环境问题的渐进性解决思路与实践。它的积极性方面是明确肯定和赋予自然生态环境中的某些要素及其组合以“资本”的（尤其是货币的）价值，并力图在商品化的经济生产、经营和管理过程中（主要通过成本核算和技术革新）来体现与实现这些“生态资本”的价值。其生态环境保护效能的逻辑是：一方面，如果在生产、经营和管理过程中正确核算（当然是按照实际的或虚拟的市场价格）生态环境要素的资本价值，那么，传统生产所导致的环境外部性将会实现内部化——既不存在免费的自然生态成本输入，也不允许免费的环境污染物输出；另一方面，如果生产经营者都做到考虑自然生态要素的投入成本和环境污染物的排出成本，那么，市场竞争的机制将会导致生产效率尤其是资源利用效率的不断提高，因而最终将是经济效益与环境保护的双赢效果。

很显然，“生态资本主义”本质上是一种资本主义接纳生态向度而不是生态主义掌控资本的理论与实践努力。当然，“生态资本主义”也是一种较为实用主义的或注重实效的绿色政治社会理论。它既没有停留于那种“要工业还是要环境”的反消费主义悲观渲染，也没有沉湎于提出根本性改变我们时代文化的乐观主义宏大叙事，而是致力于当代社会经济生产与生活方式的反生态弊端的切实改善。[1]“生态资本主义”从不质疑和挑战资本主义的经济与政治制度前提（即市场经济和代议制民主政治），也拒绝或不接受环境保护动机或生态道德意义上的追问与批评。换句话说，它所看重的是传统经济生产与消费活动所带来的生态环境破坏现实的切实改善，而不是去关注或深究那些集体（公司）和个体（消费者）的相关性行动的背后动机。甚至，它可以大大方方地承认，人们之所以从事那些有利于生态环境保护的集体行动（企业改善管理与实施技术革新）和个体行动（改变传统生活方式与习惯），恰恰最可能是基于经济利益方面的目的或需求（比如更多的企业赢利和消费节省）。

生态现代化理论。20 世纪 80 年代初，联邦德国的马丁·耶内克（Martin Janicke）和约瑟夫·休伯（Joseph Huber）、荷兰

1 郇庆治:“21 世纪以来的西方生态资本主义理论”,《马克思主义与现实》2013 年第 2 期，第 108～128 页。

的格特·斯帕加伦（Gert Spaar-garen）、马藤·哈杰尔（Maarten Hajer）和阿瑟·摩尔（Arthur P. J. Mol）、英国的阿尔伯特·威尔（Albert Weale）和约瑟夫·墨菲（Joseph Murphy）等人，对环境保护与经济增长不相容性的理论假定进行反思，并先后提出了一种“生态现代化”的环境难题应对的替代性思路，将关注的重点从环境问题的政策法律监管和事后处理转向了如何实现环境问题的预防和通过市场手段消除环境问题。[1]

作为一个完整理论，首先，它强调政府明智政策的推动作用是绿色革新的重要动力。虽然生态现代化过程是一种以市场导向为基础的系统性的经济技术革新与扩散，但通过国家政策的有效干预去影响并引导这种现代化的方向是可行且必须的。[2] 而政府明智政策的核心理念，就是从源头上有效控制环境损害的发生，即国家采取灵活有效的环境政策，约束和引导市场行为，把生态原则贯彻和融入其他政策之中，最终实现经济社会的“绿化”。其次，生态现代化主张重构市场与国家之间的关系，既需要国家采取灵活的规制措施来引导市场力量和经济行为体的经济活动，把过去那种官僚制的、等级式的、被

1 Martin Janicke, “Preventive Environmental Policy as Ecological Modernisation and Structural Policy”, *Science Center of Berlin IIUG Discussion Papers* 85/2 (1985); Albert Weale, *The New Politics of Pollution* (Manchester: Manchester University Press, 1992); Arthur Mol, *The Refinement of Production: Ecological Modernization Theory and the Chemical Industry* (Utrecht: International Books, 1995); Maarten Hajer, *The Politics of Environmental Discourse: Ecological Modernization and the Policy Process* (Oxford: Oxford University Press, 1995).

2 郇庆治：“生态现代化理论与绿色变革”，《马克思主义与现实》2006 年第 2 期，第 90～98 页。

动回应性的、控制和命令为主的管治模式，变为一种更加灵活的、分散化的、预防性的治理[1]，又需要国家充分发挥市场机制和市场力量的作用，利用经济或以市场为基础的管理手段（比如税收、生态标签和碳排放交易体系等）来达到环境目标。再次，它认为科技革新在解决环境问题上具有核心性作用，是实现经济发展和环境保护双赢的关键。生态现代化过程就是一个技术不断革新与扩散的过程，政府明智政策的制定、实施可以为绿色技术创新及其在市场中的推广运用提供动力支持和政策保障。因而可以说，技术革新及其扩散是实现生态现代化的关键要素，是逆转“经济发展—环境污染—末端治理”这一恶性循环模式的重要支点。当然，生态现代化理论并不是简单的技术决定论者，它也非常重视支撑这种技术革新的环境政策和政府管治的保障推动作用，强调生态现代化是一个系统性的社会经济生态化转型的综合工程。最后，它坚持认为，生态现代化过程中的先驱国家或地区引领环境政策创新，具有更强的经济竞争力。在日益全球化背景下，环境技术和环境政策领域中“先驱国家”的开创性革新行为，是生态现代化最为重要的驱动力，从不同方面影响和促进着生态现代化的发展。[2]

绿色国家理论。澳大利亚学者罗宾·艾克斯利（Robyn

---

1 Martin Janicke，“Dynamic Governance of Clean-energy Markets：How Technical Innovation Could Accelerate Climate Policies”，*Journal of Cleaner Production* 22/1（2012），pp. 50-59.

2 郇庆治：“21 世纪以来的西方生态资本主义理论”，《马克思主义与现实》2013 年第 2 期，第 108～128 页。

Eckersley）在 2004 年出版的《绿色国家：重思民主与主权》一书中，在“批判性政治理论”的视角下系统阐述了“绿色国家”或“绿色民主国家”的概念。艾克斯利认为，作为对传统的自由民主制国家、无条件信奉经济增长的福利国家和过度迷恋市场的新自由主义国家的渐进性替代，“绿色民主国家”追求的现代民主国家致力于对内实现其规制理想和民主程序与生态民主原则的契合，对外作为主权国家担当起生态托管员和跨国民主促进者的角色。[1] 她是在政治哲学或政治理论的层面上展开讨论的，着力于如何把环境运动或政治的道德和实践关切与当代国家、民主和正义的理论连接起来。其基本思路是，通过逐渐把人类共同体所依赖的生态环境因素纳入其道德考量的边界之内——先是在民族国家范围内，然后是在跨国、区域和全球层面上，就可以把自由主义的民主国家转变成为后自由主义的绿色民主国家，相应地，主权国家将会成为一种生态托管员和跨国界民主的促动者，而不再仅仅是局限于捍卫其辖区利益的自私行为体。毕竟，当代国家不仅依然是应对环境难题的主要政治制度，而且可以通过自身的渐趋绿化而创建绿色的国内外政策与法律。

罗宾・艾克斯利所阐述的“绿色国家”理论与实践，在过去十多年中取得了如下三个方面的进展：一是绿党政治发展及

---

1 Robyn Eckersley, *The Green State: Rethinking Democracy and Sovereignty* (Cambridge: The MIT Press, 2004).

其传统政治的绿化，特别是体现为 20 世纪 90 年代末以来欧洲多国绿党成功进入到联合政府。但总体来说，实力弱小的绿党只能推进生态环境相关议题领域中的某些局部性和渐进性的政策变化，即便执政后也很难提供一种质变意义上的绿色选择性政治。[1] 二是生态民主理念及其制度愿景。现代民主国家通常被理解为基于个体权利与自由的自由民主制国家，但至少在理论上可能的是，它还可以做到适度控制人们对传统经济社会权利与自由的追求从而维持在某种特定的生态限度之内。而绿党政治的现实进展以及对传统政治的绿化表明，这在一定程度上是可以实现的。[2] 三是关于绿色主权问题。罗宾 • 艾克斯利在《绿色国家》中所坚持和辩护的是一种生态主权或绿色国家主权的观念，认为它可以用来抵御无限制的经济全球化的生态破坏后果，尤其是对于广大发展中国家而言。[3] 然而，其他学者比如米克 • 史密斯（Mick Smith）却对此提出了尖锐的批评[4]，认为拥有宣布紧急状态从而可以禁止任何政治活动的主权原则正在成为一种全球性的生物政治规范，而正是这种规范本身

1 郇庆治："欧洲执政绿党：政策与政治影响"，《欧洲研究》2004 年第 4 期，第 105～117 页。

2 但是，对于绝大多数生态政治哲学理论家和环境主义者来说，真正的绿色民主（国家）意指一种全新的"生态民主（制）"——可以确保可持续性实现和现存民主制民主化的新型绿色民主。

3 Zdravka Tzankova，"The Science and Politics of Ecological Risk：Bio-invasions Policies in the US and Australia"，*Environmental Politics* 18/3（2009），pp. 333-350.

4 Mick Smith，"Against Ecological Sovereignty：Agamben，Politics and Globalisation"，*Environmental Politics* 18/1（2009），pp. 99-116.

威胁着生态政治的存在。[1]

三、主要研究方法

应该说，环境政治学的研究方法是十分多样化的，而且呈现为一种渐趋多元化的态势。在这里，我们将侧重介绍其中的比较政治研究方法、交叉学科研究方法和国内国际层次互动研究方法。

1. 比较政治研究方法

环境政治学是环境人文社会科学属下的一个新兴分支学科，但同时也是比较政治学属下的一个议题政治学科分支。[2] 环境政治学作为一个比较政治学的分支学科有两个突出特征：一是它的议题政治性质，二是它的比较研究方法。议题政治是指它集中于人类社会政治活动的某一方面关切或其中的某一环节，相应地，这也构成了我们进一步对比较政治学做出学科划分的一个维度，而环境政治学就是对人们的环境政治意识与行动的系统性理论研究。比较研究方法并不是环境政治学研究的唯一方法，但是，通过对不同社会主体的环境政治意识与行动的比较研究，来探寻人与自然、社会与自然之间适当的政治观念及其制度构架，这种比较分析方法的确是环境政治学最主要

1 Zdravka Tzankova, "The Science and Politics of Ecological Risk: Bio-invasions Policies in the US and Australia", *Environmental Politics* 18/3（2009），pp. 333-350.

2 郇庆治："亟待发展的中国环境人文社科学科"，《环境教育》2011 年第 1 期，第 47～50 页。

的方法论考量和原则。[1] 在比较政治研究中，尤为重要的是基于客观、全面、持续的调查研究的个例动态分析和多案例比较分析，它是科学研究环境政治问题的基本方法。任何片面、局部、暂时性考察的局限和分析立场、态度、方法上的偏执，都很容易导致先入为主的或以偏概全的谬见，因此需要通过比较来提升研究的客观性、专业性和科学性，比如对于不同国家绿党与环境运动的比较，以及不同类型环境政治理论之间的分析比较等。

比较政治研究一般要经过三个步骤：一是单纯的描述，即观察一个政治制度的总体或其构成部分，诸如不同时期不同国家的政府架构、政党制度以及其他的政治主体。二是整理资料，即对各种政治现象进行分类处理和综合分析。三是探求各种可变因素间的关系，以发现政治现象的一般性规律。而两种最为常见的比较方法是：最具相似性系统法（MSS）和最具差异性系统法（MDS）。前者意指“从相同里面寻找不同点”，先确定两个或更多个类似的系统（案例），比如国家、文化、治理、体系等，证明这两个或更多个系统间存在着大部分的相似之处，但这些案例至少要在某一个主要方面上是存在差异的，而比较的目的就是分析和解释相似系统间存在重要差异之处的原因。后者意指“从不同里面寻找相同点”，先确定两个或更

1 Robert Garner，*Environmental Politics：Britain，Europe and the Global Environment*（London：Macmillan，2000），p. 8.

多个各方面都不相同的系统（案例），比如国家、文化、治理、体系等，证明这两个或更多个系统几乎在各个方面都是不同的，但这些案例要至少在一个主要方面上是相同的，而比较的目的就是分析和解释存在如此巨大差异的系统之间如何会有一个重要的相似之处，并探析其背后成因。[1]

2. 交叉学科研究方法

如果把广义的环境科学分为环境自然科学、环境工程科学（技术）和环境人文社会科学三大学科群或系列，那么，环境政治学就是隶属于环境人文社会科学的一个三级分支学科。[2]就中国而言，环境人文社会科学是20世纪80年代初开始传统人文社会科学对日渐突出的生态环境问题回应与互动所形成的众多新兴、交叉和边缘学科的总称。它们具体包括环境哲学、环境伦理学、环境美学、环境文学（艺术）、环境史学、环境社会学（人类学）、环境政治学（公共管理）、环境教育学、环境经济学和环境法学等，同时还应包括近年来在属于理工门类的以环境自然科学与环境工程技术学科为主体框架内成长起来的一些明显具有人文社科属性的分支学科，比如环境伦理（哲学）、环境与社会、环境与可持续发展（资源保护）、环境与公共管理、环境与国际合作（法）等。也就是说，环境政治

1 Althur L. Kalleberg，“The Logic of Comparison: A Methodological Note on the Comparative Study of Political Systems”, *World Politics* 19/1(1966), pp. 69-82.

2 郇庆治：“亟待发展的中国环境人文社科学科”，《环境教育》2011年第1期，第47～50页。

学只是上述诸多环境人文社会科学学科中的一个分支，而且可以想见，它们相互间存在着十分密切的学科背景或基础知识上的关联，甚至是交叉，比如在环境政治学与环境哲学之间、环境政治学与环境社会学之间、环境政治学与环境经济学和环境法学之间，等等。

基于此，首先应该重视的是环境政治学与其他人文社会科学学科之间的密切关联和相互支撑，尤其是比如环境哲学与环境伦理学对于环境政治研究的母体性学科意义。环境政治学研究中颇为常见的是，什么样的哲学与伦理将决定着什么样的政治与政策，而同样是生态友好或环境友好的政治与政策，可能基于完全不同的哲学和伦理理由（依据），因而可能是彼此并列甚或对立的。然后，我们也要关注环境政治学对于环境自然科学和环境工程科学（技术）类学科的依赖与借鉴特征。比如说，环境政治学所涉指讨论的“环境”或“生态环境”，首先是一个自然科学或工程科学（技术）意义上的概念。离开了环境自然科学和环境工程科学（技术）作为基础，环境政治学无论是对于问题本身的确定与阐释，还是对于解决方案的制定与提出，都是缺乏最基本的学理依据的。[1]

3. 国内国际层次互动研究方法

自 20 世纪 90 年代以来，世界形势已经发生了一系列巨大

1 郇庆治：“雾霾政治与环境政治学的崛起”，《探索与争鸣》2014 年第 9 期，第 48～53 页。

变化，全球经济一体化长期深入扩展，国际经济政治格局发生深刻改变。这使得，包括环境政治研究在内的比较政治学研究在国内层面与国际层面的互动态势日益明晰。比如，一方面，欧美环境运动与绿党研究不仅同国际环境治理合作的相关度迅速提升，由它们所首创的“最优环境政策效仿与扩散”“规范社会化过程”“国际环境规制内化”等政策及其效应，对各国政府的环境政策变革与工具选择等都产生着不可忽视的影响。另一方面，国内环境最优政策实践的外溢，国内利益集团在环境变革中的不同诉求，以及发展中国家对于自身绿色话语权的追求等，也不断影响国家间在国际层面上的互动。因而可以说，理论总是会因现实的发展而不断丰富。如果说早期国际政治理论以国家为中心的研究路径反映了民族国家和国际力量、国际环境的紧密关系的话，那么，由外而内的研究路径则体现了民族国家与国际环境互动增强的现实。国际政治实质上是世界各国国内政治延伸至国际社会层面且彼此间相互联系与作用的结果，国内政治与国际政治之间的双向互动是历史发展的必然。

国际政治与国内政治的双向互动，一般是借助于“双（向）渠道”而展开的。就国际政治施动于国内政治而言，主要经由“政府渠道”或“非政府渠道”产生影响。近年来国际政治的总体平稳态势，在客观上为世界各国创造了一个和平发展的外部环境条件。另一方面，新媒体的出现、网络化的发展，也为国际政治对于国内政治施加影响提供了一条“非政府渠道”。就国内政治影响国际政治而言，也是经由上述两种渠道而发生的。世界各国国内外政策的制定实施，尤其是国家对外政策的制定实施，都会不同程度地影响到国际政治。甚至还可以说，国际政治的具体状况正是世界各国外交政策互相作用的产物。由此我们可以理解，国际政治中和平与发展的总体态势，会促使各国政府选择和制定相应的和平外交政策取向。同样，国家选择和实施和平的外交政策，又将会进一步推进国际政治中和平与发展的总态势。这是一个通过政府渠道构建起来的“国际一国内”互动循环圈。政府渠道是如此，非政府渠道也是如此。二者之间的不同点仅在于：前一个互动循环要比后一个发挥的作用及影响来得更加直接和明显。不仅如此，在政府渠道和非政府渠道这两个互动循环圈之间，也同样存在着互动循环。前者是后者的主导，而后者则是前者的补充，二者相互配合、相互补充、交互作用，共同影响着国内政治和国际政治。[1]

第三节　环境政治学在中国的发展

日益国际化、全球化的学术与信息交流语境，为包括环境

1　刘万文、张辉：“国内政治与国际政治双向互动的理论探讨及中国实践”，《理论研究》2010 年第 4 期，第 47～50 页。

人文社会科学在内的科学研究与学科发展提供着越来越便利的条件。而与以往明显不同的是，20 世纪 70 年代中后期至 80 年代发展起来的环境人文社会科学，处在了一个迅速国际化和全球化的科学研究与学科发展环境之中。就当代中国而言，20 世纪 70 年代末 80 年代初的改革开放基本国策同时在社会实践需要和学术研究上推动着环境人文社会科学的形成。到 20 世纪 80 年代中后期，环境人文社会科学成长为传统人文社会科学对日渐突出的生态环境问题回应与互动所形成的众多新兴、交叉和边缘学科的集合。如今，环境人文社会科学的主要学科分支都已得到明确确立，其中，环境经济学和环境法学成为与传统经济学、法学并驾齐驱的强势学科分支。而环境政治学也在理论著述、国外名著译介、学术机构与重大学术活动等方面取得了重要进展。概言之，我国的环境政治学是与其他环境人文社会科学学科一起成长起来的，其迄今为止的发展已经历了如下三个发展阶段。

一、形成确立阶段（1987—2009 年）

环境政治学在中国的兴起可以追溯到 20 世纪 80 年代中后期。从国际层面来说，可持续发展理念的广泛传播为发展中国家进一步参与全球环境治理提供了理念共识，而频繁发生的各类环境公害事件也日益成为经济不断崛起的发展中国家所面临的新问题；从国内层面来说，中国自 1978 年以来的改革开放政策不仅推动国家步入经济快车道，并日益关注经济发展与能源消耗中的环境污染问题，比如水污染、土壤污染等也大大推进了环境政治学科领域内的学术交流，主要体现为欧美国家代表性学术流派或著述的译介成为广泛采用的学术研究和学科构建进路。[1]

具体而言，20 世纪 80 年代中后期，受到 1987 年世界环境与发展委员会报告，以及 1992 年举行的联合国环境与发展大会和国内生态环境问题日渐突出现实的促动，我国的环境政治学无论是在研究议题领域、研究队伍，还是在学术成果出版和重大学术活动方面，都进入了一个形成发展的重要时期。[2] 总体来说，这一时期的环境政治学研究主要围绕着个别性环境议题领域比如西方国家环境政策、绿色社会政治运动与绿党和生态社会主义理论等展开，而且以翻译评介国外环境政治学论著的方式为主，与之相关的绿色政治理论观点及其代表性人物开始进入中国学术界的视野。比如，这一时期学者们译介了欧美国家中关于环境运动与绿党的诸多经典著述。这其中包括，20 世纪 80 年代中后期最早翻译出版的罗马俱乐部的《世界的未来：关于未来问题一百页》、《人类处在转折点——罗马俱乐部研究报告》和《展望二十一世纪：汤因比与池田大作对

1 郇庆治：“环境政治学研究在中国：回顾与展望”，《鄱阳湖学刊》2010 年第 2 期，第 45～56 页。

2 张玉林：“社会科学领域的中国环境问题研究”，《浙江学刊》2008 年第 4 期，第 27～33 页。

话录》等。而自20世纪90年代初开始，学者们转向翻译出版欧美学者的环境伦理或环境哲学论著。这方面最具代表性的分别是吉林人民出版社1997—2000年组织出版的“绿色经典文库”和山东大学出版社2005—2012年组织出版的“环境政治学译丛”。

就中国环境政治学者的理论著述而言，在生态政治理论或思想领域，肖显静、孙正甲、刘京希、方世南等聚焦于对生态政治学理论或中国特色社会主义生态政治理论的研究，而王谨、周穗明、陈学明、刘仁胜、徐艳梅、王雨辰、郭剑仁、韩立新等则侧重于对生态社会主义和生态马克思主义理论的系统分析。王谨20世纪80年代中期对生态学马克思主义与生态社会主义关系的论述是国内关于这一议题的最早学术讨论，而陈学明的《生态社会主义》(2003年)、刘仁胜的《生态马克思主义概论》(2007年)、王雨辰的《生态批判与绿色乌托邦：生态学马克思主义理论研究》(2009年)与郭剑仁的《生态地批判：福斯特的生态学马克思主义思想研究》(2009年)等，则是这一时期该领域中最具代表性的专题论著。

在环境政治运动和政党领域，奚广庆、赵秀梅、张淑兰、崔凤、吴逢时、杨国斌、王亦庆等致力于对中外环境运动与非政府组织的比较研究，而熊家学、郇庆治、刘东国等则专注于对欧美绿党政治与政策的探讨。奚广庆、王谨的《西方新社会运动初探》(1993年)应是国内最早的关于西方环境运动的系统性评述，而中华环保联合会 2006 年发表的《中国环保民间组织发展状况报告》则是我国第一个关于中国环境非政府组织生存与发展现状的权威性调研结果。熊家学 20 世纪 90 年代初分析西方绿党的系列论文开启了国内该领域的学术探索，而郇庆治的《欧洲绿党研究》（2000 年）和刘东国的《绿党政治》（2002 年），则把欧美绿党政治的研究推进到国内欧洲政治和比较政治研究中一个“显学”的地位。

在政府环境政策与管治领域，潘家华、李稻葵、庄贵阳、沈国舫、王毅、何建坤、胡鞍钢、夏光、徐嵩龄等，更多是从环境公共政策的视角分析了政策技术层面上的中国政府环境治理，其中又可以细分为可持续发展与环境治理、循环经济与环境治理、低碳经济与环境治理、生态经济政策与环境治理、生态现代化与环境治理等。环境国家建设尤其是环境治理体系与能力，成为广义的环境政治学研究中的朝阳领域，吸引着众多环境相关人文社会学科领域学者的参与其中，尽管这其中所彰显的公共政策议题化界定与应对很可能会弱化理应包含的经济与社会变革维度。

在国际（全球）环境政治和管治领域，最具代表性的是王逸舟、潘家华、江家驷、张海滨、薄燕、丁金光、庄贵阳、刘东国、刘军红等对环境外交、环境安全与环境国际合作议题的研究。王逸舟的《生态环境政治与当代国际关系》（1998 年）一文应是国内最早从国际关系视角探讨生态环境议题的论述，特别是强调了生态环境政治对作为传统国际关系基础的国家主权所提出的挑战。张海滨的《环境与国际关系：全球环境问题的理性思考》（2008 年）和薄燕的《国际谈判与国内政治：美国与〈京都议定书〉谈判的实例》（2007 年）等著作，代表着我国学者在全球环境政治或环境国际合作研究方面的努力与学术水准。[1]

值得指出的是，当代中国环境管治实践与话语也开始受到欧美学者的关注。比如，阿瑟·摩尔及其位于荷兰瓦格宁根大学的环境政策研究团组在全球性传播与推广“生态现代化”理念与方法方面一直发挥着领导性作用。[2] 该团队对中国生态现代化的实践进行了理论总结与探讨。2006 年，阿瑟·摩尔与尼尔·卡特（Neil Carter）共同编辑了《环境政治学》杂志的“中国的环境管治”专辑。[3] 作为结论，卡特和摩尔认为，中国的环境管治体制正在呈现出一些新的特征：环境国家能力的强化、从环境规制向环境管治的转变、环境政策一体化程度的提高和大众社会参与的不断增强。[4] 并非偶然的是，由中国科

---

1 郇庆治：“环境政治学研究在中国：回顾与展望”，《鄱阳湖学刊》2010 年第 2 期，第 45～56 页。

2 Arthur Mol and Jan van Buuren（eds.），*Greening Industrialization in Asian Transitional Economies: China and Vietnam*（Lanham：Lexington，2003）；Arthur Mol，*Globalization and Environmental Reform*：*The Ecological Modernization of the Global Economy*（Cambridge：The MIT Press，2001）.

3 Neil Carter and Arthur Mol（eds.），“Environmental Governance in China”，Special Issue of *Environmental Politics* 15/2（2006）.

4 Arthur Mol，“Environment and Modernity in Transitional China: Frontiers of Ecological Modernization”，*Development and Change* 37/1（2006），pp. 29-56；Lei Zhang，Arthur Mol and David Sonnenfeld，“The interpretation of ecological modernisation in China”，*Environmental Politics* 16/4（2007），pp. 659-668.

学院专家组织实施并于 2007 年 1 月发表了《中国现代化报告 2007：生态现代化研究》。[1] 该报告认为，2004 年中国的生态现代化水平在 118 个被评估国家中排名第 100 位，正处于生态现代化的起步期，属于世界较低水平。该报告还提出了中国生态现代化发展的战略目标，即在 2050 年前后达到生态现代化的世界中等水平，实现经济增长与环境退化的绝对脱钩。

二、探索发展阶段（2009—2015 年）

在这一时期，我国的环境政治学研究逐渐告别初期发展阶段中以译介评述为主的模仿与学习方式，而转向建立在环境政治学学科中国化基础上的自主性理论研究与探索。这不仅表现在学者们更为清晰的中国问题意识，也体现在学者们在讨论各种问题时渐趋自觉的中国立场以及所使用的中国话语及其言说方式。

通观 2009 年以来的中国环境政治研究，应该说，理论著述方面的成果或进展显然要更为扎实。具体而言，无论是对于国外环境政治议题的研究，还是对于国内环境政治议题的研究，都有值得关注的论著发表。郇庆治及其学术团队的主要工作是三部专题文集，即分别于 2010 年、2012 年和 2015 年出版的《重建现代文明的根基：生态社会主义研究》《当代西方绿

1 中国现代化研究中心（编）：《中国现代化报告 2007：生态现代化研究》，北京大学出版社 2007 年版。

色左翼政治理论》《当代西方生态资本主义理论》。这三部文集不仅各自构建了关于“生态社会主义”“绿色左翼政治理论”“生态资本主义”等核心概念的意涵界定及其分析框架[1]，而且作为一个整体，构建起了由环境政治理论（思想）的“深绿”“红绿”“浅绿”三个维度组成的立体性架构。肖建华所著的《走向多中心合作的生态环境治理研究》（2010 年），则运用公共经济学、环境经济学、环境法学、政治学、公共管理学、集体选择经济学和制度经济学等不同学科的观点方法，从理论上深入阐释了政府、市场和社会在提供环境公共产品中的作用及其相互关系。徐再荣等著的《20 世纪美国环保运动与环境政策研究》（2013 年），基于自下而上和自上而下相结合的视角，综合考察了 20 世纪美国环保运动和环境政策的缘起、形成和发展进程，着重分析了美国环保运动与环境政策之间的互动关系以及美国环境保护中的经验教训。而冉冉著的《中国地方环境政治：政策与执行之间的距离》（2015 年），则基于田野调查中的深度访谈和文献分析，尝试超越中国研究中的中央集权—地方分权的理论范式，试图从公共政策执行分析视角来描述、解释和分析环境政策执行偏差产生的机理，并以

1 郇庆治：“西方生态社会主义研究述评”，《马克思主义与现实》2005 年第 5 期，第 89～96 页；郇庆治：“国内生态社会主义研究论评”，《江汉论坛》2006 年第 4 期，第 13～18 页；郇庆治：“进入 21 世纪以来的西方绿色左翼政治理论”，《马克思主义与现实》2011 年第 3 期，第 127～139 页；郇庆治：“21 世纪以来的西方生态资本主义理论”，《马克思主义与现实》2013 年第 2 期，第 108～128 页。

此来回应环境政治学中关于环境威权主义抑或环境民主的争论，认为要想纠正地方政策执行偏差，就需要实现中国环境治理从威权主义向民主制的转型。这些都体现或代表了我国环境政治研究的前沿水平，并初步具备了与国际同行进行学术对话的能力。

除此之外，不断增加的环境政治学术机构和团队网络推动了许多重要学术活动的开展。郇庆治教授于 2009 年在北京大学马克思主义学院组建了“北京大学环境政治研究中心”，促成了“环境政治学译丛”第三辑的编译，其中包括了马丁·耶内克和克劳斯·雅克布（主编）的《全球视野下的环境管治：生态与政治现代化的新方法》、罗宾·艾克斯利的《绿色国家：重思民主与主权》、马克·史密斯和皮亚·庞萨帕的《环境与公民权：整合正义、责任与公民参与》、罗尼·利普舒茨的《全球环境政治：权力、观点和实践》等。该中心组织不定期的“北大环境政治论坛”，先后邀请了欧洲绿党时任主席菲利普·兰伯茨（Philippe Lamberts）博士（2011/2014 年）、德国柏林自由大学环境政策中心首任主任马丁·耶内克教授（2011 年）、英国牛津大学彭布罗克学院研究员多米尼克·罗泽（Dominic Roser）博士（2015 年）等多位国内外知名人士（学者）做学术报告或进行学术交流。同时，该中心还举办了 2014 年 7 月的“多学科视野下的环境挑战再阐释”中德研讨会和 2015 年 6 月的“社会主义生态文明与中国绿色左翼研究”研讨会。另外，湖北大学生态政治研究所（中心）是成立于2010年并挂靠在该校政法与公共管理学院的虚体性研究机构。刘然教授及其团队围绕西方生态政治学、绿色政治与社会主义理论和实践、全球气候变化治理研究的中国进路等议题，开展了系统而深入的研究，并在《国际社会科学》《政治学研究》《国家行政学院学报》《江汉论坛》等权威期刊上发表了多篇学术论文。

需要提及的还有其他三个重要的制度性推动力量。一是清华大学自 2008 年起开始主办的年度性“政治学与国际关系学术共同体会议”。在2010—2015年举办的6次会议中，几乎每年都有 3～5 个“环境政治（学）”方面的议题。[1] 如今，该年度会议已经成为我国青年政治学者包括环境政治学者的最主要的开放性展示平台或“秀场”。二是南京大学、南京工业大学自2013年起联合主办的“中国人文社会科学环境论坛”。经过随后3届的持续努力，该论坛已明确致力于打造成为一个促进我国环境人文社会科学学科建设的对话性平台——同时在这一大学科内部以及与环境自然科学学科之间的对话。三是《鄱

1 例如，2010年会议有“低碳时代的中国能源安全”“现代政党的功能变化及其挑战”（上下）等3个小组论坛；2014年会议有“国际秩序转型背景下的全球环境治理：理论与实践”“海洋争端与合作：法律、战略与国际关系”“环境政治博弈：国内状况与国际经验”“中国能源需求和地缘政治：中俄油气合作及其背后”“环境政治学视野下的‘雾霾政治’”等5个小组论坛；2015年会议有“世界秩序变革视角下的绿色能源转型、再工业化与绿色化”“海洋争端与合作”“气候变化与跨国环境治理”“全球气候政治研究新进展”等4个小组论坛。

阳湖学刊》、《南京工业大学学报（社科版）》、《南京林业大学学报（人文社科版）》、《绿叶》《马克思主义与现实》《国外社会科学》、《国外理论动态》等学术期刊创办或连续举办的“环境政治研究”专栏。它们的共同特点或贡献在于，明确地把环境政治学这一相对弱势学科或方向作为一个常设栏目，因而具有明显的学术规约或引领作用。[1]

三、拓展创新阶段（2015 年至今）

2015 年以后，我国的环境政治学研究逐渐超越了由欧美国家主导的政府环境政策与治理、全球气候变化应对及其谈判等传统热点议题，尤其体现为从“浅绿”研究为主向高度关注“红绿”研究的转型，以便契合推进中国社会主义生态文明建设的现实需要。这一时期，对我国社会主义生态文明建设的马克思主义政治哲学基础及其现实推进路径的讨论，成为环境政治研究中备受关注的理论热点或统摄性主线，比如对于马克思主义

1 例如，《鄱阳湖学刊》2010 年第 2 期的“环境政治学”专栏、2014 年第 1 期的“环境政治学”专栏、2015 年第 2 期和第 3 期的“环境政治研究”专栏、2016 年第 1 期的“环境政治研究”专栏；《南京工业大学学报（社科版）》2012 年第 3 期和第 4 期的“环境政治研究”专题、2014 年第 1 期的“环境政治与环境伦理”专栏、2015 年第 1 期的“环境政治”专栏和第 2 期的“环境政治学”专栏、2016 年第 1 期的“环境政治”专栏；《南京林业大学学报（人文社科版）》2014 年第 1 期的“环境政治学研究”专栏和第 3 期的“国外环境政治研究”专栏、2016 年第 1 期的“国际环境政治研究”专栏；《马克思主义与现实》2011 年第 3 期的“西方生态政治理论”专栏；《绿叶》2013 年第 4 期的“生态主义的政治光谱”专栏；《国外社会科学》2015 年第 4 期的“国外生态理论研究”专栏，等等。

生态学的生态文明理论意涵的研究，对于欧美社会生态转型理论与拉美超越发展理论的生态文明建设路径借鉴意义的研究[1]，此外还有许多学者开始关注并发掘中国传统生态文化中的环境治理或生态文明建设元素因素，希望为我国社会主义生态文明建设提供更多思想资源。

就马克思主义生态学研究而言，学者们主要致力于对马克思恩格斯生态思想的新理论视角下的诠释阐发，尤其是从生态文明建设或绿色发展视角，以及对其著述的中文翻译尚不充分的生态马克思主义学者的研究，特别是对保罗·柏克特、莱纳·格伦德曼、乔纳森·休斯等人思想的研究。应该说，马克思恩格斯的生态思想研究是我国生态马克思主义研究中的一个传统领域，也是一个重点领域，其着重强调的是马克思恩格斯生态思想或生态学的本真意涵，并依此对欧美生态马克思主义者的理论阐释做出批评性回应。比如，有的学者认为[2]，詹姆斯·奥康纳和本·阿格尔是通过修正历史唯物主义并开启其生态维度来展开对资本主义制度的生态批判的，而约翰·福斯特和戴维·佩珀则直接把历史唯物主义称作生态唯物主义，坚持历史唯物主义自然观和历史观的辩证统一。有的学者认为[3]，福

1　郇庆治、何娟：“2016 年国内生态马克思主义研究：进展与评估”，《云梦学刊》2017 年第 4 期，第 15～24 页。

2　王雨辰：“论科威尔的生态学马克思主义理论”，《广西大学学报（哲社版）》2016 年第 4 期，第 9～17 页。

3　赵成、于萍：《马克思主义与生态文明建设研究》，中国社会科学出版社 2016 年版。

斯特对马克思生态思想的阐发，对于我们深入认识和把握马克思的人与自然关系理论及其生态意蕴、构建当代中国的马克思主义生态文明观具有重要的理论价值。有的学者指出[1]，生态学马克思主义对马克思恩格斯生态思想的挖掘和再解释，有助于发展马克思主义本身。而其他学者则从比较视角入手[2]，详细阐述了生态马克思主义与马克思主义的联系和区别，认为虽然两者都承认，资本主义社会生产无限扩大的趋势与其生产条件的有限性之间的矛盾是全球性生态危机产生的根源，但生态马克思主义者在一定程度上夸大了生态危机在资本主义危机理论中的作用，试图用生态危机理论取代马克思主义的经济危机理论。总之，中国学者渐趋一致的看法是，生态马克思主义既对经典马克思主义理论做了一定程度的重构，也从理论和方法论上继承借鉴了马克思恩格斯的基本思想，而对于当代中国学者来说，更为重要的是，需要在坚持马克思主义基本观点与方法的基础上，逐渐构建起与中国社会主义生态文明建设实践相契合的马克思主义生态学或生态文明理论。

在对于国外新兴环境政治议题或流派的研究方面，最值得关注的是对美国有机马克思主义、欧美社会生态转型理论及拉美超越发展理论等“绿色左翼”流派的译介讨论。具体来说，

1 吴宁、王璐、陈婧仪：“瑞纳·格伦德曼生态学马克思主义思想评析”，《鄱阳湖学刊》2016 年第 2 期，第 56～72 页。

2 曾文婷、郭剑仁、徐艳梅、钱振华：《“生态学马克思主义”与马克思主义比较研究》，社会科学文献出版社 2015 年版。

菲利普·克莱顿和贾斯廷·海因泽克的《有机马克思主义：生态灾难与资本主义的替代选择》（2015年）就引发了国内学术界对于这一议题的强烈关注与讨论。有的学者强调指出[1]，2015年中国生态主义思潮的“主音符”之一就包括有机马克思主义，表明要想实现生态文明，就必须“打通中西马”。该学派的一个最突出特点，是强调了有机马克思主义与马克思主义理论传统和中国生态文明建设实践的一致性或契合性。关于欧美社会生态转型理论和拉美超越发展理论的研究，2015年由北京大学发起成立的“中国社会主义生态文明研究小组”，将研究当代欧美“绿色左翼”理论的重点放在了“社会生态转型理论”和“超越发展理论”，并希望通过与它们的互动来促进我国社会主义生态文明理论的构建及其实践。“社会生态转型”理论的主要代表是德国的乌尔里希·布兰德。其基本观点是[2]，目前被广泛接受为全球性变革话语和战略的“绿色增长”或“绿色经济”，不过是欧美资本主义国家应对经济、社会、文化与生态等领域深刻危机的特定战略形态或版本。因而，对于包括欧美国家在内的绿色左翼政治来说，问题不在于一般意义上的“绿色增长”或“绿色经济”是否可能，而在于如何避免使其呈现为一种社会非公正和生态不可持续的“绿色资本主义”样态。

---

1 张云飞：“2015年中国生态主义的‘主音符’”，《人民论坛》2016年第3期，第60～61页。

2 郇庆治：“‘碳政治’的生态帝国主义逻辑批判及其超越”，《中国社会科学》2016年第3期，第24～41页。

而“超越发展”理论的主要代表是位于厄瓜多尔基多的“超越发展长期性工作组”及其出版的《超越发展：拉丁美洲视角》等著作。其基本观点是[1]，欧美国家主导的国际社会正在倡导的各种“替代性发展方案”，并不足以解决它们自己面临的或全球范围内的社会与环境问题。而它所主张的“发展替代选择”所指的是不同于矫正、修复或完善当代发展理念模式的替代性方案，目的是构建一种不再基于传统的哲学意识形态基础之上的全新概念框架，尤其是遵循“好生活”的价值理念。[2] 围绕着上述两个理论的阐释分析，生态文明研究小组成员已经在《国外理论动态》、《马克思主义与现实》、《探索》、《南京工业大学学报（社科版）》、《南京林业大学学报（人文社科版）》、《中国地质大学学报（社科版）》等杂志上刊发了多篇译文和评论文章，初步提出了一个“社会主义生态文明理论”的大致构架[3]。

最后，就传统生态文化中环境政治元素的再发现而言，除了历史悠久的古代社会中的生态环境治理体制与政策做法，由

1 爱德华多·古迪纳斯：“拉丁美洲关于发展及其替代的论争”，《国外社会科学》2017 年第 2 期，第 32～45 页。

2 阿希姆·希瓦史塔瓦、阿希什·科塔里：“全球化进程中的印度：环境影响与替代性政治选择”，《南京林业大学学报（人文社科版）》2016 年第 1 期，第 92～111 页；阿希什·科塔里，费德里科·德马里亚、阿尔贝托·阿科斯塔：“好生活、去增长和生态自治：可持续发展和绿色经济的替代选择”，《国外理论动态》2016 年第 11 期，第 78～87 页。

3 郇庆治：“作为一种转型政治的‘社会主义生态文明’”，《马克思主义与现实》2019 年第 2 期，第 21～29 页。

儒家、道家、法家等组成的中华传统文化语境与脉络有助于我们实现界定与描述当代生态环境问题的中国化或“内部化”。也就是说，生态环境问题并不是一种仅发生于现代化背景语境下的外源性输入现象（伴随着近代社会的经济社会现代化进程），而是一种我国历史上也曾多次发生过的自然生态环境失衡失序失调现象，比如春秋战国时期的垦伐无度和盛唐时期的京城晨雾。由此也就可以明确，当代中国生态环境问题的最终或实质性解决，只能取决于我们自身的持续不懈和创造性的努力，而且，我们并不缺乏最终或实质性克服这一时代挑战的文化自信与民族自信。博大精深与意涵丰富的中华传统文化话语和思维，有助于我们自主思考和构建当代中国生态文明建设的理论话语体系与制度框架、战略举措，或者说形塑生态文明及其建设政治话语与实践的中国风格和特色。这方面的代表性著述有曹顺仙的《中国传统环境政治研究》（2019 年）、周健宇的《环境纠纷行政调解存在问题及其对策研究——基于政治传统、文化传统的视角》（2016 年）和易莉的《马克思主义与中国传统文化视域下的习近平生态文明思想》（2020 年）等。事实证明，借助中国传统文化话语进行阐释的生态文明的自然观、经济观和社会观，不仅具有更强的理论说服力和艺术感染力，而且有着更为鲜明的中国化自主表达特色。对于绝大多数中国人来说，“天人合一”理念要比“深层生态学”更容易阐明并使之体认尊重自然、顺应自然、保护自然的当代环境哲学与伦理意蕴。[1] 就此而言，对于中国传统生态政治文化的深入挖掘，也是我国环境政治学理论体系不断完善的重要根基。

1 郇庆治："中国生态文明的价值理念与思维方式"，《学术前沿》2015 年第 1 期，第 64～73 页。

第二章　作为一种环境政治的生态文明建设

环境政治在理论上指的是人类社会如何构建和维持与其生存的自然环境基础之间的适当关系，在现实中则是指人类社会对生态环境问题的认知、体验、感悟以及在此基础之上的政治性理解与应对，具体包括与生态环境相关的大众社会议题的形成、社会政治动员、公共政策的制定、落实与反馈等不同阶段的政治活动。[1] 回顾作为公共政策的生态文明建设在我国的兴起与发展过程，可以看到，中国共产党及其领导下的政府不仅引领了生态文明建设的大众社会议题的形成以及社会政治

1　郇庆治：《文明转型视野下的环境政治》，北京大学出版社 2018 年版，第 1～2 页。

动员落实，还领导制定了关于生态文明建设的系统性战略与政策。通过这些战略举措的组织实施，我们不断深入认识重构人与自然之间的辩证关系，调整构建经济社会发展与人口资源环境之间的相互关系，以较快的速度实质性改变了长期积累起来的严重环境污染与生态破坏问题，从而使生态文明建设成为环境政治在当代中国的现实呈现样态。总之，生态文明建设是一种环境政治。[1]

第一节　生态文明建设社会政治议题的形成与拓展

在我国，环境污染与生态破坏的现实问题由来已久。中华人民共和国成立后，尤其是20世纪70年代初开始，中国共产党及其领导下的政府非常重视生态环境保护工作，开展了多方面的政治与政策应对努力，并取得了重要的保护治理成效。但随着经济社会现代化进程的推进，特别是改革开放后“以经济建设为中心”的大规模现代化建设，生态环境问题的可持续发展“瓶颈”效应和社会民生影响日渐突出。结果是，2007年，党的十七大报告首次写入了“生态文明”概念，标志着中国共产党明确接纳生态文明建设这一社会政治议题，并将其列入日

1　郇庆治：“生态文明建设是新时代的‘大政治’”，《北京日报》2018年7月16日。

常政治议程加以实践推动。总体来说，在当代中国背景语境下，作为执政党的中国共产党统领了生态文明建设这一社会政治议题的形塑[1]，其中包括环境污染与生态破坏突出问题的治理应对、经济社会发展与人口资源环境关系的时代重构、生态文明建设的制度体系构建与重大政策举措、生态文明建设的国际合作等重点内容，从而推动着生态文明建设议题的丰富拓展。

1. 生态文明建设社会政治议题的形成

自 1949 年中华人民共和国成立以来，中国共产党及其领导下的政府一直非常重视生态环境保护工作。中华人民共和国成立之初，面对着一穷二白、百废待兴的国内经济状况，以毛泽东同志为核心的第一代中央领导集体，十分重视林业发展和水土保持，提出了“绿化祖国、人人有责”的号召，并结合我国水旱灾害频繁的现实大力兴修水利；倡导勤俭节约、反对铺张浪费，强调对自然资源的综合利用，要求努力做到变害为利、变废为宝。1973 年，我国召开了第一次全国环境保护会议，审议通过了《关于保护和改善环境的若干规定（试行草案）》，形成了我国生态环境保护工作的“全面规划、合理布局、综合利用、化害为利、依靠群众、大家动手、保护环境、造福人民”的基本方针，这是中华人民共和国环境保护史上的第一个综合性法规。应该说，这一系列努力为此后我国的生态环境保护工

---

1 张云飞：“70 年来生态文明理念的嬗变”，《人民论坛》2019 年第 29 期，第 52～54 页。

作奠定了重要基础。

改革开放之后，以邓小平同志为核心的第二代中央领导集体承继了毛泽东环境保护思想的主体内容，继续倡导植树造林、兴修水利、治理水土流失和土地荒漠化问题等既定政策，同时也意识到新时期我国经济社会建设过程中人口增长、资源短缺、环境污染等新出现或凸显问题，明确提出经济建设要重视提高效益而不是片面追求产量和产值的增长，并结合改革开放新形势下我国经济社会建设与生态环境保护矛盾冲突加剧的实际而更加重视治理现实中的环境污染与生态破坏。1983 年召开的第二次全国环境保护会议明确提出，环境保护是我国的一项基本国策。在此基础上，党和政府不断地制定和完善环境保护法律法规，建立健全环境保护行政监管机构，从而推动着我国环境保护工作的持续发展。

1992 年举行的联合国环境与发展大会通过了《里约宣言》，向世界各国发出遵循实施“可持续发展”理念战略的吁求。以江泽民同志为核心的第三代中央领导集体制定实施了我国的可持续发展战略，要求加强环境保护宣传教育和生态环境科技研究，继续建立健全环境保护法律制度，加大环境污染与生态破坏现实问题的治理力度，并广泛开展与世界各国的生态环境保护合作，因而在很多方面都推动了我国生态环境保护工作的深入发展。

进入 21 世纪之后，以胡锦涛同志为总书记的党中央提出了科学发展观的重要思想，进而要求在环境保护工作中贯彻落实科学发展观，坚持在以人为本核心原则的基础上，依靠科技进步来治理环境污染、解决生态问题，努力构建资源节约型、环境友好型社会（即建设“两型”社会），致力于转变经济发展方式、实现全面协调可持续发展。与此同时，在不断探索中国特色生态环境保护理论与实践的过程中，胡锦涛同志逐渐提出了大力推进生态文明建设的重要论断，进而引领形成了生态文明建设的社会政治议题。

2005 年 2 月，胡锦涛同志在省部级主要领导干部提高构建社会主义和谐社会能力专题研讨班上发表讲话，提出“要加强环境污染治理和生态建设”[1]；3 月，他在中央人口资源环境座谈会上发表讲话并指出，要“完善促进生态建设的法律和政策体系，制定全国生态保护规划，在全社会大力进行生态文明教育”[2]，这里不仅提及了“生态建设”，而且已经开始使用“生态文明”这一概念；10 月，党的十六届五中全会明确提出，要加快建设资源节约型、环境友好型社会，大力发展循环经济，在全社会形成资源节约的增长方式和健康文明的消费模式，并以此来促进保护生态环境、解决环境污染和生态破坏问题。很明显，这些论述已经在把生态环境建设与经济社会建设结合起来统筹考虑。

1《胡锦涛文选》（第二卷），人民出版社 2016 年版，第 296 页。

2 中共中央文献研究室（编）：《十六大以来重要文献选编》（中），中央文献出版社 2011 年版，第 823 页。

2007年10月，胡锦涛同志在党的十七大报告中明确提出，要“建设生态文明，基本形成节约能源资源和保护生态环境的产业结构、增长方式、消费模式。循环经济形成较大规模，可再生能源比重显著上升。主要污染物排放得到有效控制，生态环境质量明显改善。生态文明观念在全社会牢固树立”[1]。至此，生态文明建设作为一个社会政治议题被正式列入党和国家的政治议事日程，并迅速成为新闻媒体和社会公众普遍关注的热点话题。比如，党的十七大闭幕后不久，2007年10月28日，第十届全国人大常委会第三十次会议修订通过了《中华人民共和国节约能源法》；11月23日，银监会印发了《节能减排授信工作指导意见》；12月7日，国家环境保护总局下发了《国家重点生态功能保护区规划纲要》。这一系列贯彻落实生态文明建设战略的政策文件表明，生态文明建设已经成为党和政府高度重视并着力推进的公共政策议题。

以党的十七大报告的论述为指引，党政相关部门切实推进生态文明建设，并提出了许多具体细化的贯彻落实思路、策略和举措。比如，2008年12月，环境保护部制定并发布了《关于推进生态文明建设的指导意见》，其中指出，生态文明建设既是贯彻落实科学发展观的重要内容，是实施可持续发展的战略保障，也是全面建设小康社会的内在要求，是构建社会主义

1 胡锦涛：《高举中国特色社会主义伟大旗帜　为夺取全面建设小康社会新胜利而奋斗》，人民出版社2007年版，第20页。

和谐社会的重要条件；2010 年 10 月，党的十七届五中全会审议通过了《中共中央关于制定国民经济和社会发展第十二个五年规划的建议》，该建议既强调了我国生态文明建设所取得的诸多进展，同时也提出要“加快建设资源节约型、环境友好型社会，提高生态文明水平”[1]。

2012 年 11 月，党的十八大报告明确提出，我国社会主义现代化建设的总体布局是经济建设、政治建设、文化建设、社会建设和生态文明建设的“五位一体”，而“建设生态文明，是关系人民福祉、关乎民族未来的长远大计”[2]。2013 年 5 月 24 日，习近平同志主持第十八届中共中央政治局第六次集体学习并发表讲话强调，推进生态文明建设必须“树立尊重自然、顺应自然、保护自然的生态文明理念，坚持节约资源和保护环境的基本国策，坚持节约优先、保护优先、自然恢复为主的方针，着力树立生态观念、完善生态制度、维护生态安全、优化生态环境”[3]，从而推动我国走向社会主义生态文明新时代。2015 年 4 月，中共中央、国务院印发了《关于加快推进生态文明建设的意见》，系统阐述了加快推进生态文明建设的指导思想、基本原则和主要目标，提出了优化国土空间开发格局、推

---

1 “中共中央关于制定国民经济和社会发展第十二个五年规划的建议”，《求是》2010 年第 21 期，第 9 页。

2 胡锦涛：《坚定不移沿着中国特色社会主义道路前进　为全面建成小康社会而奋斗》，人民出版社 2012 年版，第 39 页。

3 习近平：《习近平谈治国理政》（第一卷），外文出版社 2018 年版，第 208～209 页。

动技术创新和结构调整、全面促进资源节约循环高效使用、加大自然生态系统和环境保护力度以及建立健全生态文明制度体系等重大战略举措。

2017 年 10 月，习近平总书记在党的十九大报告中从“人与自然是生命共同体”理念出发指出，“生态文明建设功在当代、利在千秋。我们要牢固树立社会主义生态文明观，推动形成人与自然和谐发展现代化建设新格局，为保护生态环境作出我们这代人的努力”[1]。2018 年 5 月 18 日，习近平总书记在全国生态环境保护大会上发表讲话并提出，加强生态文明建设必须坚持如下六条原则：一是坚持人与自然和谐共生，二是绿水青山就是金山银山，三是良好生态环境是最普惠的民生福祉，四是山水林田湖草是生命共同体，五是用最严格制度最严密法治保护生态环境，六是共谋全球生态文明建设。

总体来看，党和国家主要领导人的重要讲话和历次党代会报告等重要文献，对于阐明生态文明建设作为社会政治议题的现实意义、目标原则、重大战略举措、现实进展等方面发挥着绝对主导性的影响，而在这种政策话语体系引领之下的进一步大众媒体宣传和学理性阐发，也促进了我国生态文明及其建设话语体系的丰富拓展，并推动着我国生态文明建设实践的全面铺开。

---

1 习近平：《决胜全面建成小康社会　夺取新时代中国特色社会主义伟大胜利》，人民出版社 2017 年版，第 52 页。

2. 生态文明建设社会政治议题的关注领域

从它所涵盖的具体政策领域来看，我们可以把生态文明建设这一社会政治议题划分为如下四个主要方面[1]：一是环境污染与生态破坏现实问题；二是经济社会现代化发展与人口资源环境之间的统筹协调平衡；三是生态文明建设的目标原则、体制机制与政策落实；四是生态文明建设的国际合作。

首先，环境污染与生态破坏的现实问题，是中国共产党及其领导下的政府在形塑构建生态文明建设这一社会政治议题过程中必须直面的第一大问题。比如，党的十七大报告在阐述生态文明建设的重要性时，其直接背景就是我国已经面临着的较为严重的生态环境质量下降难题。对此，环境保护部公布的《2007 环境统计年报》指出，2007 年我国的废水排放总量较前一年有所增加，工业废气排放总量较前一年增长了 17.3%，工业固体废物较前一年增长了 15.9%。

党的十八大报告指出，我国面临的“发展中不平衡、不协调、不可持续问题依然突出，科技创新能力不强，产业结构不合理，农业基础依然薄弱，资源环境约束加剧”[2]，而生态环境问题作为关系群众切身利益的重要问题仍旧较为多发。对此，环境保护部公布的《中国环境统计年报（2012）》，在肯定我国

1 娄伟：“中国生态文明建设的针对性政策体系研究”，《生态经济》2016 年第 5 期，第 200～204 页。

2 胡锦涛：《坚定不移沿着中国特色社会主义道路前进　为全面建成小康社会而奋斗》，人民出版社 2012 年版，第 5 页。

环境保护工作所取得的积极进展的同时指出，我国环境污染与生态破坏的形势依然严峻，环境风险不断凸显，污染治理任务艰巨：2012 年，全国废水排放总量较前一年增长 3.9%，全国一般工业固体废物较前一年增长 1.96%，酸雨影响的范围与前一年基本持平，占国土面积的 12.2%。因此，2013 年 5 月，习近平同志在第十八届中共中央政治局第六次集体学习时发表讲话并指出，“环境保护和治理要以解决损害群众健康突出环境问题为重点……集中力量优先解决好细颗粒物（$PM_{2.5}$）、饮用水、土壤、重金属、化学品等损害群众健康的突出环境问题”[1]。而中共中央、国务院 2015 年 4 月印发的《关于加快推进生态文明建设的意见》也明确强调，我国的生态文明建设水平仍需实质性提高，“资源约束趋紧，环境污染严重，生态系统退化，发展与人口资源环境之间的矛盾日益突出”等问题[2]，已经成为制约我国经济社会现代化建设的重大挑战。

需要特别指出的是，习近平总书记在党的十九大报告中仍然强调，我国“发展不平衡不充分的一些突出问题尚未解决……生态环境保护任重道远”[3]。而他在全国生态环境保护大会上的讲话中也明确指出，“总体上看，我国生态环境质量持

---

1 中共中央文献研究室（编）：《习近平关于社会主义生态文明建设论述摘编》，中央文献出版社 2017 年版，第 84 页。

2 “中共中央　国务院关于加快推进生态文明建设的意见”，《人民日报》2015 年 5 月 6 日。

3 习近平：《决胜全面建成小康社会　夺取新时代中国特色社会主义伟大胜利》，人民出版社 2017 年版，第 9 页。

续好转，出现了稳中向好趋势，但成效并不稳固，稍有松懈就有可能出现反复，犹如逆水行舟，不进则退”[1]。这充分表明，以习近平同志为核心的党中央对于我国生态文明建设视野下的环境污染与生态破坏治理难度有着清醒的认识。

其次，经济社会现代化发展与人口资源环境之间的统筹协调平衡，是中国共产党及其领导下的政府在形塑构建生态文明建设这一社会政治议题过程中的另一个重大战略考量，也就是如何在全面推进中国特色社会主义现代化的进程中坚持人与自然和谐共生。对此，环境保护部 2008 年 12 月发布的《关于推进生态文明建设的指导意见》指出，科学发展观坚持以人为本、全面协调可持续，而生态文明建设则是以人与人、人与自然、人与社会的和谐共生为宗旨，因而生态文明建设与坚持科学发展观在本质上是一致的，大力推进生态文明建设就必须坚持科学发展观。

党的十八大报告明确提出，大力推进生态文明建设，“必须树立尊重自然、顺应自然、保护自然的生态文明理念”[2]，要把生态文明建设融入经济建设、政治建设、文化建设、社会建设的各方面和全过程。2013 年 5 月，习近平同志在第十八届中共中央政治局第六次集体学习时发表讲话并指出，推进生态文

1 习近平：“推动我国生态文明建设迈上新台阶”，《求是》2019 年第 3 期，第 8 页。

2 胡锦涛：《坚定不移沿着中国特色社会主义道路前进 为全面建成小康社会而奋斗》，人民出版社 2012 年版，第 39 页。

明建设尤其要正确处理好经济社会建设与生态环境保护之间的关系问题，“牢固树立保护生态环境就是保护生产力、改善生态环境就是发展生产力的理念，更加自觉地推动绿色发展、循环发展、低碳发展，决不以牺牲环境为代价去换取一时的经济增长”[1]。

习近平总书记在党的十九大报告中指出，人与自然是生命共同体，“人类只有遵循自然规律才能有效防止在开发利用自然上走弯路，人类对大自然的伤害最终会伤及人类自身”[2]，所以我们应当追求实现人与自然和谐共生的现代化或绿色发展。2020 年 10 月，党的十九届五中全会进一步提出，要“推动绿色发展、促进人与自然和谐共生”[3]，明确要求努力构建生态文明体系，促进经济社会发展的全面绿色转型，建设人与自然和谐共生的现代化。

再次，生态文明建设的目标原则、体制机制与政策落实，是中国共产党及其领导下的政府在形塑构建生态文明建设这一社会政治议题过程中的直接性战略部署及任务总要求。党的十七大报告指出，建设生态文明，要致力于形成节约能源资源和保护生态环境的产业结构、增长方式和消费模式，使循环经

---

1 习近平：《习近平谈治国理政》（第一卷），外文出版社 2018 年版，第 209 页。

2 习近平：《决胜全面建成小康社会　夺取新时代中国特色社会主义伟大胜利》，人民出版社 2017 年版，第 50 页。

3《中国共产党第十九届中央委员会第五次全体会议公报》，载《中国共产党第十九届中央委员会第五次全体会议文件汇编》，人民出版社 2020 年版，第 14 页。

济形成较大规模、可再生能源比重显著上升，有效控制主要污染物的排放，在全社会牢固树立生态文明观念。基于此，2008年12月，环境保护部发布的《关于推进生态文明建设的指导意见》进一步提出，生态文明建设要严格环境准入标准，建立生态文明的产业支撑体系；要加强生态环境保护和建设，构建生态文明的环境安全体系；要广泛宣传发动，建立生态文明的道德文化体系；要健全长效机制，完善生态文明建设的制度保障措施。

党的十八大报告明确指出，大力推进生态文明建设，需要着力贯彻落实如下四大战略部署及任务总要求：优化国土空间开发格局、全面促进资源节约、加大自然生态系统和环境保护力度、加强生态文明制度建设。2015年9月，中共中央、国务院印发了《生态文明体制改革总体方案》，并提出具体要求："加快建立系统完整的生态文明制度体系，加快推进生态文明建设，增强生态文明体制改革的系统性、整体性、协同性。"[1]同年10月，习近平总书记在党的十八届五中全会上发表讲话并指出，"推进生态文明建设，解决资源约束趋紧、环境污染严重、生态系统退化的问题，必须采取一些硬措施，真抓实干才能见效"[2]。

党的十九大报告关于生态文明建设的主题是"加快生态文

1 "中共中央 国务院印发《生态文明体制改革总体方案》"，《中华人民共和国国务院公报》2015年第28期，第4页。

2 习近平：《习近平谈治国理政》（第二卷），外文出版社2017年版，第389页。

明体制改革、建设美丽中国”，而所提出的四大战略部署及任务总要求分别是：“推进绿色发展”“着力解决突出环境问题”“加大生态系统保护力度”和“改革生态环境监管体制”[1]。2019年10月党的十九届四中全会通过的《中共中央关于坚持和完善中国特色社会主义制度、推进国家治理体系和治理能力现代化若干重大问题的决定》和2020年10月党的十九届五中全会通过的《中共中央关于制定国民经济和社会发展第十四个五年规划和二〇三五年远景目标的建议》，分别从“推进国家治理体系和治理能力现代化”和“制定‘十四五’规划及远景目标”的角度，阐述了生态文明建设的目标原则、体制机制和政策落实等方面的总体设想与要求。具体来说，前者重点阐述了生态文明制度体系的如下四个层面：“实行最严格的生态环境保护制度”“全面建立资源高效利用制度”“健全生态保护和修复制度”和“严明生态环境保护责任制度”，而后者则着重强调了新时期建设人与自然和谐共生现代化的如下四大要求：“加快推动绿色低碳发展”“持续改善环境质量”“提升生态系统质量和稳定性”和“全面提高资源利用效率”[2]。

最后，生态文明建设的国际合作，也是中国共产党及其领导下的政府在形塑构建生态文明建设这一社会政治议题过程

1 习近平：《决胜全面建成小康社会　夺取新时代中国特色社会主义伟大胜利》，人民出版社2017年版，第50～52页。

2《中国共产党第十九届中央委员会第四次全体会议文件汇编》，人民出版社2019年版，第52～55页；《中国共产党第十九届中央委员会第五次全体会议文件汇编》，人民出版社2020年版，第50～53页。

中不可或缺的重要维度或战略考量，其直接目标则是与世界各国一道共同推进全球生态文明建设。党的十八大报告强调指出，世界仍然很不安宁，粮食安全、能源资源安全等与生态环境直接相关的全球性问题更加突出，而人类只有一个地球，各国共处一个世界，世界各国应当推动建设持久和平、共同繁荣的和谐世界。[1] 2013 年 7 月，习近平同志在《致生态文明贵阳国际论坛 2013 年年会的贺信》中指出，“中国将继续承担应尽的国际义务，同世界各国深入开展生态文明领域的交流合作，推动成果分享，携手共建生态良好的地球美好家园”[2]。2015 年 9 月，他在第七十届联合国大会一般性辩论时发表讲话并指出，“国际社会应该携手同行，共谋全球生态文明建设之路……在这方面，中国责无旁贷，将继续作出自己的贡献”[3]。2018 年 5 月，习近平同志在全国生态环境保护大会上的讲话再次强调，“生态文明建设关乎人类未来……保护生态环境、应对气候变化需要世界各国同舟共济、共同努力……我国已成为全球生态文明建设的重要参与者、贡献者、引领者”[4]。2021 年 1 月，他又在世界经济论坛“达沃斯议程”对话会上发表特别致辞，在新冠肺炎疫情对我国经济社会现代化建设造成严重冲击

---

1 胡锦涛：《坚定不移沿着中国特色社会主义道路前进 为全面建成小康社会而奋斗》，人民出版社 2012 年版，第 46～47 页。

2 习近平：《习近平谈治国理政》（第一卷），外文出版社 2018 年版，第 212 页。

3 中共中央文献研究室（编）：《习近平关于社会主义生态文明建设论述摘编》，中央文献出版社 2017 年版，第 131 页。

4 习近平：《习近平谈治国理政》（第三卷），外文出版社 2020 年版，第 364 页。

的现实背景下郑重承诺，中国将继续落实联合国《2030年可持续发展议程》，用我们的实际行动来捍卫支持多边主义，为生态文明建设的国际合作做出应有贡献。

3. 生态文明建设社会政治议题的丰富与发展

如上所述，中国共产党及其领导下的政府引领下的生态文明建设作为一种社会政治议题的形成与发展，既有其深刻的社会历史必然性，也经历了一个逐渐孕育直至成熟的过程。正是在不断应对与认识现实环境污染与生态破坏问题的过程中，中国共产党及其领导下的政府以最广大人民群众的根本利益为中心，及时回应人民群众对于生态环境问题与权益的社会政治关切，逐渐提出了日渐丰富的环境保护治理思想，直至在2007年党的十七大上正式把生态文明建设列入政治议事日程。自那时起，中国共产党及其领导下的政府丰富拓展生态文明建设社会政治议题，如今已形成了涵盖环境污染与生态破坏现实问题、经济社会现代化发展与人口资源环境之间的统筹协调平衡、生态文明建设的目标原则、体制机制与政策落实和生态文明建设的国际合作等主要关注领域的问题域或体系。可以相信，随着生态文明建设理论与实践的不断扩展深入，生态文明建设作为一种社会政治议题的关注领域及其意涵也将会变得越来越宽广和丰富。[1]

首先，对于生态环境问题的理解与应对，我们目前还集中

1 李周："夯实生态文明制度体系 加快生态文明建设进程"，《中国农村经济》2020年第6期，第18～20页。

于那些影响人民群众日常生活与身心健康的突出问题。然而，一方面，我国的国土面积虽然广阔，但多高原、山地，适宜居住生活的平原面积占比较少；我国的自然资源虽然种类丰富，但区域分布并不均衡，还有少数关键资源较为稀缺。另一方面，我国人口基数大，人均耕地面积、人均淡水资源拥有量及其他自然资源的人均拥有量都处于世界较低水平，而且我国人口主要集中在黑河—腾冲一线（“胡焕庸线”）以南的平原地区，人口分布与自然资源的分布不相匹配，这在一定程度上加剧了局部地区人均资源短缺的现实状况。而自改革开放以来，我国的经济社会现代化发展保持了持续高速推进的态势，大规模经济活动所造成的大气污染、水污染、土壤污染、水土流失、土地荒漠化、生物多样性减少等生态环境问题，很难通过自然界本身的自我调适能力得以吸纳消化，而所需要的经济技术处置设施条件又无力做到迅速跟进，与此同时，许多资源数量与品种的供应短缺也正在成为制约我国经济社会可持续发展的重要“瓶颈”。上述种种现象意味着，我国新时期的生态文明建设及其推进，既要更系统地理解环境污染与生态破坏现实问题、经济社会现代化发展与人口资源环境之间的统筹协调平衡、生态文明建设的目标原则、体制机制与政策落实和生态文明建设的国际合作等主要议题领域之间的相互关系，又要更深入具体地理解其中的某一个议题领域及其重要性可能随着时间的演进而变得凸显的新兴议题领域。具体到环境污染和生态破坏问题，要在更果断大胆地实质性消除现存的大气污染、水污染、土壤污染和噪声污染等突出问题的同时，充分注意到那些长期遭到忽视、但同样有害于人民群众身心健康的生态环境问题，以及在经济社会发展过程中新产生的或由于现行的生态环境问题处置方法技术引发的新问题，并且尽可能采用一种整体性、综合性和全球性的思路与战略来加以解决。

其次，对于统筹协调平衡经济社会现代化发展与人口资源环境之间的对立统一关系，我们在理论认识和政治共识上已经取得了很大进步，但在现实实践中依然面临着诸多层面的挑战。在很大程度上，从确立环境保护基本国策到实施可持续发展战略、建设“两型”社会，再到如今的贯彻“绿水青山就是金山银山”理念，其直接目的都是要在全社会树立起经济社会发展与人口资源环境相协调平衡的价值观念与制度政策。而且，改革开放 40 多年的经济社会现代化发展所积累起来的物质财富总量和经济技术实力，也构成了我们以一种更加环境友好的方式来处理这二者之间关系的重要基础。对此，习近平总书记在 2018 年全国生态环境保护大会上也做出了“三期叠加”的概括，即生态文明建设“正处于压力叠加、负重前行的关键期”“已进入提供更多优质生态产品以满足人民日益增长的优美生态环境需要的攻坚期”“也到了有条件有能力解决生态环境突出问题的窗口期”[1]。

---

1 习近平：“推动我国生态文明建设迈上新台阶”，《求是》2019 年第 3 期，第 8 页。

但这并不意味着，不能以牺牲生态环境质量来换取暂时性经济增长的价值观念与发展战略已经在社会各界包括党政中高级干部之中牢固树立，也不意味着，新时代的经济社会发展与人口资源环境之间的对立冲突一面已经变得足够缓和或不再存在。前者的典型例子是党的十八大以后发生的陕西秦岭北麓违建别墅破坏生态环境事件，其背后的原因则是严重不正常的区域政治生态。而后者的典型例子则是京津冀地区 2016 年后启动实施的“煤改气”工程，凸显了经济发展、民生改善与环境保护之间明显存在的“张力”。

再次，关于生态文明建设的目标原则、体制机制与政策落实，这是党的十八大以来着力推动的战略部署及任务总要求之一，也取得了值得关注的现实成效与进展。但我们必须看到，以 2015 年《生态文明体制改革总体方案》所提出的“八大制度”为代表的生态文明制度体系和 2019 年《中共中央关于坚持和完善中国特色社会主义制度、推进国家治理体系和治理能力现代化若干重大问题的决定》所规定的“四项制度”为代表的生态文明制度体系，一方面，更多的是一些制度保障与促进性质的制度设计、体制机制，其目的是把生态文明建设理念和战略转化为人们的切实行动、自觉行动并坚持下去，相应地，政治意识形态层面的宣传教育和党政干部管理考核方面的建章立制就变得十分重要、也颇有成效；另一方面，更多的是环境经济与行政管理工具手段的主动运用，其目的是通过行政压力的层层传导和经济奖惩的激励作用，来达到开启推动生态文明（制度）建设的目的，但所有这些努力本身，并不等同于生态文明的经济、社会、文化与生态环境保护治理的相关制度。因而，如何从生态文明建设的“制度化”偏重转向生态文明建设“制度”本身[1]，将是接下来需要更多关注与拓展的。

最后，至于生态文明建设的国际合作，其重要性是不言而喻的，而且，近年来围绕着联合国《巴黎协定》谈判签署履约和《2030 年可持续发展议程》的贯彻落实，我国政府做了大量的全球性生态文明建设推动工作，并获得了国际社会的广泛肯定。而在全球生态文明建设的话语体系下，我国的国际环境政治参与和合作至少发生了两个意义上的变化，一是希望通过更为积极的全球环境保护与治理合作立场和政策来配合实施国家对外开放性的经济社会发展战略，比如绿色“一带一路”倡议对于构建“人类命运共同体”外交战略的配合支撑作用；二是希望在全球生态环境治理话语与政策体系重构过程中扮演一个更加积极有为的角色，在更好地服务于国内生态文明建设的同时，对全人类的生态环境保护与善治做出自己的贡献。但必须看到，无论是生态文明建设还是生态环境保护治理话语政策的国际交流对话，都不是一种单一的或纯粹的议题领域，而往往是与经济社会的，甚至政治意识形态的维度交织在一起，

1 郇庆治：“论我国生态文明建设中的制度创新”，《学习论坛》2013 年第 8 期，第 48～54 页。

这使得我们概念化或传播“全球生态文明建设”理念话语遇到了远超出最初想象的阻力与困难。而2020年暴发的全球新冠疫情，更是让我们充分感受到了“人类命运共同体”理念与构建“人类命运共同体”实践之间的巨大鸿沟。这当然不是说，已经在很大程度上国际化甚至全球化的生态环境保护治理不需要国际合作，或者说，目前严重不合理不公正的国际生态环境治理体系不需要进行深刻的重建，而是说，我们推动全球生态文明建设的话语及其战略还需要做持续不断的形塑构建。

第二节　生态文明建设公共政策的决策与落实

像其他公共政策议题一样，生态文明建设不仅呈现出一个社会政治议题的构建阐释与大众动员过程，还清晰地展现出了一个完整的公共政策决策及其落实的过程。从党政部门关系的角度来看，中国共产党作为执政党发挥着决定方向、把握大局的统领性作用；从政策制定及其落实程序的角度来看，它明显包含着从议题输入、政策产出到落实反馈等主要环节；从政策内容的角度来看，它体现为由法律规章、行政监管制度和议题政策等组成的广义的生态文明建设政策体系。[1] 总体来说，日

1　王喜军：“Nvivo质性分析新中国成立70年生态文明建设政策演进与取向”，《黄河科技学院学报》2020年第3期，第61～68页。

益专业、完整和法制化的生态文明建设公共政策的制定实施，不仅在有效地解决我国环境污染与生态破坏方面的现实问题，也在全面推动生态文明建设实践的过程中实现自身的系统化和丰富发展，成为新时代党和政府治国理政方略与政策体系中的有机组成部分。

1. 生态文明建设公共政策的决策过程

党的十七大报告中关于生态文明建设的权威性阐述，即“建设生态文明，基本形成节约能源资源和保护生态环境的产业结构、增长方式、消费模式。循环经济形成较大规模，可再生能源比重显著上升。主要污染物排放得到有效控制，生态环境质量明显改善。生态文明观念在全社会牢固树立”[1]，既是作为执政党的中国共产党关于生态文明建设这一社会政治议题的政治意识形态阐释，也构成了党和政府关于生态文明建设作为一种公共政策的概要性表述。可以说，直至党的十八大之前的我国生态文明建设公共政策的创建，就是通过制定法律法规、设置组织机构、出台相应政策等措施，来不断把这些原则性与战略性要求加以制度化、政策化的过程。

2007 年 12 月，国家环境保护总局下发了《国家重点生态功能保护区规划纲要》，其中提出了创建国家生态功能保护区的一系列政策措施，从而初步形成了国土规划方面的生态文明

1 胡锦涛：《高举中国特色社会主义伟大旗帜　为夺取全面建设小康社会新胜利而奋斗》，人民出版社 2007 年版，第 20 页。

建设公共政策。2008年10月，党的十七届三中全会审议通过了《中共中央关于推进农村改革发展若干重大问题的决定》，其中明确要求，在深化农村改革过程中推进生态文明建设，也就是要求结合“三农”政策的丰富和拓展来构建农村的生态文明建设公共政策。同年12月，环境保护部制定并发布了《关于推进生态文明建设的指导意见》，其中首次提出，要建立生态文明的产业支撑体系、环境安全体系和道德文化体系，初步勾勒了一个生态文明建设的公共政策框架。2009年12月，中国人民银行、银监会、证监会、保监会等部门联合发布了《关于进一步做好金融服务支持重点产业调整振兴和抑制部分行业产能过剩的指导意见》，这份政策文件明确要求借助金融手段来促进生态文明建设，提出了绿色金融公共政策问题。2010年10月，党的十七届五中全会审议通过了《中共中央关于制定国民经济和社会发展第十二个五年规划的建议》，该建议将生态文明建设作为一个公共政策议题领域纳入其中，并具体论述了它所包括的积极应对全球气候变化、大力发展循环经济、加强资源节约和管理、加大环境保护力度以及加强防灾减灾体系建设等方面的内容[1]，在国家五年规划的层面上确立了生态文明建设公共政策的地位。

党的十八大报告对于生态文明建设做了一种新的政治意识形态与治国理政方略定位和话语阐释，即将生态文明建设同

1 “中共中央关于制定国民经济和社会发展第十二个五年规划的建议”，《求是》2010年第21期，第9～10页。

经济建设、政治建设、文化建设、社会建设相并列，构成我国社会主义现代化建设的“五位一体”总体布局，并要求将生态文明建设融入经济建设、政治建设、文化建设、社会建设各方面和全过程，这就为生态文明建设公共政策的新一轮和更高位阶上的制度化、政策化奠定了基础。

2013 年 5 月，十八届中央政治局就推进生态文明建设进行第六次集体学习，习近平同志发表讲话并指出，推进生态文明建设必须“着力树立生态观念、完善生态制度、维护生态安全、优化生态环境，形成节约资源和保护环境的空间格局、产业结构、生产方式、生活方式”[1]，这些论述进一步细化了党的十八大报告中所提出的原则性部署要求，并构成了党政部门继续法制化、公共政策化推进的政治遵循。同年 11 月，党的十八届三中全会审议通过了《中共中央关于全面深化改革若干重大问题的决定》，其中要求“紧紧围绕建设美丽中国深化生态文明体制改革，加快建立生态文明制度……推动形成人与自然和谐发展现代化建设新格局”“健全自然资源资产产权制度和用途管制制度……划定生态保护红线……实行资源有偿使用制度和生态补偿制度……改革生态环境保护管理体制”[2]，从全面深化改革的视角概括了生态文明建设公共政策的基本目标和推进路径。2014 年，十二届全国人大常委会第八次会议表决通过了

---

1 习近平：《习近平谈治国理政》（第一卷），外文出版社 2018 年版，第 209 页。
2 《中共中央关于全面深化改革若干重大问题的决定》，人民出版社 2013 年版，第 4～5 页、第 52～54 页。

修订后的《中华人民共和国环境保护法》，其中的一个重要变化就是为生态文明建设公共政策的制定实施提供法律保障。2015年4月，中共中央、国务院公布了《关于加快推进生态文明建设的意见》，其中系统论述了生态文明建设公共政策的指导思想、基本原则、主要目标和战略要求。同年9月，中共中央、国务院印发了《生态文明体制改革总体方案》，其中不仅阐述了生态文明体制改革的指导思想、理念、原则和目标，还明确提出了健全自然资源资产产权制度、建立国土空间开发保护制度、建立空间规划体系、完善资源总量管理和全面节约制度、健全资源有偿使用和生态补偿制度以及建立健全环境治理体系等“八大制度”的构建目标，从而使生态文明建设公共政策的体系框架变得更为明确清晰。对此，2016年11月，习近平同志在关于做好生态文明建设工作的批示中强调指出，“要深化生态文明体制改革，尽快把生态文明制度的‘四梁八柱’建立起来，把生态文明建设纳入制度化、法治化轨道”[1]。

党的十九大报告中关于生态文明建设阐述的最大特点，是将其置于新时代中国特色社会主义思想体系的宏大叙述框架之下，要求“加快生态文明体制改革，建设美丽中国”，并着重强调了“推进绿色发展……着力解决突出环境问题……加大生态系统保护力度……改革生态环境监管体制”等四个方面的战略部署及任务总要求，而这些论述也构成了此后生态文明建

1 习近平：《习近平谈治国理政》（第二卷），外文出版社2017年版，第393页。

设公共政策进一步丰富拓展的政治遵循。

2018年2月，党的十九届三中全会审议通过了《中共中央关于深化党和国家机构改革的决定》以及《深化党和国家机构改革方案》，依此，自然资源部和生态环境部组建成立，原属于国家发展改革委的节能减排职责、原属于国土资源部的防治地下水污染职责、原属于国家海洋局的海洋保护职责等与生态文明建设相关的政府职责，在机构改革后都归属于新成立的生态环境部，这就为生态文明建设视域下的生态环境公共政策的统一制定与实施奠定了组织机构基础。同年3月，第十三届全国人大第一次会议审议通过了《中华人民共和国宪法修正案》，生态文明与生态文明建设写入宪法（第三十二条和第四十六条），从而为生态文明建设公共政策确立了坚实的宪制基础。2018年6月24日，《中共中央 国务院关于全面加强生态环境保护 坚决打好污染防治攻坚战的意见》公布，这一文件不但把习近平生态文明思想明确概括为“八个坚持”或“八观”：“坚持生态兴则文明兴”“坚持人与自然和谐共生”“坚持绿水青山就是金山银山”“坚持良好生态环境是最普惠的民生福祉”“坚持山水林田湖草是生命共同体”“坚持用最严格制度最严密法治保护生态环境”“坚持建设美丽中国全民行动”“坚持共谋全球生态文明建设”，而且系统阐述了生态文明建设公共政策视野下的“蓝天”“碧水”“净土”三大保卫战的战略重要性及其目标任务要求。2019年10月，党的十九届四中全会通过了《中共中央关于坚持和完善中国特色社会主义制度、推进国家治理体系和治理能力现代化若干重大问题的决定》，从“推进国家治理体系和治理能力现代化”的角度阐述了生态文明建设公共政策的制度建设总体设想与要求，尤其是“实行最严格的生态环境保护制度”“全面建立资源高效利用制度”“健全生态保护和修复制度”和“严明生态环境保护责任制度”。2020 年 11 月，党的十九届五中全会审议通过了《中共中央关于制定国民经济和社会发展第十四个五年规划和二〇三五年远景目标的建议》，明确提出“深入实施可持续发展战略，完善生态文明领域统筹协调机制，构建生态文明体系，促进经济社会发展全面绿色转型”，并着重强调了“加快推动绿色低碳发展”“持续改善环境质量”“提升生态系统质量和稳定性”“全面提高资源利用效率”等四个方面的总体要求[1]。至此，我国的生态文明建设公共政策已经发展成为一个较为系统完备的体系。

2. 生态文明建设公共政策的贯彻落实

我国生态文明建设公共政策体系渐趋完整的一个重要方面或标志，是它的政策文本的法制化、制度化、机构化呈现与落实。也就是说，越来越多的公共政策资源（如机构设置、人力安排、财政资金、法制优先等级与行政手段）以一种更加制度化、常规性的方式配置到生态文明建设公共政策议题领域。

1《中国共产党第十九届中央委员会第四次全体会议文件汇编》，人民出版社 2019 年版，第 52～55 页；《中国共产党第十九届中央委员会第五次全体会议文件汇编》，人民出版社 2020 年版，第 50～53 页。

其一，在机构设置与人力资源安排方面，我国已经基本建立起中央和地方两级政府负责的生态文明建设公共政策组织体制。在中央政府层面上，全国人民代表大会负责与生态文明建设公共政策相关议题的立法以及司法、行政执法等方面的监督工作，其中，它所下设的环境与资源保护委员会，集中负责关于防治环境污染、生态环境保护和自然资源保护的立法与监督工作；国务院负责对生态文明建设公共政策的领导工作，其中包括制定和发布生态文明建设公共政策的行政法规、编制生态文明建设公共政策发展规划和所需预算，它所下属的生态环境部、自然资源部、国家发展改革委等部委则是生态文明建设公共政策的具体负责部门，承担着生态文明建设公共政策的依法贯彻落实职能，比如生态环境部设置了自然生态保护司、水生态环境司、应对气候变化司、生态环境执法局以及国际合作司等专职部门，而自然资源部则设有自然资源调查监测司、国土空间规划局、国土空间生态修复司以及国家自然资源总督察办公室等专职部门。

在地方政府层面上，各个省、市、县政府也都设立了大致对应的贯彻执行生态文明建设公共政策的职能部门，其中，省、自治区、直辖市一级的生态文明建设政府部门主要负责本省范围内法规、政策的制定发布与执行监督，地市级与县区级的生态文明建设政府部门则主要负责生态文明建设公共政策的具体落实和必要监管，而上一级地方政府作为辖区内的生态文明建设公共政策具体执行部门的主管单位，还负有对下级政府的生态文明建设公共政策实施情况的领导与监督责任，应该依法依规监督整个辖区内的生态文明建设公共政策贯彻落实情况。一旦自己辖区内的生态文明建设公共政策执行发生严重问题，比如出现了生态环境质量或安全方面的事故，除了直接负责的地方政府及其主管部门，其上一级地方政府及其主管部门往往也要被依法问责处理。

其二，在法律法规及规章方面，我国已经初步建立起一个立体性、互相补充的生态文明建设政策法规体系。2018 年 3 月，第十三届全国人大第一次会议通过的《中华人民共和国宪法修正案》，把新时代社会主义现代化建设的“五位一体”总体布局写入了宪法，为我国的生态文明建设公共政策奠定了最高法律基础。在此之前，我国已经制定了较为系统完善的生态环境法律法规体系，可以为生态文明建设公共政策的贯彻落实提供法律保障。比如，针对污染防治问题，我国已经制定实施了《中华人民共和国环境保护法》《中华人民共和国水污染防治法》《中华人民共和国大气污染防治法》《中华人民共和国野生动物保护法》以及《中华人民共和国环境影响评价法》等专门性法律；针对自然资源利用问题，我国已经制定实施了《中华人民共和国土地管理法》《中华人民共和国森林法》《中华人民共和国草原法》《中华人民共和国矿产资源法》以及《中华人民共和国渔业法》等专门性法律；针对生态保护与国土空间开发问题，我国已经制定实施了《中华人民共和国清洁生产促进法》

《中华人民共和国循环经济促进法》以及《中华人民共和国城乡规划法》等专门性法律。

除了法律法规之外，环境保护部《关于推进生态文明建设的指导意见》，中共中央、国务院《关于加快推进生态文明建设的意见》，中共中央办公厅、国务院办公厅《生态文明建设目标评价考核办法》，国务院办公厅《关于健全生态保护补偿机制的意见》，中共中央办公厅、国务院办公厅《关于设立统一规范的国家生态文明试验区的意见》等政策文件，都是中共中央、国务院以及主管部委为了更好地贯彻落实生态文明建设公共政策、推进生态文明建设实践而出台的行政规章，可以补充现有法律在某些具体方面的空缺或不足。

如今，这些法律法规及规章已经构成了一个多层次、相互补充的政策法规体系，基本上涵盖了生态文明建设公共政策的主要议题方面。而同样值得关注的是，除了法律法规及规章形式的政策文本，我国生态文明建设公共政策的贯彻落实中还创建了专项督查和中央督查的特殊机制。比如，2018 年 3 月 27 日，生态环境部、自然资源部与水利部、农业农村部等七部委联合展开了“绿盾 2018”的自然保护区专项督查行动，分别督查天津、甘肃和广东等地的自然保护区建设情况；中央生态环保督察自 2015 年年底开始了为期三年的第一轮督察工作，对改善全国的生态环境质量、推动经济高质量发展发挥了重要作用。按照党中央、国务院决策部署，在 2019—2021 年的三年时间内对被督察对象开展了第二轮中央生态环保督察，并利用2022 年一年的时间对一些地方和部门开展“回头看”，从而实现对所有省份的第二轮中央生态环保督察全覆盖。

其三，在政策内容与落实体制机制方面，生态文明建设公共政策除了针对环境污染与生态破坏问题的行政监管政策，比如防治大气污染政策、防治水污染政策、防治固体废物污染政策、应对气候变化政策等具体性政策，还包括与生态文明建设实践密切相关的环境经济政策，比如绿色财政政策、绿色金融政策、绿色产业政策、绿色“三农”政策、绿色市场政策、绿色建筑政策、绿色教育政策等具体性政策。不仅如此，在这些政策的实践运用和相互融合过程中，还产生了众多有助于贯彻落实生态文明建设公共政策的体制机制形式或政策工具手段，比如各种类型的污染预警与应急处置机制、生态搬迁转移支付机制、绿色金融机制、市场环境准入机制、上市公司环境信息披露联合监管工作机制、基于横向协商的生态补偿机制等。再比如，着眼于工业生产过程中的节能减排目标，我国在钢铁、水泥、建筑、化工等高能耗、高污染行业建立了节能减排评价考核机制、环境污染淘汰机制、生态补偿机制和市场环境准入机制，对于那些实现了清洁生产、节能减排指标要求的企业，政府会在财政方面实施税收优惠政策、在金融方面采取优惠条件下的融资贷款。此外，目前我国正在积极探索建立统一的碳排放交易市场机制，也是希望通过体制机制的创新来推动生态文明建设公共政策的贯彻落实。

其四，在地方政府层面上，全国各地都在根据自身的实际情况来创造性地贯彻落实生态文明建设公共政策。比如，海南省 1999 年最早开始在全国范围内创建“生态省”，2007 年又明确提出“生态立省”的发展战略，致力于打造“海南国际旅游岛综合试验区”。以此为依托，海南省大力发展以旅游业为核心的第三产业，全面带动了交通、物流、餐饮、会展、娱乐、金融、商务等现代服务业产业集群的发展壮大，并着力于在经济发展过程中保护好生态环境，设立了生物多样性保护区、水源涵养保护区等各种类型的生态功能区与自然保护区，开展了退耕还林建设和海防林建设，大力发展生态农业、推进节能减排，在促进经济社会建设迅速发展的同时持续推进生态文明建设。

再比如，宁夏回族自治区基于当地沙漠广布的现实状况制定实施了“防沙、治沙、固沙、用沙”的生态文明建设重点工程，基于当地干旱少雨的气候条件制定实施了洪水利用与湿地保护建设工程，基于当地矿产开采的遗留废址制定实施了矿产资源开发区生态修复和地质灾害防范工程。通过这些生态工程的组织实施，宁夏不仅建设起了风沙防护林，提高了植被覆盖率，还开发了沙漠旅游、光伏电力等新型产业，获得了可观的经济效益；不仅缓解了水资源短缺的棘手难题，还建设起了环境优美的湿地公园，丰富了当地的生态环境多样性；不仅改变了矿山植被破坏、岩石裸露的丑陋面貌，还推动了循环经济模式的拓展运用，提高了矿产资源的利用效率和经济效益，有助于生态文明建设取得切实成效。

3. 生态文明建设公共政策的成效与完善

自党的十七大报告写入“生态文明”这一重要概念以来，我国的生态文明建设公共政策得到越来越扎实认真的贯彻落实，并呈现为全国各地各行各业鲜活生动的生态文明建设实践。正是在这样一种政策与实践的辩证互动过程中，一方面，生态文明建设公共政策的贯彻落实确实带来了生态文明建设的切实成效，从而验证了党和政府大力推进生态文明建设战略及其重大政策举措的正确性；另一方面，生态文明建设公共政策的贯彻落实也提出了一系列需要研究与应对的新问题新要求新挑战，要求从政策内容、制度框架和落实监督机制等不同层面不断做出调整完善。相应地，我国目前的生态文明建设公共政策还远不是一个成熟定型的体系，还需要随着生态文明建设实践的不断深入而丰富发展。

过去十多年来生态文明建设所取得的成效是十分显著的，环境污染与生态破坏的现实问题明显减少，生态环境整体状况明显改善。比如，比较2019年与2007年反映我国生态环境状况的主要指标数据[1]，可以清楚说明生态文明建设公共政策的贯彻实施效果：在河流污染方面，2007年我国地表水污染较为严

1 生态环境部：“中国生态环境状况公报”，http://www.mee.gov.cn/hjzl/sthjzk/zghjzkgb/（2021年2月15日）。

重，在 197 条河流 407 个断面的监测中Ⅰ—Ⅲ类水占比为 49.9%，而劣Ⅴ类水占比达到了 23.6%，相比之下，2019 年 1931 个河流断面的监测中Ⅰ—Ⅲ类水占比为 74.9%，而劣Ⅴ类水占比仅为 3.4%；在海洋污染方面，2007 年全国近岸海域一类海水和二类海水占比总计为 62.8%，而 2019 年一类水质海域已经占到我国所辖海域的 97.0%；在空气污染方面，2007 年我国的酸雨区分布在上海、浙江、福建、江西、湖南、重庆等省（市）的大部分地区，以及安徽南部、湖北西部、四川东部、贵州东部、广西壮族自治区中部和珠江三角洲地区，相比之下，2019 年我国的酸雨区分布在上海和浙江的大部分地区，以及福建北部、江西中部、湖南东部和珠江三角洲地区，而重庆、四川、贵州、广西壮族自治区、安徽和湖北等省（区、市）的酸雨影响面积已经大为缩减。其他生态环境问题，比如重污染天气、土地荒漠化、生物多样性减少等的发展态势也是如此。随着生态文明建设政策的不断推进，近年来，我国的重污染天气范围不断缩减、重污染天气天数总体减少，森林覆盖率逐渐提升、水土涵养质量稳定改善，诸如此类，不胜枚举。

当然，我国生态环境质量的明显改善并不仅仅是过去十多年间政策努力的结果。以内蒙古自治区库布齐沙漠的土地荒漠化治理为例，过去 30 多年来，数代地方党政领导带领广大人民群众进行了艰苦而持久的防沙治沙工作，才终于实现了如今不仅有效遏制了沙漠侵吞田地的势头，而且还在逐年提高这一区域的植被覆盖率的“人进沙退”的历史性成就。2002 年，库布齐沙漠的植被覆盖率仅为 16.2%，目前则已经超过了 50%，可以说，今天的库布齐沙漠已经变成了当地人民的绿色家园。总之，正确的生态文明建设公共政策，还需要久久为功、坚忍不拔的精神贯彻落实，才能取得生态文明建设的现实成效，而这对于我国面积辽阔的西北地区来说尤为如此。

与生态文明建设的切实成效相并行的，是那些在实践中被证明行之有效的生态文明建设公共政策，以法律法规及规章制度的形式固定下来，并且得到复制推广。2015 年 10 月，党的十八届五中全会提出引入实施对省级以下的生态环境保护机构实行垂直管理的制度之后，也即“省级环保部门直接管理市（地）县的监测监察机构，承担其人员和工作经费，市（地）级环保局实行以省级环保厅（局）为主的双重管理体制，县级环保局不再单设而是作为市（地）级环保局的派出机构”之后[1]，国务院决定在河北、重庆等省（市）展开试点工作。试点工作表明，这项制度改革的实施，确实可以避免当地政府对环保机构生态文明建设政策执行的过度干预，执法不严、违法不究等问题也可以得到较好的解决，于是垂直管理制度便逐渐在全国各地推广开来。

再比如，2018 年 3 月的大部制改革之前，防治地下水污染职责属于国土资源部，防治地上河流污染的职责属于环境保护

1 习近平：“关于《中共中央关于制定国民经济和社会发展第十三个五年规划的建议》的说明”，《人民日报》2015 年 11 月 4 日。

部，而河流入海之后防治海洋污染的职责又属于国家海洋局，这样就人为形成了“九龙治水”的行政分治局面，不仅增加了部门之间相互协调的工作量，降低了工作效率，还会难以避免地在特殊情况下出现权责不清、相互推诿的现象，不利于水污染的治理，也不利于推进生态文明建设。面对政策落实过程中的这些问题，党和政府在 2018 年 3 月实施了新一轮的大部制改革，调整了国务院相关部委的机构设置。其中，新成立的生态环境部获得了原属于国土资源部的防治地下水污染职责，以及原属于国家海洋局的海洋保护职责，代表国家全权负责各种类型的水污染的防治工作。这样一来，不仅可以做到权责明晰，避免可能出现的相互推诿问题，还可以统筹规划，根据水污染的实际情况在最合适的位置开展治理工作，从而提高了工作效率，有利于推进生态文明建设。

当然，难以避免的是，少数生态文明建设公共政策在贯彻实施过程中也暴露出了一些政策设计、配套措施或时机节点上的缺点，结果是不仅未能实现促进生态文明建设的预期效果，反而引发了意料之外的社会民生问题。比如，为了应对大气污染、缓解雾霾天气频发的现实问题，2017 年下半年，河北、山西、陕西等省份的政府部门大力推动关于冬季供暖的“煤改气”项目。所遇到的问题是，这些省份的许多居民按照政府要求拆除了自家的燃煤取暖锅炉，但到了冬季供暖时间，入户的天然气管道却没有全部铺好，导致不少居民只能忍受寒冷的天气。

而雪上加霜的是，由于多个省份同时大规模地推进“煤改气”项目，市场上的天然气供应在短时间内变得异常紧张，导致天然气价格不断上涨，那些转向天然气供暖的用户也感觉“煤改气”在经济上并不划算。为此，2017 年 12 月 4 日，环境保护部下发了特急文件《关于请做好散煤综合治理确保群众温暖过冬工作的函》，其中明确允诺，在没有完成“煤改气”的地方仍可以延续以往的供暖方式，居民可以燃煤取暖。这样的案例在现实中并不多见，但它带给我们的经验教训却是十分深刻的。制定执行生态文明建设公共政策，必须充分考虑经济、政治、文化、社会等各个方面的具体情况，努力做到因地制宜、因时制宜。如果生态文明建设公共政策脱离了社会历史的现实条件，不能够维护、保障最广大人民群众的根本利益和基本权益，就会遭到人民群众的“吐槽”“差评”或“用脚投票”。而政府部门对此唯一正确的态度就是，及时了解人民群众对新出台公共政策的认知感受和不满意见，迅速做出政策内容或贯彻落实步骤举措上的调适，并进而推进整个政策体系从决策到落实的逐渐完善。

第三节 生态文明建设实践的社会政治动员

生态文明建设政治无论是作为一种社会政治议题的构建阐释，还是作为一种公共政策的决策与贯彻落实过程，都离不开借助各种手段来发动群众、组织群众、依靠群众，也就是需要不断进行生态文明建设实践的社会政治动员，从而实现尽可能广泛而深入的民主政治参与。[1] 概括地说，在我国的生态文明建设实践中，党和政府引导着生态文明建设的大众社会动员，新闻媒体助推着生态文明建设的大众社会动员，而非政府组织和公众民主参与则是生态文明建设进行大众社会动员的重要形式，共同推动着生态文明建设政治的不断扩展与深入。

1. 党和政府引导生态文明建设的大众社会动员

党的十七大报告明确提出，要“建设生态文明，基本形成节约能源资源和保护生态环境的产业结构、增长方式、消费模式……生态文明观念在全社会牢固树立”[2]。这既是党中央审时度势所做出的大力推进生态文明建设的重大政治研判和战略部署，也是面向全党全国和社会各界群众所进行的社会政治动员。此后，党的十八大报告、十九大报告、二十大报告以及党政主管部门出台的许多文件，也都反复强调推进生态文明建设的重要性、迫切性，实际上就是在进行生态文明建设公共政策的社会政治动员。

2008 年 12 月，环境保护部制定发布的《关于推进生态文明建设的指导意见》明确要求，认真贯彻落实党的十七大精神、

---

1 王世明、余永跃：“群众路线与社会主义生态文明建设”，《云梦学刊》2016 年第 6 期，第 138～141 页；黄娟、许媛媛：“生态文明建设中坚持群众路线的问题与对策”，《毛泽东思想研究》2014 年第 5 期，第 4～7 页。

2 胡锦涛：《高举中国特色社会主义伟大旗帜　为夺取全面建设小康社会新胜利而奋斗》，人民出版社 2007 年版，第 20 页。

推进生态文明建设；2010 年 10 月，党的十七届五中全会审议通过的《中共中央关于制定国民经济和社会发展第十二个五年规划的建议》提出要求，要通过“十二五”规划的制定实施，“加快建设资源节约型、环境友好型社会，提高生态文明水平”[1]；2012 年 11 月，党的十八大报告明确提出，要加强生态文明宣传教育，增强全民节约意识、环保意识、生态意识，形成合理消费的社会风尚，营造爱护生态环境的良好风气；2013 年 11 月，党的十八届三中全会通过的《中共中央关于全面深化改革若干重大问题的决定》提出要求，紧紧围绕建设美丽中国，深化生态文明体制改革，加快建立生态文明制度，推动形成人与自然和谐发展现代化建设新格局；2015 年 4 月，中共中央、国务院印发的《关于加快推进生态文明建设的意见》提出，“动员全党、全社会积极行动、深入持久地推进生态文明建设，加快形成人与自然和谐发展的现代化建设新格局，开创社会主义生态文明新时代”[2]；2015 年 9 月，中共中央、国务院印发的《生态文明体制改革总体方案》强调指出，“加快建立系统完整的生态文明制度体系，加快推进生态文明建设，增强生态文明体制改革的系统性、整体性、协同性”[3]；2017 年 10 月，党的

1 “中共中央关于制定国民经济和社会发展第十二个五年规划的建议”，《求是》2010 年第 21 期，第 9 页。

2 “中共中央　国务院关于加快推进生态文明建设的意见”，《人民日报》2015 年 5 月 6 日。

3 “中共中央 国务院印发《生态文明体制改革总体方案》”，《中华人民共和国国务院公报》2015 年第 28 期，第 4 页。

十九大报告明确强调，要牢固树立社会主义生态文明观，推动形成人与自然和谐发展的现代化建设新格局，为生态环境保护作出我们这代人的努力；2020 年 11 月，党的十九届五中全会审议通过的《中共中央关于制定国民经济和社会发展第十四个五年规划和二〇三五年远景目标的建议》提出要求，要完善生态文明领域统筹协调机制，构建生态文明体系，促进经济社会发展全面绿色转型，建设人与自然和谐共生的现代化。

除了党和政府的上述政策文件，习近平同志在关于生态文明建设的系列重要讲话中，也做了不同视角下的社会政治动员。2013 年 2 月，他在看望慰问坚守岗位的一线劳动者时发表讲话，号召“广大市民要珍爱我们生活的环境，节约资源，杜绝浪费，从源头上减少垃圾，使我们的城市更加清洁、更加美丽、更加文明”[1]；同年 4 月，他在参加首都义务植树活动时发出号召，“全社会都要按照党的十八大提出的建设美丽中国的要求，切实增强生态意识，切实加强生态环境保护，把我国建设成为生态环境良好的国家”[2]。2014 年 2 月，他在北京考察工作时强调，“要深入开展节水型城市建设，使节约用水成为每个单位、每个家庭、每个人的自觉行动”[3]，要求所有单位、

1 中共中央文献研究室（编）：《习近平关于社会主义生态文明建设论述摘编》，中央文献出版社 2017 年版，第 115 页。

2 习近平：《习近平谈治国理政》（第一卷），外文出版社 2018 年版，第 207 页。

3 中共中央文献研究室（编）：《习近平关于社会主义生态文明建设论述摘编》，中央文献出版社 2017 年版，第 116 页。

家庭、个人都要自觉投入到生态文明建设的实践中。2015 年 4 月，他再次参加首都义务植树活动并指出，“绿化祖国，改善生态，人人有责……从见缝插绿、建设每一块绿地做起，从爱惜每滴水、节约每粒粮食做起，身体力行推动资源节约型、环境友好型社会建设，推动人与自然和谐发展”[1]，强调每个人都有责任为生态文明建设贡献力量。2016 年 11 月，他对做好生态文明建设工作作出批示，号召“各地区各部门要切实贯彻新发展理念，树立‘绿水青山就是金山银山’的强烈意识，努力走向社会主义生态文明新时代”[2]。2017 年 8 月，他对塞罕坝林场建设者的光荣事迹作出批示，号召“全党全社会要坚持绿色发展理念，弘扬塞罕坝精神，持之以恒推进生态文明建设，一代接着一代干，驰而不息，久久为功”[3]。2018 年 5 月，他在全国生态环境保护大会上发表讲话，号召全国人民要以壮士断腕的决心、背水一战的勇气、攻城拔寨的拼劲，坚决打好污染防治攻坚战。2019 年 9 月，他在黄河流域生态保护和高质量发展座谈会上发表讲话，号召“着力加强生态保护治理、保障黄河长治久安、促进全流域高质量发展、改善人民群众生活、保护传承弘扬黄河文化，让黄河成为造福人民的幸福河”[4]。总之，正如习近平同志多次强调指出的，“生态文明是人民群

1 中共中央文献研究室（编）：《习近平关于社会主义生态文明建设论述摘编》，中央文献出版社 2017 年版，第 119 页。
2 习近平：《习近平谈治国理政》（第二卷），外文出版社 2017 年版，第 393 页。
3 习近平：《习近平谈治国理政》（第二卷），外文出版社 2017 年版，第 397 页。
4 习近平：《习近平谈治国理政》（第三卷），外文出版社 2020 年版，第 377 页。

众共同参与共同建设共同享有的事业，要把建设美丽中国转化为全体人民自觉行动”[1]。

此外，作为生态文明建设的政府主管部门之一，生态环境部长期以来致力于开展生态文明建设的宣传教育工作，利用报纸、期刊、电视、互联网等新闻媒体工具，举办世界环境日、地球日等大型纪念活动，设置“绿色中国年度人物”奖、“中国生态文明奖”等奖项，举行“生态省市县”“生态文明建设示范区”“‘绿水青山就是金山银山’实践创新基地”等评选促建活动，来激发社会公众的关注和热情，提高广大人民群众的生态文明意识，也就是从事生态文明建设的社会政治动员。

2009 年，环境保护部整合报纸、电视和互联网等媒体渠道，组织了“让江河湖泊休养生息”专题报道，开展了“世界环境日”主题宣传活动，举办了“探索环保新道路——六 · 五世界环境日特别论坛”等一系列活动，发布了世界湖泊大会等百余场会议活动的新闻报道。2010 年，环境保护部通过电视、报刊、互联网等新闻渠道编发生态文明建设相关新闻稿件 1000 余篇，及时、正确地引导社会舆论，组织策划了生态文明建设成果展览，举办了“2010‘六 · 五’世界环境日纪念大会——青年环境友好使者推动全民低碳减排暨《节能减排 保护环境》特种邮票首发仪式”。2012 年，环境保护部召开了环保社会组织工

---

1 习近平：“推动我国生态文明建设迈上新台阶”，《求是》2019 年第 3 期，第 12 页。

作座谈会，与“自然之友”“公众与环境研究中心”等环保社会组织就如何参与生态文明建设进行了沟通交流，举办了“以环境保护优化经济增长暨纪念‘六·五’世界环境日——推动第七次全国环保大会精神再学习、再宣传、再落实高层论坛”，举办了“绿色消费 你我同行”文艺晚会、“科学发展 成就辉煌”大型图片展览等丰富多彩的宣传活动。2016年，环境保护部积极推进生态环境大数据工程建设，开通了“环保部发布”官方微博和微信公众号，建立了例行新闻发布会制度。2017年，为了适应互联网新媒体的发展态势、更好地进行生态文明建设社会政治动员工作，全国地市级以上的环保部门全部开通了官方微博和微信公众号。2019年，生态环境部举办了世界环境日全球主场活动、“美丽中国，我是行动者”主题实践活动，以及全国低碳日、国际生物多样性日等公益宣传活动，并且发布了生态环保大数据服务平台，完成了全国固定污染源统一数据库建设、一体化政务服务平台建设等信息化建设任务。

2. 新闻媒体助推生态文明建设的大众社会动员

在推进生态文明建设实践的过程中，报纸、期刊、电视以及互联网平台等新闻媒体手段，可以通过关注跟踪社会热点、监督环境污染与生态破坏现实问题、宣传解读党和政府的生态文明建设公共政策、宣传介绍生态文明建设所取得的良好成效等方式，来助推生态文明建设的大众社会动员。

首先，新闻媒体对环境污染与生态破坏的现实问题较为敏感，一旦发生了影响较大的生态环境问题，新闻媒体往往都会在第一时间进行报道，发挥信息传播、社会监督和舆论引导的作用，推动形成社会热点话题，吸引公众的注意力，激发公众的生态环境保护意识，同时也会通过生态环境基础知识普及、事实澄清和观点分析，来引导社会公众正确看待所发生的环境污染与生态破坏问题。

2009 年 7 月 29—30 日，湖南省浏阳市镇头镇双桥村村民因为不堪忍受当地化工厂带来的污染之苦而围堵镇政府和派出所。事件发生后，新华社、《光明日报》、《南方都市报》、《三湘都市报》、中国新闻网、搜狐网、网易等新闻媒体都进行了及时报道，引发了全国性的广泛关注。其中，《光明日报》主要报道了化工厂所造成的镉污染情况，介绍了镉污染的相关知识，并着重强调了浏阳地区以至于湘江流域所面临的环境污染与生态破坏问题[1]；中国新闻网转载了《检察日报》的文章，详细介绍了湖南省有关部门查处化工厂污染问题的具体情况以及检察机关的初步调查结果，向读者澄清了浏阳镉污染事件背后的事实真相；《南方都市报》则围绕浏阳镉污染问题进行了实地调查，采访了当地多位村民，深入发掘了多年以来化工厂的污染情况以及工厂污染对村民健康所造成的损害。总之，通过这种立体性报道，新闻媒体向社会公众澄清了环境污染事件的来龙去脉，普及了重金属污染的科技基础知识，激发了社会

1 龙军：“浏阳镉污染悲剧是如何酿成的”，《光明日报》2009 年 8 月 11 日。

公众的生态环境保护意识，实现了生态文明建设的大众社会动员，同时也有助于当地政府采取切实措施治理污染、推进生态文明建设。

不可否认的是，新闻媒体特别是网络（自）媒体对于生态环境问题的披露或报道，有时会遭到地方政府出于自身形象考虑等因素的人为限制，有时则会发生事实偏差、扭曲甚至错误。对此，需要加强对新闻媒体报道的法制与行政管理，但也不能因噎废食，无视或贬低新闻媒体对于生态文明建设公共政策的社会促进监督职能、对于生态文明建设的大众社会动员的助推功能。

其次，新闻媒体聚焦时政热点、关注党和政府的最新政策，是党的十七大、十八大、十九大和二十大关于生态文明建设的新思想新论断新战略的宣传阐释的主阵地。比如，2015 年 1 月新修订的《中华人民共和国环境保护法》正式实施、2015 年 4 月中共中央、国务院印发的《关于加快推进生态文明建设的意见》和 2018 年 3 月生态环境部成立等生态文明建设时政热点，新闻媒体都做了广泛报道。

2007 年 10 月，党的十七大报告写入了“生态文明”这一重要概念。大会刚结束不到一周，《中国青年报》就刊发了文章《生态文明建设是中国的当务之急》，概述了我国环境污染、生态破坏、资源短缺的客观现实，分析了生态文明建设的三重境界，而贵州人民广播电台则采访了贵州省委副书记、省长林树森，向听众和读者解读了“生态文明”概念的内涵，探讨了新闻媒体应如何做好生态文明建设的宣传工作。[1]

2012 年 11 月，党的十八大报告将生态文明建设纳入我国社会主义现代化建设“五位一体”的总体布局。会议期间，中央各大媒体和省市卫视都进行了即时性新闻播报，《光明日报》刊发了北京交通大学韩振峰教授的文章《把生态文明建设摆在突出位置》，阐述了“生态文明”概念的科学内涵、实施生态文明建设战略的重要性和推进生态文明建设的重大举措，《21世纪经济报道》梳理了党的十八大报告中所提出的围绕“建设美丽中国”目标的政策举措，而《广州日报》则采访了中共中央党校周为民教授，向读者解读了党的十八大报告所蕴含的生态文明建设思想。

2018 年 3 月，新组建的生态环境部成立。新华网在报道中梳理了生态环境部的历史沿革，《每日经济新闻》则介绍了新一轮国务院机构改革的意义、生态环境部成立的必要性以及生态环境部成立之后的主要职责，《中国环境报》刊发了文章《站在新起点、开启新征程》，分析了生态环境部所面临的机遇与挑战，而《苏州日报》则采访了中国人民大学教授杨志，强调生态环境部的成立是贯彻落实习近平生态文明思想的重要制度安排。

---

1 陈臻：“新闻媒体应如何宣传‘生态文明’”，《新闻窗》2007 年第 6 期，第 65～66 页。

最后，新闻媒体报道可以直观地向社会公众呈现我国生态文明建设的实践过程与建设成效，通过具体形象的事例、景观、人物来唤起社会公众的生态文明意识，动员社会公众参与到生态文明建设实践之中。

2012 年党的十八大召开之际，《福建日报》发表了《生态文明建设，看福建！》一文，回顾了习近平同志在福建期间推进生态文明建设的工作事迹，介绍了福建省的生态文明建设成果。文章指出，“我省林地面积 1.15 亿亩，木本植物 1943 种，陆生野生动物 828 种，森林覆盖率已连续 35 年保持全国第一，水、大气、生态环境三大指标保持全优”[1]。2016 年 6 月，《中国旅游报》发表了文章《以五大发展理念指导国家公园建设》，不仅描述了云南普达措国家公园的秀美风光，还提出了以五大发展理念推进以国家公园为核心的生态文明建设的措施建议。

值得一提的是，《中国环境报》长期以来致力于宣传推介我国生态文明建设实践中的模范人物。2010 年 7 月，《中国环境报》发表了文章《环保卫士田洪光》，全面介绍了沈阳市苏家屯区环境监察大队长田洪光在环保工作中的辛勤努力与先进事迹；2015 年 9 月，《中国环境报》刊发了《陈哲：讲述地球的故事》一文，讲述了音乐人陈哲在我国西南山区致力于保护生态环境、发展生态文化的生动故事；2020 年 10 月，《中国环境报》发表了文章《虞小燕和她的“绿色校园梦”》，详细介

1 方炜杭：“生态文明建设，看福建！”，《福建日报》2012 年 11 月 11 日。

绍了广西桂林市临桂中学副校长虞小燕二十年如一日地从事环境教育工作的感人事迹。

当然，相较于报刊的文字叙述为主，电视和互联网平台可以通过视频节目更加直观地呈现生态文明建设的实际效果，在给观众带来审美享受的同时自然而然地引导人们认同生态文明建设。2017 年 1 月，中央电视台推出了大型航拍纪录片《航拍中国》，真实记录了新疆、海南、黑龙江、陕西、江西、上海等地的秀美风光，生动展现了这些年来我国生态文明建设的实践成效，节目一经播出便广受好评。2019 年 11 月，中央广播电视总台又推出了《美丽中国》纪录片，系统介绍了我国生态文明建设过程中推行河长制、治理空气污染、植树造林等重大政策举措，生动讲述了这些生态文明建设实践背后的追求人与自然和谐共生的感人故事，不仅可以帮助人们更加深入地了解我国生态文明建设的切实成效，还可以增加人们对国家生态文明建设战略与政策的认同，从而自觉投入到生态文明建设的现实实践之中。

3. 非政府组织与公众民主参与是生态文明建设大众社会动员的重要形式

正如习近平同志指出的，“每个人都是生态环境的保护者、建设者、受益者，没有哪个人是旁观者、局外人、批评家，谁也不能只说不做、置身事外”[1]。多年来，党和政府一直支持、

---

1 习近平：“推动我国生态文明建设迈上新台阶”，《求是》2019 年第 3 期，第 12 页。

鼓励和引导社会公众，通过环境非政府组织和公民民主参与等形式，尽可能广泛深入地参与到生态文明建设的实践活动之中。为此，我国政府制定了许多法律法规，成立了相关的负责机构，从而提供了环境非政府组织和公众民主参与生态文明建设实践的社会舆论氛围和制度渠道。

近年来，生态环境部引领推进我国生态文明建设政策信息的公开工作。2008 年 5 月 1 日，《环境信息公开办法（试行）》、《环境保护部信息公开目录》（第一批）和《环境保护部信息公开指南》等文件正式实施；2009 年 6 月 1 日，《环境保护部政府信息依法申请公开工作规程》正式实施；2010 年 4 月，环境保护部下发了《关于进一步规范环保不达标生产企业名单定期公布制度的通知》；2010 年 10 月 1 日，《环境保护公共事业单位信息公开实施办法（试行）》正式实施。这些政策文件的颁布实施，为环境非政府组织与公民个体获取生态文明建设的相关信息提供了法律支持。

与此同时，我国政府也在为非政府组织和公民个体民主参与生态文明建设制定法律规范。2015 年 1 月，新修订的《中华人民共和国环境保护法》开始实施，其中明确规定了“公众参与”的基本原则，并专门设置一个章节来阐述“信息公开和公众参与”的相关规定；同年 9 月，《环境保护公众参与办法》开始实施，其中详细规定了公众民主参与环境保护的适用范围、基本原则和参与方式，以及政府部门在公众民主参与环境保护过程中的行为规范要求，特别是公民个体对政府部门进行举报的手段渠道。作为这些政策文件的地方化贯彻落实，山西省、河北省、沈阳市、昆明市等地方政府都制定了各自的环境保护公众参与办法。其中，山西省人民政府办公厅 2009 年印发了《山西省环境保护公众参与办法》，对生态文明建设过程中公众获取信息、公众参与政策法规制定、公众参与环境管理以及公众参与环境监督等内容，做了详细的规定和阐释；昆明市人民政府 2011 年下发了《昆明市环境保护公众参与办法》，也对公众获取环境信息、公众参与政策法规制定、公众参与环境管理和公众参与环境监督等事项做出了规定和安排。

环境非政府组织或社会团体是我国生态文明建设实践或大众社会动员的重要形式。1978 年 5 月，中国环境科学学会成立，成为我国第一个环境非政府组织。自那时起，我国的生态环境非政府组织迅速发展，北京环境科学学会、中国环境新闻工作者协会、中华环境保护基金会、“自然之友”、“北京地球村”等环境社团相继成立。40 多年来，它们在我国的环境保护与生态文明建设过程中发挥了重要作用。目前，我国的环境非政府组织数量众多，分布在全国各地，组织形态与活动形式也多种多样。总体来说，在我国生态文明建设实践的大众社会动员过程中，环境非政府组织承担了大量的宣传教育普及工作，有助于提高全社会的生态文明意识，从而自觉加入到生态文明建设的实践活动之中。环境非政府组织还在污染治理、生态恢复、生物多样性保护等议题领域贡献了自己的力量，尤其是在开展生态文明建设公共政策的社会监督，维护社会公众的生态环境权益方面发挥了重要作用。还有一部分环境非政府组织，比如“自然之友”专注于生态环境保护治理方面的技能培训或公益示范。以上实践促进了环境非政府组织整体的不断发展壮大。

比如，2008 年 7 月，50 家环境非政府组织在北京联合发起了“节能 20%公民行动”，呼吁采取低能耗的生活方式和消费方式；2009 年 6 月，25 家环境非政府组织与 40 余位公民联名向环境保护部发函，呼吁暂停金沙江水电的开发项目；2011 年 6 月，“自然之友”向云南省曲靖市中级人民法院提起公益诉讼，状告当地化工厂倾倒重金属废渣污染江水、危害人民群众的生命健康安全；2012 年，“自然之友”“北京地球村”“山水自然保护中心”等多家环境非政府组织，向环境保护部提交了它们对《环境空气质量标准》的意见与建议；2014 年 3 月，中山大学中国公益慈善研究院环境公益研究所举办了“环保社会组织在生态保育与修复中的工作策略与方法”研讨会，许多环境非政府组织前往参加；自 2017 年起，阿拉善 SEE 生态协会还在内蒙古自治区的荒漠地区开展植被修复工作，目前已种植了大量梭梭、红柳、苁蓉等多种防风固沙植物。

除了非政府组织形式的参与，社会公众也可以以公民个体的名义直接参与到我国的生态文明建设实践之中。总体来看，由于不同地方的生态环境问题表现并不相同，全国各地的生态文明建设公众参与方式也各有特色。

在重庆，2007 年重庆化医集团与巴斯夫欧洲公司签约建设大型化工厂，很多社会人士表达了对可能发生的环境污染与生态破坏的疑虑。为此，重庆市委、市政府在项目审批过程中开展了大量的公众参与工作，要求企业主动公开化工厂建设项目的相关环境信息与进展情况，并组织建立了“社区咨询委员会”，邀请化工厂选址地附近的村镇居民担任委员，由他们来监督企业施工动态和化工厂的环保安全情况，并把群众的关切意见传达给企业。

在山东，2013 年山东省环境保护厅开设官方微博，随后建立起了省、市、县三级环保部门微博联动的工作机制，通过互联网接收并处理社会公众的环境投诉。2014 年 3 月，山东省还利用微博在互联网开展了“每月定期公布全省 17 市大气污染物新标准执行情况”的活动，欢迎社会公众进行监督。这一活动很快引发了社会广泛关注，不仅省内的民众可以方便地进行环境监督，而且很多其他省市的民众也在微博留言中表示受到启发、将会积极参与到当地的生态文明建设实践之中。可以说，这里的一条条微博留言所进行的点赞、反映、呼吁与宣传，都是社会公众利用互联网新媒体参与生态文明建设实践的具体表现。

在浙江嘉兴，生态文明建设实践中的大众社会政治参与，已经发展成为嘉兴市环保联合会与市民检查团、专家服务团、生态文明宣讲团、环境权益维护中心之间协调配合的成熟体系。依托于这套体系，嘉兴市的生态文明建设取得了良好的社会动员效果。公众、企业、媒体、专家等社会主体，都可以随时参与到当地的生态文明建设实践之中。例如，他们既可以通过经常组织的听证会来了解当地政府的生态环境项目审批情况，也可以在平时通过“环保市民检查团”“12369 网上投诉中心”“嘉兴环保”官方微博等渠道进行民主监督，而且还有机会出任评审员来参与环境保护相关案件的审理。

总之，环境非政府组织与社会公众本来就是我国生态文明建设的社会政治主体力量或实践主体，是党和政府进行生态文明建设议题构建阐释和公共政策决策实施的重要社会政治动员对象。[1] 换言之，如果没有广大人民群众对于生态文明建设战略重要性与政策丰富内涵的充分理解认同，如果没有广大人民群众对于生态文明建设公共政策制定实施的民主监督和创造性贯彻落实，生态文明建设作为一种国家重大战略和新兴公共政策其实是很难取得实质性成效或最终成功的。就此而言，我们既要充分肯定环境非政府组织和公众参与在我国生态文明建设实践中已经实现的社会制度化水平、所呈现的丰富多彩

1 陈润羊、花明、张贵祥：“我国生态文明建设中的公众参与”，《江西社会科学》2017 年第 3 期，第 63～72 页；秦书生、张泓：“公众参与生态文明建设探析”，《中州学刊》2014 年第 4 期，第 86～90 页。

形式和正在发挥的显著促动作用，也要明确认识到这方面依然存在的不尽如人意之处和巨大的改进提升空间，从议题阐释宣传、政策倡议提出与决策到政策法规的贯彻落实等各个环节阶段，都应继续扩展环境非政府组织与公民个体的民主参与空间机会和渠道机制，从而越来越充分地把最广大范围的人民群众动员起来，参与到生态文明建设的伟大实践中去。

第三章　生态文明建设政治学：主要议题与研究进展

虽然迄今并未明确提出“生态文明建设政治学”这一概念术语[1]，但我国学术界对生态文明建设的政治学研究由来已久，尤其是过去近 40 年来在环境政治学学科视野和框架下所做的议题性讨论及其理论成果，不仅在内容上可以大致归类于广义上的生态文明建设政治研究的范围，而且在方法论上奠定了同样属于比较政治学分支方向的生态文明建设政治学研究的基础。基于此，我们可以仿照环境政治学研究或学科方向的整体架构[2]，尝试将迄今的生态文明建设政治研究大致划分为理论基

1　郇庆治：“环境政治学视野下的绿色话语研究”，《江西师范大学学报（哲社版）》2016 年第 4 期，第 3～5 页。

2　郇庆治：《环境政治国际比较》，山东大学出版社 2007 年版，第 2～3 页。

础研究、政党政策研究、非政府组织与公众参与研究和国际合作研究等四大部分或层面，并依此来总结把握生态文明建设政治学研究所进行的学术讨论及其主要成果。

第一节　生态文明建设政治的理论基础研究

生态文明建设政治的理论基础研究，主要包括对生态文明建设的理念价值、目标原则、思想渊源、主客观实现条件、政治与政策意涵等方面内容的理论研究。依此而言，我国学术界对生态文明建设政治的理论基础研究可以追溯到 20 世纪 80 年代初，目前已经形成了生态文明建设政治与政策意涵研究、生态文明建设政治思想渊源及其演进研究、习近平生态文明思想研究、生态文明建设公共政策及其执行落实研究等诸多议题聚焦或重点，并取得了十分丰硕的研究成果，构成了生态文明建设政治学发展的学理性基础。

1. 生态文明建设政治理论基础研究的发展

1985 年 2 月，《光明日报》刊文简要介绍了利皮茨基在《莫斯科大学学报》1984 年发表的《在成熟社会主义条件下培养个人生态文明的途径》一文，文中首次提到了“生态文明”概念。1987 年 5 月，我国著名生态农业学家叶谦吉先生在全国生态农业问题讨论会上呼吁，要大力进行生态文明建设，并在不久后接受《中国环境报》访谈《真正的文明时代才刚刚起步——叶谦吉教授呼吁开展生态文明建设》，从生态学与哲学相结合的角度阐述了对“生态文明”和“生态文明建设”概念的理解。

应当说，这种将生态文明与农林业相联系的言说方式，长期影响着我国自20世纪90年代中期逐渐兴起的关于“生态文明建设”的讨论。1996年2月，生态经济学家石山的论文《农业与生态文明建设》，将生态经济学的基本原理和我国农业发展环境的现状相结合，论述了推进生态文明建设的必要性和可行性。1998年3月，时任国家林业局经济发展研究中心常务副主任王成祖的《面向生态文明的21世纪中国林业生态建设的战略思考》一文，分析了林业在生态文明建设中所取得的成就与面临的挑战，阐述了林业发展对生态文明建设的重要意义，并对生态农业、生态林业和生态工业等提出了自己的看法与设想。

从20世纪90年代末开始，随着学术界对于“生态文明建设”概念使用的日渐广泛，学者们逐渐摆脱了生态农林业的狭隘视域，转向对于生态文明及其建设的一般理论意涵的研究。比如，1998年8月，周桂青在《积极开展生态文明建设》的论文中，将“生态文明”提升为一个一般性哲学社会科学概念，论述了生态文明与物质文明、精神文明之间的相互关系，并强调开展生态文明建设的必要性。2001年11月，唐海萍、唐少卿的《生态文明建设刍议》一文[1]，强调了生态文明建设的重大意

1 唐海萍、唐少卿：“生态文明建设刍议”，《生态经济》2001年第11期，第78～80页。

义，并概述了生态文明建设应当包含的政治与政策内容。

2003 年，孙彦泉的论文《环境科学与生态文明建设》，阐述了环境科学的基础知识对生态文明建设的指导性作用，左伟清的《社会主义政治文明与生态文明建设》一文，提出社会主义政治文明的发展将会促进我国的生态文明建设，而程秀波的论文《生态伦理与生态文明建设》，则分析了生态文明建设的伦理基础与价值指向。2006 年，《马克思主义与现实》杂志刊发了吴凤章的论文《建设生态文明：厦门特区发展模式创新》和丁开杰、刘英、王勇兵的论文《生态文明建设：伦理、经济与治理》。前一篇论文分析了"生态""生态文明"等基本概念，总结了厦门市推进生态文明建设的成果与经验，而后一篇论文则辨析了生态文明的概念、内涵和特征，论述了生态伦理、生态经济与生态治理对生态文明建设的支撑作用[1]。

2007 年党的十七大报告正式提出"建设生态文明"的战略要求之后，生态文明建设的相关研究逐渐成为我国学术界探讨的理论热点，关于生态文明建设政治的理论基础的研究成果也日渐增多。

2007 年，姬振海的论文《大力推进生态文明建设》，强调了生态文明建设的重要意义，并从意识、行为、制度、产业等四个方面概括了生态文明建设的基本内容，刘楠楠和张晓庆的

---

1 丁开杰、刘英、王勇兵："生态文明建设：伦理、经济与治理"，《马克思主义与现实》2006 年第 4 期，第 19～27 页。

《马克思生态文明理论对我国生态文明建设的启示》一文，则梳理了马克思生态文明理论的主要内容和基本原则，进而提出了“保持人与自然和谐发展”“在发展生产力的基础上实现生态文明”等对我国生态文明建设的启示，而马拥军的论文《生态文明：马克思主义理论建设的新起点》[1]，则分析了人类社会文明发展的不同阶段与不同层次，明确了生态文明建设的社会历史定位，进而认为倡导生态文明建设，不仅是建设中国特色社会主义、实现社会主义现代化建设的实践需要，而且是推进马克思主义理论建设的新起点。

2008年，周生贤的《生态文明建设：环境保护工作的基础和灵魂》一文，论述了生态文明概念及其生态文明建设的必然性，并提出了在思想上、政策上、措施上和行动上积极推动生态文明建设的具体举措，任俊华的论文《建设生态文明的重要思想资源——论中国古代生态伦理文明》，则梳理了我国古代传统文化中的生态思想，认为“天人合一”思想、“亲亲而仁民，仁民而爱物”的观念、“道法自然”思想都可以成为当下我国推进生态文明建设的理论资源，而陈学明的《论建设生态文明必须克服的难题》《在中国特色社会主义的旗帜下建设生态文明的战略选择》《“生态马克思主义”对于我们建设生态文明的启示》等多篇论文，则分别从生态文明的概念内涵、生态文明

1 马拥军：“生态文明：马克思主义理论建设的新起点”，《理论视野》2007年第12期，第20～22页。

建设的现代化指向和生态马克思主义的思想资源价值等视角，展开了生态文明建设政治的理论基础研究。

2009 年，方世南的论文《以生态文明的理念建设循环社会》，强调马克思主义生态思想是我国推进生态文明建设的指导思想，而建设循环社会则是我国生态文明建设的整体性工程，赵成的《马克思的生态思想及其对我国生态文明建设的启示》一文[1]，则阐述了马克思生态思想的实践唯物主义基础、社会批判基础及其价值指向，以及这些思想观点对我国生态文明建设的启迪价值，而陈德钦的论文《生态文明建设的哲学意蕴探析》，则从马克思主义的哲学立场出发，深入辨析了生态文明建设的唯物论意蕴、辩证法意蕴和唯物史观意蕴。

2010—2011 年，学术界大致延续了前几年确立或建构起来的生态文明建设理论研究的主要议题，并发表了数量更多的理论研究成果，在此不做赘述。

2012 年，党的十八报告确立了中国特色社会主义建设的“五位一体”总体布局，相应地，生态文明建设与经济建设、政治建设、文化建设、社会建设并列成为中国特色社会主义事业整体的有机组成部分。此后，我国学术界对生态文明建设政治的研究日益深入与拓展，产生了许多内容丰富、视角独特、思想深刻的研究成果。

---

1 赵成：“马克思的生态思想及其对我国生态文明建设的启示”，《马克思主义与现实》2009 年第 2 期，第 188～190 页。

2012年，周生贤的论文《中国特色生态文明建设的理论创新和实践》，阐述了中国特色生态文明建设的基本内涵、鲜明特征和重点任务，并探讨了推进中国特色生态文明建设需要把握的重大问题，杨志华和严耕的《中国生态文明建设的六大类型及其策略》一文[1]，则具体分析了我国各个省份的生态文明建设特点，进而把我国省域层面的生态文明建设划分为均衡发展型、社会发达型、生态优势型、环境优势型、相对均衡型和低度均衡型等六种类型，而章家恩的论文《生态美学与生态文明建设》，则分析了生态美学的概念内涵，以及“生态美”的“形式美”“关系美”“过程美”“功能美”等形态类型，进而强调了生态审美对生态文明建设的引领作用。

2014年，陈墀成的论文《生态文明建设视野下的马克思主义中国化》，把生态文明建设理论研究同马克思主义中国化理论研究相结合，提出生态文明建设是马克思主义中国化的重要维度，科学发展观是生态文明建设领域中的马克思主义理论中国化新成果，而陈永森的《生态社会主义与中国生态文明建设》一文，则认为生态美好是社会主义的应有之义，生态社会主义是生态文明建设的重要理论基础，可以为我国生态文明建设实践提供有益启示。

2017 年之后，越来越多的学者把生态文明建设同党的十九

1 杨志华、严耕：“中国生态文明建设的六大类型及其策略”，《马克思主义与现实》2012年第6期，第184～188页。

大报告所提出的新理念新思想新战略结合起来加以研究，尤其是将其置于习近平新时代中国特色社会主义思想的理论体系之下。比如，钱厚诚、韩晓阳的论文《生态文明建设、人类命运共同体意识与文明自觉》，强调我国的生态文明建设包含着构建人类命运共同体的自觉意识，而周宏春的《新时期、新高度、新任务：对生态文明建设的思考》一文，则结合党的十九大报告的有关论述展望了我国生态文明建设的新蓝图、新征程。

2018 年，刘张飞的论文《生态文明建设与精准扶贫的互动发展》，阐述了生态文明建设与精准扶贫政策相互结合、互动发展的必然性，分析了这二者间互动发展所面临着的现实问题，进而提出了促进生态文明建设与精准扶贫政策互动发展的实践路径，而王耕、李素娟和马奇飞的《中国生态文明建设效率空间均衡性及格局演变特征》一文，则尝试构建生态文明建设的投入产出评价指标体系，进而探讨了我国生态文明建设的空间均衡性和时间演化趋势。[1]

2．生态文明建设政治理论基础研究的议题特点

如上所述，过去十多年来，我国学术界关于生态文明建设政治的理论基础研究，议题丰富、著述丰硕，并可以概括为如下四个方面。

其一，关于生态文明建设及其相关概念的科学内涵的研

1 王耕、李素娟、马奇飞："中国生态文明建设效率空间均衡性及格局演变特征"，《地理学报》2018 年第 11 期，第 2198～2209 页。

究。“生态文明建设”及其相关概念是整个生态文明建设政治的理论研究的出发点，学者们从不同角度理解生态文明建设的科学内涵，并由此提出了各自关于生态文明建设的理论阐释。

2018年，郇庆治在《生态文明及其建设理论的十大基础范畴》一文中提出[1]，生态文明建设的理论研究基于一系列独特的基础性范畴，其中包括“生态文明”“生态文明建设”“生态文明理论”“生态文明制度”“社会主义生态文明观”和“全球生态文明建设”等，并具体阐述了这些概念范畴的基本含义，而张富文的论文《以人民为中心：社会主义生态文明建设的价值追求》则指出，“以人民为中心”是马克思恩格斯生态思想的内在要求，是人与自然和谐共生的价值遵循，因而生态文明建设的价值追求理当是以人民为中心。

2019年，王有腔的论文《生态文明建设需要协同的十大生态关系》强调，生态文明建设是一项涉及人、社会、自然等各个方面的复杂的系统工程，其中包含着自然工具价值与自然内在价值的关系、自在自然与人工自然的关系、异化消费与生态消费的关系、生态整体性与实践碎片化的关系、社会进步与生态正义的关系等十种重要关系需要协同处理，王洪波的《政治逻辑视角下新时代生态文明建设深度推进的三维向度》一文则认为，新时代生态文明建设包括理想维度、现实维度和全球维

1 郇庆治：“生态文明及其建设理论的十大基础范畴”，《中国特色社会主义研究》2018年第4期，第16～26页。

度，其中理想维度指向生态文明理念的深度自觉，现实维度指向生态文明建设的制度法律，全球维度则指向世界各国的全球生态文明建设，而方世南的论文《建设生态文明关系人民福祉关乎民族未来的价值意蕴》则强调[1]，生态文明建设的价值追求中蕴含着生态价值与人的价值紧密结合、相互生成的价值意蕴，蕴含着发展价值与安全价值紧密结合、相互生成的价值意蕴，蕴含着经济价值与政治价值紧密结合、相互生成的价值意蕴，蕴含着代内价值与代际价值紧密结合、相互生成的价值意蕴，蕴含着民族价值与全球价值紧密结合、相互生成的价值意蕴。

2020年，黄爱宝在《社会主义生态文明建设的动力机制研究：基于中国共产党生态文明建设思想和实践的阐释》一文中提出，生态需求是生态文明建设的本原动力，而生态经济建设、生态政治建设、生态文化建设、生态社会建设以及人类生态命运共同体构建等，都是生态文明建设动力机制的重要组成部分。

其二，关于生态文明建设思想的理论渊源及其演进的研究。我国的生态文明建设思想有着深厚的理论渊源，学者们分别从生态文明建设思想与马克思恩格斯生态思想或人与自然关系理论、国外环境人文社会科学理论、中国古代传统文化中的生态思想等维度的相互关系做了分析探讨。

2018年，余谋昌在《生态哲学是生态文明建设的理论基础》

1 方世南："建设生态文明关系人民福祉关乎民族未来的价值意蕴"，《福建师范大学学报（哲社版）》2019年第3期，第18～24页。

一文中提出，“人与自然统一”的生态哲学超越了“主客二分”的现代哲学，致力于实现人与自然的生态和解以及人与人的社会和解，因而能够成为生态文明建设的理论基础，李培超、周甲子的论文《生态文明建设的中国方案与环境伦理学本土化建构的目标指向》[1]，则论述了生态文明建设中国方案的形成过程，阐发了生态文明建设中国方案的伦理观念基础，进而展望了生态文明建设为我国环境伦理学的本土化所提示的未来路向，李刚的《历史唯物主义自然观及其对当代中国生态文明建设的几点哲学启示》一文，则强调唯物史观是马克思主义自然观的立论基础，阐发了历史唯物主义自然观的深刻内涵，进而提出了它对于破解生态环境危机、推进我国生态文明建设的重要启示，刘希刚则在《中国共产党生态文明建设理念的与时俱进和创新发展》一文中，回顾了中国共产党生态文明建设的探索过程，论述了中国共产党生态文明建设国家战略的理论和现实意义，阐发了党的十九大报告布局生态文明建设中的创新理念，强调了正是中国共产党的思想理念与实践发展推动着我国的生态文明建设，而延明和苏百义的论文《社会批判理论对我国新时期生态文明建设的几点启示》则认为，西方马克思主义哲学家霍克海默与阿多诺的社会批判理论为扭转现代生态观奠定了哲学基础，并展开了富有生态价值的技术理性批判，因而

1　李培超、周甲子：“生态文明建设的中国方案与环境伦理学本土化建构的目标指向”，《伦理学研究》2018 年第 1 期，第 7～14 页。

可以为我国生态文明建设提供理论支持。

2021 年，余晓慧和陈钱炜在《生态文明建设多元文化的求同存异》一文中提出，中国古代传统生态文化、马克思主义生态观和欧美的当代生态文化理论都是生态文化的重要组成部分，它们共同为中国共产党推进生态文明建设奠定了思想基础。[1]

其三，关于习近平生态文明思想的研究阐释。党的十九大之后，越来越多的学者转向对习近平同志关于生态文明建设系列重要讲话中所提出的新理念新思想新战略、也就是习近平生态文明思想的理论阐释与研究。

2018 年，潘家华、黄承梁等在《指导生态文明建设的思想武器和行动指南》一文中认为，习近平生态文明思想体现了中国共产党执政理念和执政方式的重大创新，勾勒了美丽中国建设的未来蓝图，并为新时代生态文明建设实践确立了基本原则，而王磊的论文《多重“论”域透视：习近平生态文明建设思想八题》则提出，习近平生态文明思想包含“战略地位”“指导思想”“工作导向”“重点任务”“基本原则”等八个方面的重要论域，并构成了一个完整的理论体系；吴宁和刘玉新在《论习近平同志对生态文明建设重要论述的创新及其意义》一文中提出，习近平生态文明思想关注生态生产力的发展、关注生产

1 余晓慧、陈钱炜：“生态文明建设多元文化的求同存异”，《西南林业大学学报（社科版）》2021 年第 1 期，第 87～92 页。

关系的生态化变革，提倡生态普惠民生、构建生命共同体，提倡打造人类命运共同体的生态维度，为新时代的生态文明建设指明了方向，而华启和的论文《习近平新时代中国特色社会主义生态文明建设话语体系图景》则指出[1]，习近平生态文明思想构建起了完整的生态文明建设话语体系，其中包括“生态兴则文明兴”的绿色文明话语体系、“绿水青山就是金山银山”的绿色发展话语体系、“山水林田湖草是一个生命共同体”的绿色治理话语体系等丰富内容，突破了全球生态环境治理体系中的西方话语垄断，发出了生态文明建设的中国声音。

2019年，郝栋的论文《习近平生态文明建设思想的理论解读与时代发展》认为[2]，习近平生态文明思想接受了中国传统文化智慧的滋养，是马克思主义生态观的新发展，是世界生态哲学思想的中国化，并且为全人类生态问题的解决贡献了中国智慧和中国方案。

2020年，沈满洪和毛狄在《习近平海洋生态文明建设重要论述及实践研究》一文中，系统梳理了习近平海洋生态文明建设重要论述的基本内容，并以海洋生态文明示范区建设、用海空间管制制度实施、海洋经济绿色化发展等为案例，阐述了习近平海洋生态文明建设重要论述的成功实践。

---

1 华启和：“习近平新时代中国特色社会主义生态文明建设话语体系图景”，《湖南社会科学》2018年第6期，第1～7页。

2 郝栋：“习近平生态文明建设思想的理论解读与时代发展”，《科学社会主义》2019年第1期，第84～90页。

2021 年，王建东的论文《习近平关于科技推进生态文明建设重要论述的理论内蕴与时代价值》，概括了习近平生态文明思想中关于科技推进生态文明建设的重要论述的主要内容，阐发了其中蕴含的理论意涵与所具有的时代价值，强调它为我国的生态文明建设提供了科学的实践路径。

其四，关于生态文明建设实践进路的理论研究。生态文明建设实践涉及经济、政治、社会、文化的方方面面，因而，推进生态文明建设的实践进路本身就是一个复杂的系统工程，需要站在整体性和综合性的立场进行理论把握。

2018 年，潘家华的论文《新时代生态文明建设的战略认知、发展范式和战略举措》，讨论了生态文明建设的战略定位和发展导向，并概括归纳了“坚持生态优先、实现绿色发展”“统筹山水林田湖草系统治理、以生态系统观推进生态文明建设”“建立系统完整的生态文明制度体系”“为全球生态安全作出贡献”等推进生态文明建设重大举措，而高永强在《新时代人的生态需要逻辑转换与生态文明建设路径选择》一文中[1]，则在科学术界定“人的生态需要”这一重要概念的基础上，提出了推进我国生态文明建设的路径选择，即以生态理念为引导、以法治为保障、以科技为支撑，大力推进社会主义生态文明建设，努力实现生态理念与“五位一体”建设的深度融合，大力推进“美

1 高永强：“新时代人的生态需要逻辑转换与生态文明建设路径选择”，《理论学刊》2018 年第 3 期，第 84～90 页。

丽中国”建设。

2020年，郇庆治的论文《深入探讨社会主义生态文明建设的“进路”难题》，分析了戴维·佩珀、默里·布克金、萨拉·萨卡等对生态美好的理想社会的理论构想，从中析取出了“政治哲学意义上的过渡机制或变革动力难题，即现实中究竟可以由哪一个社会群体（组合）领导、又以何种方式迈入这一理想社会”[1] 这一关键问题，进而指出我国社会主义生态文明建设在实践过程中同时面临着社会基础问题、大众科学基础问题和生态主体培育问题，而黄承梁在《新时代生态文明建设的发展态势》一文中，论述了我国生态文明建设实践的现实进展与发展趋势，认为习近平生态文明思想正在深入人心，生态文化体系正在加快形成，生态文明建设体制机制改革不断取得突破，生态文明经济体系建设快速推进。

除了在宏观上、整体上对于生态文明建设实践路径的探讨，还有不少学者聚焦于实践过程的具体环节来分析生态文明建设的实践路径及其发展趋势。比如，2018年王曼倩和郝栋的论文《基于生态现代化的新时代中国特色生态文明建设》，在考察国外“生态现代化”理念与战略实践的基础上，提出了对于我国生态文明建设实践路径的策略建议，张云飞则在《能源革命：生态文明建设的引擎》一文中强调，能源革命是生态文

1 郇庆治：“深入探讨社会主义生态文明建设的‘进路’难题”，《毛泽东邓小平理论研究》2020年第1期，第30页。

明得以实现的动力和引擎，因而推进能源革命是生态文明建设实践的方向性选择，而2020年周宏春和管永林的论文《生态经济：新时代生态文明建设的基础与支撑》，则系统阐述了生态经济的概念内涵、发展状况和重点任务，认为大力发展生态经济可以更好地推进生态文明建设实践。

3. 生态文明建设政治理论基础研究的深化拓展

应当说，学术界对生态文明建设政治理论基础的研究，近年来已经取得了长足进展，不仅讨论视域宽广、研究成果众多，而且在许多重大基础性问题上都取得了重要的学术共识或创新性观点，为我国的生态文明建设实践提供了坚实的智识基础。而从系统的生态文明建设政治学的视角来看，上述四个议题方面的理论基础研究都还需要结合我国生态文明建设的实践进展不断加以深化和拓展。

首先，加强对生态文明建设政治及其相关概念的科学内涵的研究。一方面，需要更系统地梳理现有的不同学科视角下的关于生态文明建设实践理论基础的相关讨论，并在一个整体性的生态文明建设理论或学科框架中确立“生态文明建设政治”概念或学科的总体定位。可以说，迄今为止，包括环境哲学伦理学、生态美学、环境史学和环境社会学、环境经济学、环境法学等在内的各个环境人文社会科学学科都已加入关于生态文明建设实践的讨论，并从各自学科话语体系出发进行生态文明建设的理论基础的阐释与构建。而亟须深入推进的是，如何在系统梳理概括这些既有学术成果的基础上，初步构建起一个系统性的生态文明建设理论框架。这方面，在笔者看来，最为重要的是明确环境人文学和环境社会科学在其中的不同学科位阶，以及由此所决定的不同功能及其发挥作用方式。[1] 比如，我们很难指望，环境哲学伦理学或生态美学能够像环境经济学和环境法学那样，提供关于生态文明经济与社会建设的具体性政策建设建议。毋庸置疑的是，“生态文明建设政治”概念或学科属于环境社会科学的范畴分支。

另一方面，需要更自觉地聚焦于对“生态文明建设政治”概念的生态文明建设政治学或环境政治学视域下的理论阐发。这意味着，要有意识地从政治学的话语体系与学科方法来观察理解与理论阐释作为一种社会政治现象的生态文明建设。[2] 也就是说，现实中的生态文明建设，不仅本身就体现为一种党和政府的公共政策及其贯彻落实，而且还始终处在一个更加复杂系统的政治制度及其运行环境之中。换言之，就像环境政治首先是一种政治现象而不是生态环境现实问题一样，生态文明建设政治也首先是一种政治现象而不是具体性生态文明建设实践。基于此，我们需要对生态文明建设做出一种从政治哲学到公共政策层面的、基于系统性分析的科学术界定。

---

1 郇庆治：“生态文明建设与环境人文社会科学”，《中国生态文明》2013 年第 1 期，第 40～42 页。

2 郇庆治：“生态文明建设是新时代的‘大政治’”，《北京日报》2018 年 7 月 16 日。

其次，聚焦于对生态文明建设政治思想的理论渊源及其演进的研究。如上所述，我国学术界关于生态文明建设思想的理论渊源及其演进的挖掘整理，主要集中于马克思恩格斯生态思想、欧美环境人文社科理论或生态文化理论、中国古代传统文化中的生态思想等议题领域，以及中国共产党的生态文明建设理念的历史生成与演进。而从政治学分析的角度来看，马克思恩格斯生态思想尤其是生态马克思主义、生态社会主义思想的整理概括，的确有助于社会主义生态文明的政治哲学基础的构建[1]，但这显然还没有引起足够的重视；以欧美国家为先导的环境政治学或生态政治学研究及其主要成果，对于我国生态文明建设政治的理论分析的一般意义，是显而易见的，但这方面的严肃性学术讨论还十分有限[2]；中国古代传统文化中的生态智慧，是离不开它所依托的生态文明质性的经济社会与政治法律实践的[3]，而我们目前的讨论仍过分集中于它的哲学伦理层面，既不利于形成一种更加全面科学的认识，也不利于在当代社会条件下的创造性转化。因而，十分必要的是，尽量形成一种贯通古今、连接中外的生态文明建设政治思想来源的系统性概括分析，类似于作为一个政治思想史学科分支或方向的生态文明

1 蔡华杰、陈小捷："社会主义生态文明理论的政治经济学基础：何以必要与可能"，《当代经济研究》2021 年第 1 期，第 43～50 页；郇庆治："社会主义生态文明的政治哲学基础：方法论视角"，《社会科学辑刊》2017 年第 1 期，第 5～10 页。

2 郇庆治："环境政治学视角的生态文明体制改革与制度建设"，《中共云南省委党校学报》2014 年第 1 期，第 80～84 页。

3 曹顺仙：《中国传统环境政治研究》，中国社会科学出版社 2019 年版。

建设思想史。

再次，强化对习近平生态文明政治思想的研究阐释。必须承认，党的十九大以来，国内学术界关于习近平生态文明思想的理论阐释与研究，已经取得了许多重要理论成果，比如关于习近平生态文明思想体系的“八个坚持”或“八观”的理论概括[1]。但相比之下，对习近平同志关于生态文明建设政治的重要论述的概括阐述数量不多，也不够深入。其实，无论是对于我国新时代大力推进生态文明建设的政治重要性和战略意义，还是对于全党政治意识形态和治国理政方略的绿化革新的政治紧迫性，对于我国生态文明建设战略与重大举措的政治推动，尤其是各级党政领导干部的关键作用，习近平同志都做了多次和详细的论述，因而完全可以说，习近平生态文明思想有着明确的政治维度或层面[2]，需要做深入总结归纳。

同样值得重视的是，像其他议题领域一样，习近平生态文明思想的政治意涵也是一个仍在不断拓展丰富的过程。党的十九大和二十大以来，习近平同志对党和政府的生态文明建设政治意识形态与国家战略又做出了许多重要论述，比如围绕国家环境治理体系与治理能力现代化和“十四五”规划制定所提出

1 李干杰：“以习近平生态文明思想为指导 动员全社会力量建设美丽中国”，《中国人大》2018 年第 15 期，第 45～50 页；“以习近平生态文明思想为指导 坚决打好污染防治攻坚战”，《时事报告（党委中心组学习）》2018 年第 4 期，第 39～53 页。

2 方世南：“习近平生态文明思想的鲜明政治指向”，《理论探索》2020 年第 1 期，第 79～85 页。

的许多重要观点论断，需要我们结合它们的贯彻落实实践加以理论概括与阐发。

最后，加强对推进生态文明建设政治与政策进路的理论研究。应当说，学术界长期以来十分重视对于生态文明建设动力机制和地方案例的研究。前者比如对于各级党政主要领导与主管部门在生态文明建设重大战略与决策落实过程中关键性作用的研究，后者比如对于各种类型的国家生态文明建设示范区的研究。但总体来说，一方面，对于某一地区生态文明建设或某一生态文明建设公共政策的系统性全周期研究相对较少，已有成果往往只是聚焦于某一地区的特定阶段或行业的生态文明建设成效，而缺乏整体性的判断或动态性的比较，比如讨论生态经济个别业态的成长发展而不对它所带来的产业与经济结构的良性作用做出判断，或者只是聚焦于某一公共政策制定实施中的个别层面或环节，却未能对这一政策的总体实施效果做出分析判断；比如只讲社区或小区对于垃圾分类的强有力管理引导而不对它的经济成本与可持续性进行讨论。另一方面，目前的地方实践案例研究中还往往缺乏严格的比较政治研究方法论设计和论证规范，而更多呈现为一种经验性观察与理论总结，因而在理论分析的高度和深度上都有欠缺。

第二节 生态文明建设的政党与政府政策研究

我国的生态文明建设是在中国共产党及其领导政府的统一带领下开展的，因而，学术界对生态文明建设政治与政策的研究，也就是指对中国共产党的政党领导作用以及它所领导下的政府公共政策制定落实的研究。概括地说，党和政府的生态文明建设政治与政策，既是一个由众多党政部门依法依规参与其中的公共政策决策和落实过程，也是一个在贯彻落实实践过程中不断自我调整完善的过程。

1．生态文明建设中的政党政治研究

2007年，党的十七大报告写入了“生态文明”这一重要概念。自那以后，生态文明及其建设出现在了历次党代会以及中央全会的公报和所通过的重要决定、文件之中。相应地，学术界开始从中国共产党政治意识形态与治国理政方略的高度或视角来研究生态文明建设新理念新论断新战略的重要性。

2008 年，于来山发表在《求是》的《建设生态文明 实现科学发展》一文指出，党十七大提出的生态文明建设，是中国共产党执政兴国理念的新发展，各级党委和政府应按照党的十七大报告的要求切实将生态文明建设落到实处，而陈学明的论

文《建设生态文明是中国特色社会主义题中应有之义》[1]，则结合党的十七大报告精神阐述了生态文明建设与中国特色社会主义的相互关系，并强调了科学发展观及其践行对于生态文明建设的指导作用。2009 年，戴安良的论文《对建设生态文明几个理论问题的认识：兼论科学发展观与建设生态文明的关系》指出，党的十七大报告将生态文明建设作为全面建设小康社会的奋斗目标具有重要意义，而科学发展观则是推进生态文明建设的重要指导思想。2010 年，刘昀献的《论科学发展观视野下的生态文明建设》一文，根据党的十七大以及十七届四中全会对生态文明建设所做的战略部署，系统分析了科学发展观对于推进生态文明建设的指导作用，而郭如才发表在《党的文献》的论文《十六大以来党中央建设生态文明思想述略》，则系统梳理了胡锦涛同志提出生态文明建设的思想历程，认为推进生态文明建设是以胡锦涛为总书记的党中央在新阶段提出的重大战略。2011 年，荣开明的论文《党的十六大以来的生态文明建设思想》，回顾了中国共产党生态文明建设思想的逐渐形成过程，既较全面梳理了生态文明建设思想的理论渊源，也概述了生态文明建设思想的主要内容和践行路径，而贾庆林的《切实抓好生态文明建设的若干重大工程》一文[2]，则结合党的十七

1 陈学明："建设生态文明是中国特色社会主义题中应有之义"，《思想理论教育导刊》2008 年第 6 期，第 71～78 页。

2 贾庆林："切实抓好生态文明建设的若干重大工程"，《求是》2011 年第 4 期，第 3～7 页。

大报告以及十七届五中全会重要文件所提出的明确要求，阐述了生态文明理念的基本含义，以及推进生态文明建设需要抓好的四项重大工程：一是加强森林资源保护，二是保护和发展草原、湿地，三是合理开发和利用海洋资源，四是积极发展低碳技术和循环经济。

2012年党的十八大之后，黎康的论文《生态文明建设：党的执政理念与执政方略的全面跃迁》认为，党的十八大报告对生态文明建设内涵的理解更加丰富、更加深刻，对生态文明建设意义的把握更加全面、更加准确，对生态文明建设路径的选择更加成熟、更加完备，因而必将引领我国走向社会主义生态文明的新时代，而姬振海的《坚持“五位一体”的总体布局 推进生态文明建设》一文[1]，则基于党的十八大报告关于中国特色社会主义建设“五位一体”总体布局的论述，深入探讨了将生态文明建设融入经济建设、政治建设、文化建设和社会建设的路径举措。

2013年，余谋昌的论文《生态文明：建设中国特色社会主义的道路——对十八大大力推进生态文明建设的战略思考》，系统梳理了党的十七大到党的十八大之间中国共产党关于生态文明建设的认识发展与实践举措，尤其是生态文明建设融入经济建设、政治建设、文化建设和社会建设的现实状况，进而在

1 姬振海：“坚持‘五位一体’的总体布局 推进生态文明建设”，《环境保护》2012年第23期，第41～43页。

分析生态文明建设所面临问题的基础上提出了改进目标和措施建议，王明初和孙民的《生态文明建设的马克思主义视野》一文，则比较分析了马克思的生态文明理论和西方生态学马克思主义的生态文明理论，并认为党的十八大报告中的许多新理念新论断新战略是对马克思主义生态文明理论的创新发展，而方世南的论文《深刻认识生态文明建设在五位一体总体布局中的重要地位》，则特别强调了“五位一体”总体布局提出的理论意义和现实意义，认为生态文明建设在“五位一体”总体布局中具有重要地位。

2014 年，张高丽的《大力推进生态文明 努力建设美丽中国》和陈宗兴的《以十八届三中全会精神为指导 扎实推进生态文明建设》两篇文章，都把党的十八大报告与十八届三中全会所通过的《中共中央关于全面深化改革若干重大问题的决定》结合起来进行分析，着重阐述了中国共产党在新时代全面深化改革的过程中推进生态文明建设的总体思路、主要任务和重大举措。

2017 年党的十九大之后，潘家华、黄承梁和李萌的《系统把握新时代生态文明建设基本方略：对党的十九大报告关于生态文明建设精神的解读》一文，把党的十九大报告中的生态文明建设思想归纳为“必须树立和践行绿水青山就是金山银山”的理念、“像对待生命一样对待生态环境”、“为全球生态安全作出贡献”等主要方面，而黎祖交在《十九大报告有关生态文明建设论述十大新亮点》的专访文章中则指出，党的十九大报告将生态文明建设提升为“中华民族永续发展的千年大计”，强调坚持“人与自然和谐共生”的新理念，要求实现“人与自然和谐共生的现代化”，都体现了中国共产党对于生态文明建设理论与战略认识的新高度。

2018 年，宋献中和胡珺的论文《理论创新与实践引领：习近平生态文明思想研究》[1]，系统考察了习近平生态文明思想的理论渊源，并归纳概括了习近平生态文明思想的“生态文明兴衰论”“生态价值论”“生态系统工程论”“生态法治论”“生态全球论”等主要内容，强调习近平总书记在党的十九大报告中所提出的生态文明建设新思想新目标新任务具有重要的理论意义和现实意义，而郇庆治在《充分发挥党和政府引领作用 大力推进我国生态文明建设》一文中则指出，党的十九大报告中的生态文明建设思想与十八大报告既存在一脉相承的延续性，同时也有着理论深度与论述结构上的拓展和创新。

2019 年，李干杰在《深入学习贯彻党的十九届四中全会精神 努力推动生态文明建设迈上新台阶》一文中提出，要深入领会党的十九届四中全会关于生态文明建设的决策部署，充分认识我国生态文明建设所取得的成就经验，并使之在新时代生态文明建设实践中发挥好示范引领作用，而邓永芳和刘国和的

1 宋献中、胡珺：“理论创新与实践引领：习近平生态文明思想研究”，《暨南学报（哲社版）》2018 年第 1 期，第 2～17 页。

论文《新时代中国特色社会主义生态文明建设的理论体系：关于十九大报告生态文明建设的十个理论层面》，则把党的十九大报告中的生态文明建设思想概括为“生态国情论”“生态动力论”“生态理念论”“生态方略论”“生态哲学论”等十大理论层面，从而较为系统地阐发了党的十九大报告所蕴含的生态文明建设思想。[1]

除此之外，许多学者选择从中华人民共和国成立以来，甚至建党百年的更长时间跨度，来总结研究中国共产党生态文明建设思想及其实践的演进过程。比如，早在 2006 年，桑杰的论文《中国共产党关于生态文明建设的理论与实践》[2]，就简要回顾了马克思恩格斯的生态思想，系统梳理了毛泽东、邓小平、江泽民、胡锦涛关于生态文明建设的思想观点，并着重阐述了改革开放以来中国共产党的生态文明建设实践。从那时起，很多学者都从改革开放史、新中国史和建党百年史的视角来研究中国共产党生态文明建设思想的演进。

具体来说，有的学者致力于梳理中国共产党生态文明建设思想及其实践的发展历程，王学俭 2010 年的论文《建国以来我国生态文明建设的历程及其启示》，把中华人民共和国成立以来中国共产党推进生态文明建设的历程划分为“提出和实施

---

1 邓永芳、刘国和：“新时代中国特色社会主义生态文明建设的理论体系——关于十九大报告生态文明建设的十个理论层面”，《南京林业大学学报（人文社科版）》2019 年第 6 期，第 1～10 页。

2 桑杰：“中国共产党关于生态文明建设的理论与实践”，《红旗文稿》2006 年第 23 期，第 5～6 页。

绿化祖国的任务和目标”“确立环境保护为我国的基本国策”“确立可持续发展战略”“提出人与自然和谐发展”和“提出建设资源节约型、环境友好型社会”等五大阶段，而黄承梁则在2019年的《中国共产党领导新中国70年生态文明建设历程》一文中，回顾了中华人民共和国生态文明建设的历史过程，强调中国共产党始终是生态文明建设的领导力量。还有的学者尝试概括阐发中国共产党生态文明建设思想及其实践的哲学意蕴，祝福恩2011年的论文《生态文明建设是中国共产党执政理念的科学化、时代化》，分析了生态文明建设与中国共产党执政理念的相互关系，认为生态文明建设是中国共产党执政理念的时代内容，大大提升了中国共产党的治国理政能力，而彭汉琼和李斌雄2013年的论文《论共产党人的自然价值观与生态文明建设》[1]，则深入阐述了中国共产党自然价值观的演进过程、理论基础和基本观点，强调树立正确的自然价值观是推进生态文明建设的必然要求。

除了专题论文之外，还有一些关于这一议题的学术专著出版。比如，2019年张明的《中国共产党生态文明思想的发展轨迹及当代价值》，在界定生态文明思想及其相关概念的基础上，系统论述了中国共产党生态文明思想的理论渊源、实践基础与形成发展过程，而同年出版的秦书生的《中国共产党生态文明

1 彭汉琼、李斌雄：“论共产党人的自然价值观与生态文明建设”，《理论月刊》2013年第6期，第29～32页。

思想的历史演进》，则把中国共产党生态文明思想的发展过程划分为萌芽探索阶段、初步形成阶段、基本形成阶段、深化发展阶段与丰富完善阶段，并对中国共产党生态文明思想的发展趋势做了展望。

中国共产党领导的多党合作与政治协商制度是我国的一项基本政治制度，相应地，生态文明建设的多党合作与政治协商也是我国推进生态文明建设的一个重要方面或路径。2008年，农工民主党内蒙古自治区委会原主委、内蒙古社会主义学院院长陈瑞清的《生态文明建设是参政议政工作的重要内容》一文认为，农工党呼吁加强生态道德教育、提议创建生态省（区）等政策建议，是与党和政府的生态文明建设战略相契合的。2013 年，朱琳琳和魏晓文的论文《民主党派推进生态文明建设的多维思考》提出[1]，推进生态文明建设是民主党派的政治责任，民主党派是我国生态文明建设的推动力量，民主党派可以通过参政议政的制度和渠道来推进生态文明建设，尤其是可以发挥自身在科技、教育、医疗等许多领域中的专长优势，深入参与到生态文明建设实践之中。2014 年，李雅兴和苏利娟的论文《论民主党派对我国生态文明建设的贡献》指出，多年来，民主党派提出控制人口增长、在调研中为保护生态环境建言献策、积极倡导资源节约等建言建议，为我国的生态文明建设发

1 朱琳琳、魏晓文："民主党派推进生态文明建设的多维思考"，《贵州社会主义学院学报》2013 年第 3 期，第 33～37 页。

挥了重要推动作用。2019年，王建学的《人民政协参与生态文明建设研究》一文指出，生态文明建设写入《中国人民政治协商会议章程》，为民主党派在人民政协制度框架下参与生态文明建设提供了规范基础，人民政协可以发挥自己的统一战线功能和灵活多样的参政议政形式，团结各民主党派为我国的生态文明建设实践做出贡献。

2. 生态文明建设中的政府政策研究

以立法、执法与司法部门为主体构成的广义上的政府，是我国作为公共政策的生态文明建设的主要责任者，具体负责中国共产党所确定的绿色政治意识形态与环境治理国政方略的制度化、政策落实。相应地，2007年党的十七大之后，关于生态文明建设的政府政策的决策与落实，就成为学术界研究的一个重要议题领域。

2008年，孙艳霜的论文《论生态文明建设与政府作用》认为，政府部门可以在决策部署、法律制定、政策出台、环境管理和文化培育等多方面发挥作用，来推进我国的生态文明建设，而邓研华的《生态文明建设过程中的政府治理》一文则提出，生态文明建设过程中的政府治理，应包括加强生态教育、完善政府对生态文明建设的绩效考核、确立多元主体参与生态文明建设的体制机制、实施生态补偿机制等方面内容。2009年，李晶的论文《生态文明建设过程中政府的生态责任研究》，具体分析了政府部门在生态文明建设中的责任缺失情况，并认为政府的生态责任应包括在经济社会建设中保护生态环境、构建生态文化与道德体系、建立健全政府生态制度、推进生态保护的法制建设和强化生态国际合作等多方面内容，而高卫星的《试论生态文明建设中的政府责任》一文则指出[1]，政府部门在生态文明建设中的作用和责任，应包括“制定和完善环境保护法律、政策”“制定科学的产业政策”“严格行政审批制度”“建立健全环境监管体制”“加大环保执法力度”“提高公众环境法治观念”等方面。2010年，肖利的论文《浅析生态文明建设中的政府行为》，在科学术界定“生态政府行为”概念的基础上提出，政府的决策行为要生态化，政府的执行行为要生态化，政府要建立生态政绩考核体系，而曹荣湘的《建设生态文明，政府职能需“四变”》一文则提出，政府部门要在生态文明建设的过程中重新认识自己的职能定位，尽快实现从约束向主导转变、从管制向服务转变、从治理向建设转变、从控制向合作转变。

近年来，尤其是党的十九大以来，我国学术界对生态文明建设的政府政策的研究主要集中于如下三个议题领域。

其一，关于生态文明建设政府政策行为的研究。在这方面，作为行政执法主体的国务院及其构成部委是中央政府层面上的主要行为体，也是生态文明建设政治研究的主要对象。2018年，吴明红的论文《政府推动生态文明建设力度与成效的关

1 高卫星：“试论生态文明建设中的政府责任”，《河南社会科学》2009年第3期，第35～39页。

系研究：基于2003—2016年国务院信息公开的数据》，依据2003—2016年的数据定量分析了政府部门推进生态文明建设政策措施的贯彻落实情况，并在此基础上提出了继续推进我国生态文明建设的政策建议，而黎祖交的《谈谈“两部一局”的组建对于推进我国生态文明建设的意义》一文，则分析了自然资源部、生态环境部以及国家林业和草原局的改革组建过程，认为“两部一局”的成立彰显了党和政府加强生态文明建设的意志与决心，可以较好地解决政府部门职能重叠的问题，有利于推进我国的生态文明建设。

2019年，吴宁子和乔永平的论文《生态文明建设中政府的角色定位》指出，政府是生态文明建设愿景的顶层设计者、生态文明建设多元主体的协调者和生态文明建设实践的监督者，因而政府部门应在生态文明建设的过程中发挥主导性作用，张雪的《生态文明建设中政府协同动力体系优化问题研究》一文[1]，则论述了生态文明建设过程中政府协同动力机制的运行机理，探讨了生态文明建设过程中中央政府与地方政府之间、地方政府彼此之间以及公务员个体与政府部门整体之间的互动关系，具体指出了这其中存在的沟通障碍，并强调在生态文明建设过程中应理顺中央政府与地方政府的关系、统筹协调地方政府之间的相互关系、整合政府部门之间的职能分配，而柴改英和许

1 张雪：“生态文明建设中政府协同动力体系优化问题研究”，《理论导刊》2019年第2期，第54～58页。

文强的论文《新时代中国政府生态文明建设的话语建构》，则通过整理分析习近平总书记关于生态文明建设的系列讲话和重要政策文件中的关键词语提出，中国政府关注的重点在于解决环境污染与生态破坏的现实问题、寻求推进生态文明建设的现实路径。

其二，关于生态文明建设地方政府实践的研究。除了中央政府之外，包括省、市、县、镇四级的地方政府是全国生态文明建设实践的重要领导者、监督者和组织实施者，因而也是不可或缺的观察与研究对象。2018 年，赵仲茜的论文《青海省草原生态文明建设保护中存在的问题及其对策探讨》，论述了青海省推进草原生态文明建设的重要意义，指出了青海草原所面临着的畜牧业生产环境差、人工草场面积小、地下水资源管理难等问题，并提出了相应的政策建议，而孙顺强等的《重庆市生态文明建设发展评价》一文，则依据 2004—2015 年的相关数据构建起了重庆市生态文明建设发展的评价指标体系，认为重庆市生态文明建设综合发展水平呈现逐年提升态势，同时根据各项指标的评估结果建议重庆市注重能源资源节约、加强生态文明宣传教育和深化生态文明体制改革。

2020 年吴绍珍的《甘肃省生态文明建设研究》一文，全面总结了甘肃省推进生态文明建设所取得的经验成就，同时指出了所面临着的经济基础薄弱、环境污染问题依旧突出、公众参与生态文明建设程度不高等问题，并提出了积极争取国家支持、推进生态文化产业发展和加强生态文明素养培育等措施建议，而2021年孟娜和周立的论文《新时代推进生态文明建设的实践与探索：以河南省为例》[1]，系统考察了近年来河南省大力推进生态文明建设的实践举措，并提出了应当强化绿色发展理念、促进黄河流域生态环境建设、加强生态建设与保护的机制创新等政策建议，从而推进河南生态文明建设的不断发展。

除了将省域作为研究对象外，还有许多学者把城市作为生态文明建设地方政府实践的分析单元。比如，陈伟2018年的论文《新时代地方政府生态文明建设的标准化实践创新：基于湖州市生态文明标准化的分析》和成启明与袁丽伟2019年的论文《“互联网+”模式下承德市生态文明建设研究》，都把地级市的生态文明建设实践作为研究对象，而宓泽锋等则在2018年的《长三角城市群生态文明建设问题及潜力研究：基于5大城市群的比较》一文中，比较分析了长江三角洲城市群的生态文明建设进展及其所面临的挑战。

除了学术论文外，这方面的专题性著作数量也较多。比如，2018年沈满洪等著的《生态文明建设：浙江的探索与实践》，2018年赵细康主编的《广东生态文明建设40年：1978—2018》，2019年周琼主编的《生态文明建设的云南模式研究》，2020年宁夏社会科学院主编的《宁夏生态文明建设报告（2020）》，2020

1 孟娜、周立：“新时代推进生态文明建设的实践与探索——以河南省为例”，《中州学刊》2021年第1期，第93～96页。

年高立龙著的《生态文明建设：湖南实践》，等等。

其三，关于生态文明建设议题政策的研究。以某一政府部门为核心的议题政策是政府制定实施生态文明建设公共政策的基本样态或形式，因而也是生态文明建设政府政策研究的重点内容。

2018 年，杨艳等的论文《江苏财政支持生态文明建设政策研究与分析》，评述了江苏省运用财政政策支持生态文明建设所取得的实际成效，以及其中还存在着财政投入有待加强、长效机制有待健全等现实问题，并提出了建立健全财政支持生态文明建设长效机制、设立绿色发展基金、进一步完善生态转移支付制度等措施建议。2019 年，曹纯博的论文《生态文明建设背景下环境税实施的合理性研究》，系统考察了国内外环境税收政策的制定实施情况，尤其是环境税收政策的积极作用与不足之处，并提出了改进完善这一政策中需要考虑的完善税制、明确征管程序、建立专款专用制度等措施建议，而李瑞、芮佳雯和张跃胜的《生态补偿政策对居民生态文明建设意愿的影响效应》一文，则结合陕西省宁强县生态补偿政策的实践构建理论模型，探讨了生态补偿政策对居民参与生态文明建设意愿的具体影响。2020 年，邱兆祥和刘永元的论文《以绿色金融推动生态文明建设》[1]，强调绿色金融政策在推进生态文明建设

---

1 邱兆祥、刘永元：“以绿色金融推动生态文明建设”，《理论探索》2020 年第 6 期，第 83～89 页。

过程中的重要作用，分析了现实中绿色金融政策所面临的资金供给短缺、标准不完备、金融产品和服务不完善等具体问题，并提出了增强责任意识和服务意识、优化产品结构和服务方式、建立健全绿色金融标准体系、重视人才队伍建设等丰富完善绿色金融政策等的措施建议。

除了学术论文外，关于这一议题的著作数量也非常之多。比如，2018 年王仲颖和赵勇强著的《促进生态文明建设的可再生能源综合政策与协调机制》，重点讨论了我国生态文明建设过程中亟待构建和完善的可再生能源综合政策与协调机制，可再生能源促进生态文明建设的机遇、愿景和路径，全面市场化改革背景下的可再生能源市场机制与扶持政策，促进生态文明和市场化改革的能源治理与协调机制，生态环境友好的新能源产业发展和开发建设，而江河等编辑的《生态文明建设与“十三五”生态环境保护政策研究》，则围绕对 2018 年全国生态环境保护大会精神的阐释，论述了我国近年来生态文明体制改革所取得的重要进展和“十三五”生态环境规划所要求的主要生态环境保护政策及其贯彻落实情况。

3．生态文明建设政党与政府政策研究的深化拓展

应该承认，生态文明建设的政党与政府政策研究是国内学术界近年来关注较多、成果也十分丰富的议题领域之一，构成了生态文明建设政治研究的主体性方面，但与此同时，从系统的生态文明建设政治学的视野来看，无论是对于作为政治行为

主体的政党和政府本身，还是作为它们的主要产出形式的公共政策的研究，都还存在巨大的改进提升空间。

首先，要更加注重关于生态文明建设的政党政治研究的理论化提升。毫无疑问，目前国内学术界集中于历次党代会报告和习近平同志系列讲话等权威文献，来概括阐释中国共产党生态文明建设思想演进历程及其实践的进路，是有着自身合理性的。沿着这一进路，对于党的权威历史文献和从毛泽东到习近平的历代中央领导集体核心的主要理论观点，学术界都已经做出了较为完备的梳理归纳，比如关于毛泽东的改善环境勤俭节约思想、邓小平的环境保护基本国策思想、江泽民的实施可持续发展战略思想、胡锦涛的建设“两型”社会思想和习近平生态文明思想的概括讨论[1]，等等。然而，从政党政治的分析方法来看，一方面，需要把所有这些关于生态文明建设的文献资料性内容和政治意识形态性质的表述，置于一个系统的政党政治理论框架之下，从政党理论、政治与政策纲领、政党组织、社会政治动员和影响政府政策等层面和环节，来做出更加系统科学的理论分析。这其中的一个重要问题，是深入阐明党的生态文明建设战略决策在政党政治的各个环节中或层面上的内在一致性，以及它所要求的协调顺畅的贯彻落实体制机制。

另一方面，鉴于我国的政治体制特点和政治文化特征，一

1 郇庆治：“改革开放和社会主义现代化建设新时期党的生态文明建设历史考察”，《理论与评论》2022 年第 5 期，第 75～86 页。

个亟须在理论上实现突破的重大问题，是重新阐释生态文明建设公共政策议题上的党政关系。除了一般意义上的执政党与政府之间关系的考量，更为重要的是中国共产党作为马克思主义政党所带来的执政地位与执政方式的深刻变化，以及我国生态文明建设的社会主义政治性质。[1] 这意味着，中国共产党在推进生态文明建设过程中担负着特殊的制度形塑与人文化育的历史责任，而这就需要通过政府和国家的制度性（强制性）手段来促进实现。但也不能由此认为，党政之间将是合二为一的，二者之间没有实质性区别，因为党的全面领导作用也依然主要是一种政治领导。

其次，深化提升关于生态文明建设的政府政策研究的科学化水平。如前所述，学术界关于生态文明建设作为一种政府公共政策的研究，一直是生态文明建设政治研究的重点领域或主阵地，而这又可以细分为围绕着政府机构的政治主体及其行为研究和围绕着政策文本的政治决策与执行研究。比如，生态环境部是隶属于国务院的负责全国范围内的生态环境污染与破坏问题的行政执法和监管机构，因而，它的宪制地位、职责权限、机构构成、人力配备和财政资源，对于其担负或公众预期的公共政策目标的实现是非常重要的，所以，社会各界一直非常关注的是它从 1988 年的“国家环境保护局”到 2018 年的“生

1 张云飞：“社会主义生态文明内在规定的科学自觉”，《环境与可持续发展》2020 年第 6 期，第 44～45 页。

态环境部”的十年一个台阶的地位变化。相比之下，大气污染防治政策则是国家现行的所有关于大气污染防治的法律规章与行政规定的组合体系，以及其中所涉及的立法、执法与司法机构和中央政府之下的各级地方政府的相对应机构及其政策文件，因而它更关注的是合法政策文本的法律约束力及其贯彻执行效果。而从目前的学术讨论来看，一方面，需要大力提高相关科研课题与学术著述的科学化水平，尤其是强化对于政府机构和议题政策的基于充分实地调研观察数据或定量分析方法的严谨科学的学术探讨，而不再过分集中于对于政府机构职权或政策举措的动态性描述、对于某一议题政策及其某些地区的贯彻落实状况的叙述性分析或经验总结。也就是说，无论是对于生态文明建设政府机构还是对于政府政策的理论分析，最为重要的是它们在推动全社会生态文明建设实践中的预期作用、现实成效和改进举措，而这就需要做动态演进和横向比较意义上的科学分析，停留于泛泛而论或概念推演是无济于事的。

但另一方面，尤其是对于生态文明建设公共政策而言，也要防止那种仅仅满足于科学形式或外表的“伪科学”倾向。除了需要明确承认生态文明建设议题的更为明显的政治属性，还要注意对它进行学术研究时更强的整体性综合性要求。比如，我们经常会看到一些关于大气污染或水污染与公众生态环境意识行为之间的正向关系的学术论文，所采用分析方法的科学性和所使用的材料数据的真实性，都无须怀疑，但这种因果关系的建立及其论证却给人以牵强附会、隔靴搔痒的感觉。因为，它们大都不过是对一些可经验观察结论的数据证实，至少不如对于这其中更值得关注问题的深入讨论价值更大。

第三节 生态文明建设的非政府组织和公众参与研究

非政府组织和公众参与在我国生态文明建设实践中的重要性，是无须论证的，而且，近年来越来越广泛与制度化的大众社会参与，也确实呈现为推进生态文明建设的重要社会政治力量。相应地，我国学术界关于生态文明建设的非政府组织与公众参与的研究，议题领域不断拓宽，而且出现了许多值得重视的学术成果，从而成为生态文明建设政治研究中的一个重要议题领域。

1. 生态文明建设中的非政府组织参与研究

我国学术界对于生态文明建设中的非政府组织参与的系统性政治学研究，大致始于 2010 年前后，而长期以来关于环境非政府组织或社团及其社会政治参与的学术成果，构成了重要的学科知识与研究方法论基础。

2009 年，胡洪彬的论文《社会资本视角下的生态文明建设路径》指出[1]，我国的环境非政府组织存在数量偏少、能力

1 胡洪彬："社会资本视角下的生态文明建设路径"，《四川行政学院学报》2009 年第 2 期，第 27～30 页。

有限、缺乏灵活性等问题，建议政府部门加强对环保组织的宏观引导和物力资源支持，促进环境非政府组织间的交流合作与发展。

2010 年，蔡文的论文《当前我国生态文明建设路径的现实选择》指出，生态文明建设应当由政府、企业、环境非政府组织和公众一同努力，进而提出，要支持和引导环境非政府组织有序参与我国的生态环境保护工作，并通过扩大资金来源、丰富活动形式、加强交流合作等多种方式，来促进环境非政府组织自身的发展，周鑫的《环保民间组织：建设生态文明的生力军》一文，则概述了我国环境非政府组织的发展状况，认为环境非政府组织可以通过向政府建言献策、开展环境教育和与破坏生态环境行为作斗争等多种手段，参与到我国的生态文明建设实践之中；裴淑娥、左戌革和王东的论文《公民参与环境意识与生态文明建设现状及途径研究》认为，环境非政府组织有助于扩展社会公众参与生态文明建设的有效渠道，因而政府部门应积极与环境非政府组织沟通交流，为环境非政府组织的发展提供支持和帮助，而陈立的《我国生态文明建设中的公众参与》一文则指出，目前我国的环境非政府组织依然力量薄弱、影响力有限，因而为了促进环境非政府组织的健康发展，政府部门应适当放松行政管制，在宣传、资金、监管等方面给予充分扶持，并鼓励环保志愿者成立新的环境非政府组织。

2011 年，安秀伟的论文《我国环保民间组织在生态文明建设中面临的挑战与对策》，论述了环境非政府组织在我国生态文明建设中所发挥着的重要作用，并指出了环境非政府组织正面临着的资金短缺、法律法规不健全、专业性不强、自治性较差等现实问题，进而认为，政府部门应当为环境非政府组织的进一步发展提供帮助，同时环境非政府组织也要大力加强自身的组织建设，而张首先和张俊的《生态文明建设：多元主体生态责任的困境与培育》一文[1]，则把环境非政府组织所面临的问题归纳为“出生难”“生存难”“发展难”的“三难困境”，认为环境非政府组织应顺畅与政府部门的互动交流、扩大资金来源、加强组织建设和健全自律机制。

近年来，尤其是党的十九大以来，我国学术界对于生态文明建设的非政府组织参与的研究，可以概括为如下三个方面议题。

其一，关于生态文明建设过程中非政府组织发展现状及其挑战的研究。总体来说，较为共识性的看法是，当下的生态环境非政府组织既处于一种蓬勃发展的良好情势之下，也面临着资金、管理、组织建设等方面的突出问题。

2017 年，张涓的论文《境外非政府组织境内活动注册问题研究：以环保类为例》指出，新实施的《境外非政府组织境内活动管理法》确实对境外非政府组织在我国的注册造成了一定影响，由于境外非政府组织活动范围较广，不容易找到与之匹

---

1 张首先、张俊：“生态文明建设：多元主体生态责任的困境与培育”，《中国环境管理干部学院学报》2011 年第 3 期，第 13～17 页。

配对应的国内行政管理部门，而境外非政府组织对我国政府部门的职能划分也缺乏足够了解，就造成了相当一部分的境外非政府组织难以在我国（重新）注册。

2018 年，张蕴的论文《生态文明建设呼唤多元共治》认为[1]，非政府组织参与是生态文明建设的重要推动力量，我国非政府组织参与生态文明建设的意识自觉也不断提高，但却存在着沟通渠道不畅的突出问题，导致不少环境非政府组织无法有效表达诉求、发表意见、实施监督，并建议政府部门积极扶持非政府组织参与生态文明建设，而陈燕的《激发公众参与生态文明建设的积极性》一文则指出，我国的环境非政府组织仍处于自身发展的初步阶段，依然存在着规模不足、能力有限等现实问题，政府应大力扶持环境非政府组织的发展，使非政府组织成为连接政府、企业和公众的桥梁。

2019 年，燕军、王宁初和栾忠恒的《生态文明建设中多元主体协同治理的探究》一文强调，推进我国生态文明建设需要政府、企业、社会组织和公众多元主体的共同参与，但目前我国的环境非政府组织仍面临着资金短缺、人员有限、专业性不足等现实问题，因而在参与生态文明建设过程中，只能依赖于政府机构的有限支持、自主活动能力不强、话语权较弱，而王冠军的论文《完善我国生态文明建设的公众参与路径研究》也

---

1 张蕴："生态文明建设呼唤多元共治"，《人民论坛》2018 年第 35 期，第 68～69 页。

强调指出，为了推进我国生态文明建设过程中的公众参与，必须下大力气解决包括环境非政府组织在内的非政府组织发展不平衡、不充分、规模小、数量少、社会认可度不高、资金有限、自身能力不足等实际问题。

其二，关于生态文明建设过程中非政府组织与政府关系问题的研究。党和政府统一领导之下的生态文明建设战略决策的推进实施，既为包括环境非政府组织在内的非政府组织和社团及其参与提供了重要机遇，也凸显了它们在处理和改进与政府相关机构关系上所存在的诸多不足，并引起了学术界的关注探讨。

2016 年，汪泽波和王鸿雁的论文《多中心治理理论视角下京津冀区域环境协同治理探析》强调，政府、企业、非政府组织与社会公众都是京津冀环境协同治理过程中的重要行为主体，其中环境非政府组织有着技术专长和信息优势，它们与政府之间的关系并不是“命令—服从”关系，而应是对等的治理合作伙伴关系，而 2018 年卫月的《政府与环保非政府组织生态文明建设协同治理探析》一文则指出，在我国生态文明建设实践中，非政府组织往往无法充分实现与政府机构的协同合作，这是由于它们普遍存在的资金缺乏、专业性不足、社会公信力有限等现实问题，并由此导致了对于政府挂靠部门的过度依赖、行动的独立自主性不强、与政府部门交往沟通中地位严重不对称等现象。

2019年，曹小佳的《新西兰公众环保参与的感悟与启示》一文指出，在环境保护方面，新西兰的政府、企业、社区组织与社会公众之间是相互信任合作的关系，政府在具体工作中管得少、但管得严，很多工作都会交由环境非政府组织去完成，因而建议在我国生态文明建设过程中，政府应借助多种手段来扶持环境非政府组织，比如向非政府组织购买服务、联合非政府组织进行生态文明建设宣传教育活动等，而刘伟杰和师海娟的论文《公众参与生态文明建设路径探赜》则强调，政府部门在生态文明建设过程中需要转变执政理念、适当放宽管理限制，这样既可以鼓励引导环境非政府组织参与到生态文明建设的决策、管理与监督过程之中，也有助于提升政府自身的生态文明建设治理能力。

其三，关于生态文明建设过程中非政府组织参与行动案例的研究。多年来，环境非政府组织已经广泛参与到我国的生态文明建设实践的各个方面，致力于从地方性示范引领到宣传教育的多种形式的直接行动和大众社会动员，并一直受到学术界的高度关注。

2018年，郭志全的论文《生态文明建设中公民生态意识培育多元路径探究》指出，环境非政府组织可以通过演讲、报告会、图片展等灵活方式来培养社会公众的生态意识，比如著名的环境非政府组织“自然之友”就采取城市垃圾减量宣讲、自然讲堂、专题报告会、出版《自然之友通讯》等方式来进行生态环境保护的宣传促进工作。

2019年，徐玲的论文《大学生环保社团服务秦皇岛生态文明建设路径研究》，评述了秦皇岛市大学生环保社团这一非政府组织近年来所从事的宣传生态环保理念、普及生态环保知识、植树造林、河流调研等促进生态文明建设的活动，而张利涛等的《青海以国家公园为载体的生态文明建设研究》一文，则在总结青海省生态文明建设经验时强调指出，政府部门积极鼓励和引导环境非政府组织参与到青海的国家公园建设，比如在2018年12月获得了全球环境基金会的项目支持，开展了国家公园管理人员培训工作，还为当地的生态旅游项目提供技术支持；李挚萍和冼艳的论文《"常州毒地"修复案中多重责任与利益主体的关系定位》一文，实例分析了在江苏常州市三家化工企业引发的环境污染与学生中毒事件中，"自然之友"、中国生物多样性保护与绿色发展基金会等环境非政府组织对三家化工企业提起环境民事公益诉讼的情况，深入探讨了案件背后政府、企业与环境非政府组织之间的责任关系问题[1]，而王琼等的《用户视角下的大气环境监测数据共享网站绩效评估》一文，则评述了"上海青悦"和"公众环境研究中心"这两家非政府组织网站的生态环境信息公开与数据共享工作，其中"上海青悦"有能力采集、加工全国范围内的环境数据，并为其他

1 李挚萍、冼艳："'常州毒地'修复案中多重责任与利益主体的关系定位"，《环境保护》2019年第13期，第17～21页。

环保组织提供所搜集整理的信息，而“公众环境研究中心”重点关注大气环境方面的信息数据，并开发中国空气污染数据地图库。

在著作方面，2019年张胜玉的《气候治理中的非政府组织参与研究》，系统分析了环境非政府组织参与全球气候谈判、全球气候政策议程设置等方面的基本情况与具体案例，尤其是在欧盟、美国和我国气候治理立场与政策制定中所发挥的作用，比如世界自然基金会在2010年与河北省保定市人民政府签订了战略协议，此后双方在新能源产业发展、建筑节能、交通节能等领域展开了合作。

2. 生态文明建设中的公众参与研究

部分是受到欧美国家主导的环境政治学话语与研究范式的影响，生态文明建设过程中的社会公众参与及其影响，在21世纪初就已成为我国学术界关注与研究的议题。

2004年，郑锋的论文《海口市公众参与生态文明建设的实践与思考》提出，社会公众的生态环境意识是生态文明建设的社会基础，因而应鼓励和引导社会公众积极参与城市的环境管理决策，并结合海口市实践提出了“决策者主导法”“互动法”和“公众主导法”等促进公众参与的经验。2006年，丁开杰、刘英和王勇兵的论文《生态文明建设：伦理、经济与治理》强调指出[1]，

1 丁开杰、刘英、王勇兵：“生态文明建设：伦理、经济与治理”，《马克思主义与现实》2006年第4期，第26页。

环境保护不仅是政府部门的责任，同时也是企业和公民的责任，因而政府应当引导、培养和促进社团组织的有序持续发展，使社会公众可以广泛参与到生态文明建设的实践之中。

2007 年，姬振海的《大力推进生态文明建设》一文强调指出，建设生态文明必须大力推动社会公众参与，因而政府部门应当转变思想观念，推进环境信息公开化，建立环境公益诉讼机制，并积极稳妥地促进发展民间环保组织。2008 年，周生贤的《生态文明建设：环境保护工作的基础和灵魂》一文明确强调[1]，环境保护是全民族的事业，必须紧紧依靠人民群众，因而政府需要开展宣传教育，加强部门协作，强化社会监督，健全公众参与机制，动员起全社会的力量来推进生态文明建设，林震的论文《生态文明建设中的公众参与》，则论述了社会公众参与生态文明建设的主要途径和方式，并分析了我国社会公众参与生态文明建设中所面临的突出问题，比如社会公众缺乏有效途径参与政府决策、社会公众参与生态文明建设缺乏法律保障等，而王光荣的《发挥社区教育在生态文明建设中的作用》一文则认为，社区教育是社会公众参与生态文明建设的重要基础，可以帮助社会公众学习生态文明知识，强化生态文明意识，塑造生态文明行为，从而提高社会公众全面与深入参与生态文明建设实践的能力。

1 周生贤：“生态文明建设：环境保护工作的基础和灵魂”，《求是》2008 年第 4 期，第 19 页。

近年来，尤其是党的十九大以来，我国学术界对于生态文明建设公众参与的研究集中于如下三个方面议题。

其一，关于生态文明建设中公众参与理论基础的研究。社会公众是我国生态文明建设的重要参与者，这是无可争议的，而如何完善参与制度机制、拓宽参与渠道手段、强化参与法律保障，则是亟待深入探讨的问题。

2018 年，姚震和陈军的论文《公众参与生态文明建设逻辑关系的经济学分析》，从发生缘起和功能作用的相关性分析了生态文明建设与公众参与的内在关联，进而从社会整合与国家治理两个方面论述了生态文明建设过程中强化公众参与的内在依据，陶国根的《公民环境道德养成与生态文明建设互动发展研究》一文，则论述了环境道德养成在公民参与生态文明建设过程中的作用机理、表现形式和保障条件，从伦理道德层面上展示了公众参与生态文明建设的内在逻辑，而李波和于水的论文《生态公民：生态文明建设的社会基础》[1]，则阐述了“生态公民”概念的具体内涵，认为“生态公民”是人作为“公共人”与“生态人”的复合体，因而是生态文明建设的重要行动者，构成了生态文明建设的社会基础。

2019 年，梅雪芹的论文《生态文明建设与绿色公民培养》，围绕着“绿色公民”及其培育探讨了社会公众参与生态文明建

1 李波、于水：“生态公民：生态文明建设的社会基础”，《西南民族大学学报（人文社科版）》2018 年第 3 期，第 199～204 页。

设的重要性及其具体路径，而刘霞的《培养生态公民：建设生态文明的教育担当》一文则明确指出，生态问题的根本是人的问题，生态文明建设实践对政治学传统的公民理论提出了新的挑战，表明人不只是政治社会中的人，更是生态环境中的人，因而需要培养“生态公民”来推进生态文明建设。

除了专题论文，也有一些学术著作探讨生态文明建设公众参与的理论基础问题。比如，2019 年，曹帅等著的《新时代的公共治理与公众参与》以理论探讨与实例分析相结合的方式，阐述了公众为什么以及如何有效参与公共管理，从而丰富与深化了生态文明建设中公众参与议题的讨论，而付宇程著的《公众参与行政决策：理论·制度·实践》则在分析国外公众参与理论的基础上，结合我国的行政决策实践，重新阐释了公众参与的基本概念、基础理论以及制度构建和运行过程中的重要议题。

其二，关于生态文明建设中公众参与体制机制的研究。迄今为止，已经存在许多方面或形式的体制机制来保障、促进社会公众对于生态文明建设的社会公众参与，同时也存在不少有待改进的体制机制障碍。

2018 年，沈洪涛和黄楠的论文《政府、企业与公众：环境共治的经济学分析与机制构建研究》[1]，分析了生态环境的公共

---

1 沈洪涛、黄楠：“政府、企业与公众：环境共治的经济学分析与机制构建研究”，《暨南学报（哲社版）》2018 年第 1 期，第 18～26 页。

性特征和政府主导的环境经济政策，进而探讨了政府、企业与社会公众环境共治的机制构建，提出要强化社会公众对生态文明建设的参与，就要求政府部门提高环境信息透明度，形成政府、企业与社会公众之间的协同合作机制，陈星星和徐选国的《绿色社会工作：迈向生态环境关怀的社会工作新论述——兼论对我国社会工作介入生态文明建设的启示》一文，则深入分析了社会工作自身所面临着的困境，阐述了社会工作介入生态文明建设的理论基础、学术视野以及社会工作者与其服务对象的相互关系，进而在宏观和微观的不同层面上提出了社会工作者参与生态文明建设的措施建议，而杨嘉莹和徐春的论文《通过社区介入推动公众参与生态文明建设》[1]，则强调了公众参与生态文明建设的合法性，认为社区介入是公众参与生态文明建设的有效途径，并结合生态文明建设公众参与的地方案例探讨了社区介入生态文明建设的具体措施。

2019 年，郝慧的《福建省公众参与生态文明建设的法律机制研究》一文，首先界定了公众参与机制的概念内涵，进而考察了福建省生态文明试验区建设的现实进展过程，梳理了福建省建立健全法律机制来推动生态文明建设公众参与的具体措施，并提出了相应的改进措施建议。

2020 年，谢花林的论文《公众参与生态文明建设行为的驱

1 杨嘉莹、徐春："通过社区介入推动公众参与生态文明建设"，《广东社会科学》2018 年第 5 期，第 79～84 页。

动因素与作用路径分析》，运用统计学中的结构方程模型，定量分析了影响公众参与生态文明建设的主要因素，并在此基础上提出了改进公众参与生态文明建设体制机制的具体建议，包括构建生态文明教育体系，建设生态文明信息公共平台，完善公众参与生态文明建设的法律制度等。

此外，关于这一议题的专题性著作也数量众多。比如，2019年张莉萍著的《城市生活垃圾治理中的公众参与研究》、吴璟和殷如恒著的《城市生态安全治理的公众参与研究》和胡新丽著的《“互联网+”时代公众参与环境决策研究》，2020 年樊春燕编著的《环境影响评价公众参与理论与实践研究》和晏永刚著的《污染型邻避设施规划建设中的公众参与机制研究》等。

其三，生态文明建设过程中特定群体参与实践的研究。一般认为，不同社会群体之间不仅在参与价值观念和态度立场上，而且在参与渠道选择和行为模式上，都存在一定的区别，并成为学术界关注与研究的对象。

具体而言，有的学者侧重于对大学生群体参与生态文明建设的相关研究。比如，2018 年李大方的论文《大学生参与生态文明建设刍议》认为，高等院校和社会各界应帮助大学生树立正确的生态文明观念，让大学生广泛参与到生态文明建设的实践之中，使得他们可以在参与生态文明建设的过程中找准自己的角色定位，发挥自己的优势特长，而金成的《大学生创业与生态文明建设何以互促共进》一文则指出，大学生创业可以同生态文明建设结合起来，这样既能够拓展大学生的发展视野，方便他们掌握更加全面的创业动态，又能够培养大学生的生态文明意识，使得他们可以为生态文明建设做出贡献。

另一些学者侧重于我国少数民族地区社会公众参与生态文明建设的相关研究。比如，2018 年王文娟、玉米提•哈力克和塔依尔江•艾山的论文《乌鲁木齐居民对城市生态文明建设认知度分析》，运用问卷调查、数据统计分析等方法，搜集整理了乌鲁木齐居民参与城市生态文明建设的认知与意愿数据，从而对于乌鲁木齐社会公众对城市生态文明建设的认知程度、参与程度和有效程度得出了科学判断，而 2020 年杨红娟和曹野的《少数民族贫困地区生态文明建设中公众意识—意愿—行为研究》一文，则运用社会心理学中的计划行为理论，研究了少数民族贫困地区社会公众的个体行为特征，通过调查问卷收集相关信息，进而构建结构方程模型来分析他们参与生态文明建设的意识、意愿和具体行为[1]。

还有的学者偏向于农村地区社会公众参与生态文明建设的相关研究。比如，2019 年韩景云和周卫英的论文《城镇化进程中农村生态文明建设问题及对策》，具体分析了农村生态文明建设所面临的现实问题，并提出了在城镇化过程中推进农村生态文明建设的对策建议，尤其是加强对农民群众的生态文明

1 杨红娟、曹野：“少数民族贫困地区生态文明建设中公众意识—意愿—行为研究”，《学术探索》2020 年第 1 期，第 47～58 页。

宣传教育、引导广大农民参与到生态文明建设的实践中来，而杜强的《新时代我国农村生态文明建设研究》一文，则深入阐释了农村生态文明建设的概念意涵[1]，强调农民是农村生态文明建设的主要实践者、民主监督者和获得者，因而应采取有力措施强化农民的生态文明意识，调动他们主动参与农村人居环境整治与生态文明建设的积极性。

3. 生态文明建设非政府组织与公众参与研究的深化拓展

如前所述，在过去十多年来的生态文明建设过程中，我国的环境非政府组织和社会公众参与相关学术研究，出现了一些值得充分肯定的新进展、新议题和新成果，但从系统的生态文明建设政治学的视野来看，无论是现实实践还是理论研究层面都还存在非常明显的短板或不足，有着十分广阔的深化与拓展空间。

首先，拓展与深化生态文明建设社会政治维度下的非政府组织研究。多少受到主流的环境政治学话语与研究方法的影响，对于生态文明建设过程中的非政府组织参与的现有研究，也集中在了非政府组织尤其是环境非政府组织进行社会政治参与的法律政治途径及其保障条件、政府对于非政府组织的法律与行政监管或二者之间的良性互动关系及其构建、非政府组织自身的组织管理与能力建设、非政府组织的直接（示范）行

1 杜强："新时代我国农村生态文明建设研究"，《福建论坛·人文社科版》2019年第11期，第179～184页。

动战略及其技术组织等议题，而且往往是在主流民主政治的理论框架下得出自己的分析结论。这在总体上是正确的，也是非常必要的。比如，如何较大幅度提升绝大多数环境非政府组织目前的物质人力资源短缺和自主行动能力不足的现状，的确是一个十分突出的现实性难题。

但一方面，需要从生态文明建设的社会政治维度或系统整体性，来认识非政府组织和社会公众参与的重要性[1]，来分析包括环境非政府组织在内的各种非政府组织参与生态文明建设的目标任务、现实状况、体制机制和改进举措。比如，非政府组织参与生态文明建设的实质，是人民群众以组织起来的和制度化的方式对党和政府的生态文明建设公共政策进行贯彻落实和民主监督，而各种形式的行政监管无疑是必要的，但不应有违于这一总体性的和更高的目标。就此而言，对非政府组织的任何政治意识形态标签化或人为设置障碍行为，其实都是一种懒政庸政的表现。

另一方面，需要深刻认识生态文明建设背景语境下的环境非政府组织和公众参与的新特点新方式新形象。这方面一个最为突出的问题，是非政府组织与政府部门之间的关系。在传统的环境政治学思维和话语体系之下，非政府组织及其参与确实隐含着社会与国家之间的一种斗争性或对抗性设定，并希望通

1 张云飞："社会主义生态文明的人民性价值取向"，《马克思主义与现实》2020年第3期，第68～75页。

过以非政府组织或利益团体的社会抗争来抗衡、矫正政府政策往往具有的生态环境非公正、不友好性质。但必须看到，至少当代中国的生态文明建设提供了一种党政部门之间和社会与政府之间建立协同合作机制的现实可能性。也就是说，无论是非政府组织还是社会公众，都可以以一种更具合作性而不是对抗性的方式，参与到党和政府统领之下的生态文明建设进程之中。当然，这也就意味着，包括环境非政府组织在内的各种非政府组织，要更主动地协助分担政府所着力开展的或正在重点推动的相关政策的贯彻落实，而不是过分偏重于某些地方性、专业性或示范性的具体项目的宣传推广。就此而言，环境非政府组织自身也面临着一个革新观念、转换思路和创新方式的问题，而不能仅仅是呼吁政府部门给予更大的政策与资源扶持。

其次，深化与拓展生态文明建设社会政治维度下的公众参与研究。实际上，除了包括环境非政府组织在内的各种非政府组织及其参与，还包括十分丰富的其他大众社会参与形式和公民个体参与形式。而同样是受制于主流环境政治学的理论与学科视野，学术界较为关注的是大致属于社会政治运动范畴的社会集体抗争性行动和基于公民个体权利的维权行为，以及在此基础上发展起来的环境公民权利法制和环境公益诉讼。应该承认，这其中的基本理论设定仍是广义的自由主义民主政治，即政府和执政党必须致力于保障、促进所有公民个体的被经过民主程序确认的生态环境权益，而公民个体也有权利对于政府各部门的守法执法情况进行民主监督并可以依法捍卫自己的合法权益。当然，即便从生态文明建设的视角来看，这也是十分重要和必要的。因为，生态文明建设作为一种党和政府的公共政策，既是不同社会主体之间的利益（收益）分配问题，也最终是公民个体的权益（福祉）保障及其不断增加的问题。

但一方面，要从生态文明建设的社会政治维度或系统性整体性，来理解诠释制度化或公民个体的社会政治参与形式及其践行的重要性。[1] 生态文明的社会与政治制度体系及其有效运转，是我国生态文明建设的一个重要维度或层面，而这离开社会各个阶层、群体和组织的积极主动参与是无法实现的。比如，我国生态文明建设的“十四五”规划目标和2035年远景目标，是由党中央先提出政治建议、然后由国务院为主的政府相关部门草拟制定主体内容、再经全国人大批准实施的，而在所有这些决策环节以及接下来的贯彻落实过程中，都需要社会各界的建言献策、民主监督。事实也是如此，从专家学者到普通群众，都通过正规的制度渠道和网络自媒体对“十四五”规划的制定实施发表意见、贡献智慧。对此，我们需要做出一种新型民主理论框架下的新型阐释。

另一方面，除了公民个体的法制化权利与责任，还要特别注重生态文明建设过程中“绿色公民”“生态公民”或“生态

1 周鑫：“构建现代环境治理体系视域下的公众参与问题”，《哈尔滨工业大学学报（社科版）》2020年第2期，第133～139页。

文明公民”的实践培育及其理论阐释。在理论层面上，它们都超越了传统自由主义的公民及其责任概念，而更多基于共和主义或后世界主义的公民及其责任概念，强调公民个体对于包括生态环境在内的整个社会的，更多是基于其能力而不是权益的责任自觉，在实践层面上，公民个体的自觉践行和社会制度的规范性引导与强制性约束都是这种公民意识与责任得以确立的重要条件。2020 年暴发的全球新冠肺炎疫情，既凸显了生态公民或生态文明公民责任践行及其培育的重要性，无论是公民个体还是国家社会的不负责任，都有可能带来大范围持续性的生活环境与生态环境风险，也表明国际社会在通力合作、构建人类命运共同体方面还存在着严重的观念差距和制度缺陷。

第四节 生态文明建设国际合作研究

无论是狭义上的生态环境保护治理，还是更广泛意义上的生态文明建设，都是无法在一个国家或地区的范围内实施或实现的。也就是说，当代中国的生态文明建设必须自觉置身于日益全球化的经济社会环境之中，并与世界各国开展各个层面的沟通交流、携手合作。事实也是如此。我国的生态环境保护治理话语与政策体系和生态文明建设话语与政策体系，在很大程度上都是与世界各国尤其是欧美发达工业化国家广泛深入学习借鉴的基础上逐渐形成的，而同样不容忽视的是，至少与生态环境保护治理话语与政策体系相比，生态文明建设话语与政策体系有着更为明显的中国背景和语境特征。

1. 生态文明建设国际合作研究的发展

大致来说，我国学术界明确关于生态文明建设国际合作的研究开始于 21 世纪初。自那时起，越来越多的学者在分析探讨我国生态文明建设相关议题时都论及政府间或民间层面上的国际交流与合作。

2006 年，丁开杰、刘英和王勇兵的论文《生态文明建设：伦理、经济与治理》[1]，在论述生态环境保护治理措施时指出，全球化时代世界各国间相互依存、相互影响，因而要求我们注重加强国际交流与合作，从而形成生态环境治理的全球联动机制。

2008 年，曾繁仁的论文《当代社会主义生态文明建设与生态美学理论发展》，在阐发党的十七大报告关于生态文明建设重要论述时论及中国与世界的关系问题，并强调指出，“加强应对气候变化能力建设、为保护全球气候作出新贡献”的表述凸显了生态环境问题的全球性，而中国作为负责任大国应当肩负起相应的国际生态责任，而周生贤的《生态文明建设：环境保护工作的基础和灵魂》一文，在论述推进生态文明建设的具体措施时提出，我国应当加大对全球性、区域性重大生态环境

1 丁开杰、刘英、王勇兵：“生态文明建设：伦理、经济与治理”，《马克思主义与现实》2006 年第 4 期，第 19～27 页。

问题的成因与演化趋势的研究，加强国际交流合作，学习借鉴世界各国生态环境保护的成功经验，并积极参与到全球性、区域性的生态环境保护国际合作之中。

2009年，张达在《生态文明建设的政治诉求》一文中提出，要把政治文明建设与生态文明建设相结合，具体措施之一就是加强生态文明建设的国际交流合作，并以国际社会关于保护臭氧层公约的谈判为例来分析说明，我国积极参加全球生态文明建设的国际合作有利于维护自身的国家安全和国家利益。

2010年，王宏斌的论文《当代中国建设生态文明的途径选择及其历史局限性与超越性》认为[1]，我国可以利用全球治理的理念和体制机制来推进国内生态文明建设，本着尊重文明多样性和务实合作的态度开展国际环境合作，运用全球治理的崭新理念和路径手段争取实现自然生态环境与人类的和谐相处，而张首先的《困境与出路：生态文明建设的全球视界及运行机制》一文，则明确以全球生态文明建设为研究主题，分析了生态文明建设的全球价值指向，强调全球生态文明建设需要世界各国间开展交流合作，通过建立合作—协调机制、评估—监督机制、激励—惩罚机制等体制机制来加以持续推进。

2011年，赵惊奇、赵春飞和徐舒的《深化中日民间合作 推进生态文明建设》一文，详细考察了日本政府专项基金资助我

1 王宏斌："当代中国建设生态文明的途径选择及其历史局限性与超越性"，《马克思主义与现实》2010年第1期，第187～190页。

国植树造林、防沙治沙、推进生态文明建设的具体案例，以及双方民间绿化合作项目的实施情况，进而提出建议，应将日本提供资助的生态文明建设项目作为生态文明建设的教育示范基地、重点生态林业建设的示范基地和中日两国开展合作的重要体现。

2012 年党的十八大之后，这方面的研究成果明显增多。比如，刘海龙的论文《生态文明建设的全球视野》[1]，阐述了全球化与生态危机之间的相互关系，分析了我国生态文明建设在全球化过程中所面临的机遇和挑战，进而提出，我国应当积极参与生态文明建设的国际交流合作，在承担相应的国际义务的同时，坚决反对发达资本主义国家的生态强权行为，维护国际社会的生态正义。

2014 年，邵帅和李程宇的论文《国际贸易生态化与中国生态文明建设的稳态分析》，基于国际贸易生态化的发展趋势，运用经济学中的 SES（社会—生态系统）分析框架讨论了我国的生态文明建设与国际贸易合作，并指出，推进国际贸易生态化需要世界各国在对外贸易中坚持可持续发展的基本原则，并形成彼此间交流合作、协调一致的行动框架，杨巧蓉的《全球化视野下我国生态文明建设之困境与应对》一文则指出[2]，全球

1 刘海龙："生态文明建设的全球视野"，《云南社会科学》2012 年第 1 期，第 84～87 页。

2 杨巧蓉："全球化视野下我国生态文明建设之困境与应对"，《山东社会科学》2014 年第 12 期，第 161～169 页。

化所带来的生态危机使得我国的生态文明建设面临着更加复杂的形势，我们应加强国际合作，借鉴其他国家应对经济社会发展与生态文明建设相互关系的有益经验，争取在国际社会中的生态话语权，逐渐构建国际生态治理中的民主协商机制，而李泽红等的论文《丝绸之路经济带生态环境格局与生态文明建设模式》，则具体分析了丝绸之路经济带的生态环境现实条件，论述了丝绸之路经济带生态文明建设的总体模式，认为丝绸之路经济带沿线国家应当携手合作，创建生态环境联合监测与跨国共建机制，建立丝绸之路生态文明制度公约，共同建设丝绸之路生态家园。

近年来，尤其是党的十九大以来，我国学术界对于生态文明建设国际合作的研究不断深化，议题内容和学术观点也更加丰富多彩。

2019 年，张剑智和陈明的论文《推进可持续发展建设全球生态文明的思考》[1]，具体分析了国际社会贯彻落实可持续发展议程中所面临的诸多难题，回顾了我国生态文明建设战略的形成发展历程，进而提出了推动全球生态文明建设的对策建议，其中包括广泛展开国际环境公约的履约合作、推进应对气候变化的南南合作计划等内容，而周国梅和蓝艳的《共建绿色“一带一路” 打造人类绿色命运共同体实践平台》一文，则全面

1 张剑智、陈明：“推进可持续发展建设全球生态文明的思考”，《环境与可持续发展》2019 年第 4 期，第 19～21 页。

回顾了“一带一路”沿线国家的生态文明建设情况，并结合具体案例分析指出，“一带一路”生态文明建设的合作机制不断完善、合作模式越来越务实、合作成效日渐显现。

2020 年，李乐、周波和郑军的论文《“十四五”生态环境保护国际合作的趋势分析与对策建议》，阐述了“十四五”时期我国开展生态文明建设国际合作所面临的国内外形势，分析了其中所同时蕴含的机遇与挑战，认为我国应在生态文明建设国际合作中坚持维护我国的发展中国家定位并承担相对应的国际责任，深化国际合作的力度与广度，加强国际合作制度的建设，而张剑智和孙丹妮的《美国环境政策变化趋势及对我国环境领域国际合作的影响》一文则认为，特朗普当政时期美国环境政策的变化将会对国际社会的生态文明建设产生负面影响，我们应适应美国政策变化所带来的新形势，积极主动地引领全球和区域性生态文明建设；梁莎莎、陈英豪和施川的论文《中国—东盟环境合作新方向：共同解决海洋塑料垃圾》，详细考察了中国与东盟成员国共同面临着的海洋塑料垃圾问题，并建议中国与东盟深化双边合作，推动实施“海洋减塑行动”，通过国际合作增强各国的生态文明建设能力，而华启和的《中国提升生态文明建设国际话语权的基本理路》一文[1]，则探讨了我国在生态文明建设国际合作中的话语权问题，认为我

1 华启和：“中国提升生态文明建设国际话语权的基本理路”，《学术探索》2020 年第 10 期，第 1～9 页。

们应强化话语平台建设、加强话语队伍建设、丰富话语表达方式，打好生态文明建设国际合作中的话语权“争夺战”。

2. 生态文明建设国际合作研究的议题特征

如前所述，随着我国与世界各国之间生态文明建设合作的日益广泛深入，我国学术界关于这一议题的关注度不断提高、学术成果的数量与质量都在较快提升。概括起来，相关研究成果主要集中于如下三个议题领域。

其一，关于习近平生态文明思想全球维度的研究。习近平生态文明思想内容丰富，其中就包含着关于全球生态文明建设重要性及其必要举措的深刻论述，并成为近年来许多学者关注与阐发的研究对象。

2018年，黄高晓的论文《论习近平全球生态文明建设思想》指出[1]，习近平全球生态文明建设思想是习近平生态文明思想的重要组成部分，主要内容包括“全球生态文明建设关乎各国共同利益和人类未来发展”“国际社会应该携手同行、共谋全球生态文明建设之路”和“中国愿为推动世界绿色发展、维护全球生态安全作出积极贡献”等方面，而张慧云的《人类命运共同体理念下的生态文明建设》一文，则基于习近平同志关于构建“人类命运共同体”的重要理念来审视世界范围内的生态文明建设，进而提出我国应积极参与国际社会的生态环境治理、

1 黄高晓：“论习近平全球生态文明建设思想”，《广西社会科学》2018年第6期，第29～34页。

加强与世界各国的交流合作，从而加快推进全球生态文明建设。

2019 年，《国土资源》杂志的专论《“五个追求”为全球生态文明建设贡献中国智慧》，结合习近平同志在 2019 年北京世界园艺博览会开幕式上的重要讲话，阐发了习近平生态文明思想中的生态文明建设国际合作主张，强调习近平同志关于“我们应该追求携手合作应对”的重要论述意义深远，而郇庆治的论文《生态文明建设与人类命运共同体构建》[1]，则阐释了“生态文明建设”在理论和实践不同层面上的丰富内涵，概括归纳了习近平同志“人类命运共同体”重要理念的深刻意涵与根本要求，并强调我国生态文明建设与世界各国的交流合作有助于推动构建人类命运共同体。

2020 年，丁金光和徐伟的论文《共谋全球生态文明建设是习近平生态文明思想的重要组成部分》强调指出，习近平同志“共谋全球生态文明建设”的重要论断，展现了合作共赢的全球视野，具有十分丰富的理论意涵，并进而提出了加强我国生态文明建设国际合作的措施建议。

其二，我国生态文明建设国际经验意义的研究。生态文明建设作为一种公共政策，随着在现实实践中的不断推进与深化，不仅表明了持续加强与世界各国和国际组织之间交流合作的重要性，而且彰显了其作为生态环境保护治理思路与方案的

1 郇庆治：“生态文明建设与人类命运共同体构建”，《中央社会主义学院学报》2019 年第 4 期，第 33～40 页。

国际经验意义，成为学术界关注与讨论的议题。

2018年，黄承梁的《以全面开放合作为中国生态文明建设注入全球动力》一文，主张以全球视野推进生态文明建设的开放合作，认为我国应在生态文明建设国际合作中逐渐构建起完整的生态文明建设话语体系，做全球生态文明建设的参与者、贡献者和引领者。

2019年，张云飞的论文《大力推动新时代生态文明建设》[1]，阐述了新时代生态文明建设的价值取向、科学理念、现实路径、制度保障和美好愿景，并强调我国应积极推进生态文明建设国际合作，引领打造世界各国的核安全命运共同体、气候命运共同体和能源命运共同体，而孙成龙和潘晓滨的《中国引领全球生态文明建设的路径探索》一文，则分析了中国引领全球生态文明建设的现实条件，划分了中国参与全球生态文明建设的四个发展阶段，进而提出中国引领全球生态文明建设的可能路径，认为我国可以由此在生态文明建设国际合作中传播自己的生态文明建设思想，分享自己的生态文明建设经验。

2020年，俞子荣的《在国际合作中分享绿色发展的中国经验》一文认为，中国可以为生态文明建设的国际合作贡献出更大的力量，具体包括维护发展中国家的生态权益，分享自身推进生态文明建设的成功经验，在国际合作中推进全球生态文明

1 张云飞："大力推动新时代生态文明建设"，《先锋》2019年第2期，第16～19页。

建设发展规划等，而杨晶的论文《赢得国际话语权：中国生态文明建设的全球视野与现实策略》[1]，则分析了近年来生态文明建设国际交流合作过程中的中国话语影响力及其不断增强过程，并提出了中国生态文明建设赢得国际话语权的现实策略，从而使我国可以更好地参与到生态文明建设的国际合作或全球生态文明建设之中。

其三，关于生态文明建设国际合作制度与政策的研究。以联合国机构平台为核心的生态环境保护治理国际交流与合作制度体系，一直是我国参与生态文明建设国际合作的主渠道，因而也是学术界关注与分析的主要议题领域。

2018 年，张剑智的《深化生物多样性保护国际合作的思考》一文，阐述了国际社会保护生物多样性制度与政策的形成发展过程和面临着的现实问题，以及我国在生物多样性保护领域参与国际交流和合作的情况，进而提出了深化我国生物多样性保护国际合作的措施建议，而李丽平等的论文《孟中印缅经济走廊下以环保产业合作推动绿色发展的总体思路》[2]，则运用管理学中的 SWTO 分析方法考察了孟中印缅四国环保产业国际合作的现实进展，并提出了孟中印缅经济走廊开展环保产业合作、推动生态文明建设的总体思路。

---

1 杨晶：“赢得国际话语权：中国生态文明建设的全球视野与现实策略”，《马克思主义与现实》2020 年第 3 期，第 83～89 页。

2 李丽平等：“孟中印缅经济走廊下以环保产业合作推动绿色发展的总体思路”，《环境与可持续发展》2018 年第 6 期，第 185～189 页。

2019 年，刘燕华和王文涛的《全球气候治理新形势与我国绿色发展战略》一文，评述了 2018 年联合国卡托维兹气候大会的决议与成果，以及由此所彰显的全球气候治理新形势，尤其是其中存在的资金缺口问题、技术缺口问题和领导力缺口问题，并提出了我国进一步参与气候治理国际合作的措施建议。

2020 年，丁红卫的《改革开放后的中日环保合作与转型》一文，回顾了日本政府对华开发援助政策促进我国生态文明建设的整体情况，以及中日两国环保合作模式中所存在的问题，并以中日节能环保综合论坛为例考察了中日两国环保合作模式逐渐发生的转变过程，李媛媛等的论文《我国与南太平洋和加勒比海国家开展应对气候变化合作策略研究》[1]，则评述了我国与发展中国家开展气候变化国际合作的制度政策及其现实进展，尤其是与南太平洋和加勒比海地区的发展中国家开展气候变化国际合作所面临的挑战与问题，进而提出了相应的对策建议，而董鑫和刘婷的《我国与“一带一路”共建国家固体废物管理现状与合作对策建议》一文，则分析了韩国、新加坡、印度尼西亚、缅甸等“一带一路”共建国家的固体废弃物管理政策及其实施状况，进而提出了我国与这些“一带一路”共建国家加强国际合作、优化固体废物管理政策及其执行的措施建议。

1 李媛媛等：“我国与南太平洋和加勒比海国家开展应对气候变化合作策略研究”，《环境与可持续发展》2020 年第 3 期，第 155～160 页。

在这一议题领域，尤其是围绕全球气候变化应对国际合作，还出版了数量众多的学术著作。比如，2018 年史军著的《中国参与国际气候合作的价值立场研究》，阐述了全球气候变化的伦理价值维度和国际社会气候合作的价值立场分歧，进而分析了我国制定全球气候政策的伦理与正义考量；2019 年董德利著的《国际气候合作与低碳经济转型：市场、权力与规则》，分析了全球气候变化背后的科学问题、经济学问题、政治学问题和全球治理问题，并提出了我国参与应对气候变化问题国际合作的战略与行动选择，而刘哲著的《中国参与气候变化国际合作的重点领域和关键问题》，则回顾了国际社会关于全球气候变化多边谈判的历程，具体分析了其中所涉及的重点领域和关键问题，尤其是中国与美国之间的博弈与合作情况，并对中国在全球气候变化国际合作中的作用及其演变做出了评估。

3．生态文明建设国际合作研究的深化拓展

过去十多年来，我国学术界关于生态文明建设国际合作的研究取得了丰硕成果，特别是围绕全球气候变化国际应对和可持续发展国际合作等议题所展开的探讨。当今中国，无论是生态环境保护治理话语与政策，还是生态文明建设话语与政策，都已在国际社会包括学术界有着越来越不容忽视的重要影响。当然，从系统的生态文明建设政治研究的视野来看，上述议题领域也都还存在着广阔的深化与拓展空间。

首先，深化拓展对习近平生态文明思想的理论阐释以及国

际交流传播相关理论问题的研究。毫无疑问，习近平生态文明思想这一核心概念之下的当代中国社会主义生态文明理论研究，为我国新时代生态环境保护治理话语与政策的国际交流和合作，提供了重大的历史机遇与社会物质条件。除了党的十八大以来在现实实践层面上的强力推动及其所取得的切实成效——比如许多生态环境问题治理上的实质性改善，它本身所具有的党和国家政治意识形态与治国理政方略的集中体现特征，以及强大的制度性宣传渠道与工具的支撑，都使之具备了优越的国际传播交流条件。事实也是如此。无论是习近平同志关于生态文明建设重要论述的国际出版，还是他关于全球生态文明建设论述的理论研究以及在众多国际场合上的宣传、演示和制度政策化呈现，都已经表明了习近平生态文明思想话语理论的巨大影响力。

而进一步说，一方面，对于习近平生态文明思想的国际传播与交流，要更加注重它的理论体系特征和政治政策主张的理论化概括归纳。毋庸置疑，习近平生态文明思想是一个内容丰富的思想理论体系，而作为一个理论体系，还需要更加注重从学科方向和学理性表达的角度做出更适合国际学术交流的叙述阐释，目前国内学术界较多采用的“八个坚持”或“八观”以及目前采用的“十个坚持”的概括方式则在这方面有着明显的不足。比如，我们需要更明确地阐明，习近平生态文明思想及其国际维度的理论意涵，与一般意义上的生态环境保护治理理论、与20世纪80年代以来被国际社会普遍接受的可持续发展理论或生态现代化理论、与进入21世纪以来欧美学术界广泛讨论的绿色经济或“绿色新政”（或“绿色资本主义”）理论等的异同。而习近平总书记也多次强调，可持续发展是目前国际社会认可度最高的绿色话语与政策。“可持续发展是各方的最大利益契合点和最佳合作切入点。联合国《2030年可持续发展议程》着眼统筹人与自然和谐共处，兼顾当今人类和子孙后代发展需求，提出协调推进经济增长、社会发展、环境保护三大任务，为全球发展描绘了新愿景。”[1]

另一方面，在习近平生态文明思想的国际传播与交流过程中，要更加注意世界各国经济社会条件和历史文化传统等方面的差异，因地制宜、因人而异地开展国际宣传与交流工作。至少从目前来看，如何向国际社会阐明当代中国的经济社会与政治现代化发展模式及其特征，以及探索更加合理有效的理论话语表述译介方式，是两个非常突出的基础性问题。对于前者，我们需要让以欧美为代表的发达工业化国家理解，我国所建设的社会主义现代化同时是对全体中国人民的美好生活福祉和国际社会的可持续发展目标负责的或有利的，需要让以亚非拉地区为代表的发展中国家理解，我国的社会主义现代化发展同时是关于消除绝对贫困和解决发展不充分问题以及新型可持

1 习近平：“坚持可持续发展 共创繁荣美好世界”，《人民日报》2019年6月8日。

续发展道路的创造性探索，因而可以对人类社会与文明发展做出更大的贡献。对于后者，我们要在保留甚至凸显中国式话语表达元素的同时，更加注重世界通用的或可理解的学科与学理性表述方式，尤其不能简单套用国内理论宣传的方式方法来进行对外宣传交流，因为不以彼此理解作为基础的宣传交流只会带来更多的误解或曲解而不是所期待的共识合作，比如对于“生态文明”或“美丽中国”等关键性术语的科学译释。

其次，深化拓展对生态文明建设国际合作制度政策以及我国在其中的话语政策影响力的研究。必须明确，广义上的生态文明建设制度与政策框架，或者说关于生态环境保护治理的制度与政策框架，既不是最近时间内才产生形成的，也远不是由我国来主导建立与发展的。换言之，把当前主导性的生态环境保护治理的制度与政策框架，进一步阐释、转型成为一种全球性的生态文明建设制度与政策框架，正是我们接下来要努力实现的目标。

而这就意味着，一方面，我们当然需要更准确地理解、科学地分析目前主导性的国际生态环境保护治理的制度与政策框架，它们究竟是如何在历史中形成的，又是如何在现实中运行的，我们在其中扮演着哪些主动性或被动性的角色，它们又在何种意义上、以何种方式促进着国内的生态环境保护治理或生态文明建设。但与此同时，我们还要主动探讨生态文明建设话语引入或转换所带来的对于既存的国际生态环境保护治理制度与政策框架的革新甚至革命性意义，也就是说不能满足于充分融入或维持这一制度和政策体系本身。这其中，既涉及对于当前的国际生态环境保护治理制度与政策框架及其背后的不平等非公正的经济政治秩序的批判性理解，也包括对于全人类正在面临的诸多全球性生态环境挑战及其严峻性的新时代认知。[1] 就此而言，近年来学术界广泛讨论使用的“碳中和”是一个比作为《联合国气候变化框架公约》、1997 年《京都议定书》政策基础的“碳减排”更为科学的概念[2]，因为国际社会真正需要实现的目标应该是实际碳排放量和地球生态系统吸纳量的相抵为零，即“碳中和”，尽管现实中世界各国很可能会呈现为一个从减排力度逐渐提高直至实现中和的长期性历史过程。

另一方面，我们要充分认识到，当前主导性的国际生态环境保护治理制度与政策，从话语体系到社会实践层面上的任何实质性变革，都不是一件轻而易举的事情。这其中既有复杂的理论认知和文化背景方面的原因，更有现实的经济社会利益考量方面的原因。我们当然不能简单说，欧美国家依然占据着主导地位和话语权的现行国际生态环境保护体制，只是针对我国经济社会现代化发展的策略或“陷阱”，但也不容否定的是，

1 方世南：“全球生态合作共治：价值、困境与出路”，《北华大学学报（社科版）》2017 年第 3 期，第 86～91 页。

2 邓旭、谢俊、滕飞：“何谓‘碳中和’？”，《气候变化研究进展》2021 年第 1 期，第 107～113 页。

当前的国际经济社会格局几乎肯定会因为全球气候变化应对制度与政策的持续贯彻实施而发生重大改变。而问题是，欧美国家在主导构建、推进和制度化相关性政策举措时，总是会毫不犹豫地优先考虑它们自身的国家或集团利益，并尽可能地忽视、贬低或打压包括中国在内的广大发展中国家的合理需要和要求。2020 年暴发的全球新冠肺炎疫情及其应对合作充分表明，少数西方发达国家的全球公益性考量的道德水准是非常有限的。因而，强化新时代中国对于包括相关理论话语在内的国际生态环境保护治理制度与政策体系的实质性影响，是我国学术界面临的一个非常必要而迫切的任务。

第四章　生态文明建设政治的地方维度

总体而言，全国各地的生态文明建设，既是一个全面贯彻落实党和政府的大政方针决策与总体战略部署的过程，也是一个结合地方实际不断有所深入、拓展与创新的过程。更具体地说，我国生态文明建设的现实推进实践可以大致划分为如下两大进路或模式，即像广东、江苏与山东那样的“生态现代化模式”和像福建、江西与贵州那样的“绿色发展模式”[1]，而包括云南在内的我国大部分省份和地区整体上显然属于后一种类

1　郇庆治：“生态文明创建的绿色发展路径：以江西为例”，《鄱阳湖学刊》2017年第1期，第29～41页；“生态文明示范省建设的生态现代化路径”，《阅江学刊》2016年第6期，第23～35页。

型。[1] 因而，本章将以云南省为例来阐明，这些省份和地区的生态文明建设政治的矛盾主要方面，是如何在保持辖区内生态环境较高质量的前提下实现经济、社会与文化的更高水平、更加协调发展。

第一节 云南省生态文明建设省域战略的形成与演进

毫无疑问，云南省生态文明建设的现实实践或省域战略，离不开党和政府大力推进生态文明建设的顶层设计或国家战略的整体性进展。

2007 年，党的十七大报告首次用独立的一段话阐述了“建设生态文明”的主体性政策内容[2]，可大致概括为实施经济绿色转型、推动绿色发展和改善生态环境质量等三个大的方面或要素，此外还强调了在全社会树立“生态文明观念”的政治与政策重要性。2012 年，党的十八大报告用一个独立的篇章，阐述了我国大力推进生态文明建设的理念基础、长远目标、整体思路、战略部署及任务总要求，因而实际上是中国共产党关于生态文明建设议题的执政政纲或政策纲领，而对于“生态

1 中国生态文明研究与促进会、中国西部生态文明发展报告编委会（编）：《中国西部生态文明发展报告》（2017），中国环境出版社 2018 年版，第 18～22 页。

2 胡锦涛：《高举中国特色社会主义伟大旗帜 为夺取全面建设小康社会新胜利而奋斗》，人民出版社 2007 年版，第 20 页。

文明观念”，党的十八大报告既强调了“尊重自然、顺应自然、保护自然”等一系列具有强烈环境主义甚或生态主义色彩的价值伦理理念，也明确指出我们要“努力走向社会主义生态文明新时代”[1]。

2017 年，党的十九大报告既在核心内容和篇章结构上与十八大报告有着一脉相承的连续性、承继性，又呈现出了诸多方面的拓展与创新。单就后者而言，一方面，报告明确地将“坚持人与自然和谐共生”作为“新时代中国特色社会主义思想”及其基本方略这一更宏大理论体系的构成元素之一，强调“我们要建设的现代化是人与自然和谐共生的现代化”，并依此将我国生态文明建设的阶段性目标做了“三步走”的中长期规划：即“打好污染防治的攻坚战”（2020 年之前）、“生态环境根本好转、美丽中国目标基本实现”（2020—2035 年）和“生态文明全面提升”（2035—2049 年）。另一方面，报告明确规定以加快体制改革与制度创新来引领、推进生态文明建设[2]，并详细阐述了未来五年甚至更长时间内我国生态文明建设的战略推进与重大改革取向。

此外，在党的十八大和十九大期间，党中央和国务院还制定出台了关于大力推进生态文明建设的一系列政策文件，从而

1 胡锦涛：《坚定不移沿着中国特色社会主义道路前进 为全面建成小康社会而奋斗》，人民出版社 2012 年版，第 39～41 页。

2 习近平：《决胜全面建成小康社会 夺取新时代中国特色社会主义伟大胜利》，人民出版社 2017 年版，第 28～29 页、第 50～52 页。

构成了它们之间的重要衔接和过渡。这其中，最为重要的政策文件包括如下三个：2013 年 11 月党的十八届三中全会通过的《中共中央关于全面深化改革若干重大问题的决定》、2015 年 3 月中央政治局审议通过的《关于加快推进生态文明建设的意见》和 2015 年 9 月中共中央、国务院印发的《生态文明体制改革总体方案》。

因而，到党的十九大之前，党中央、国务院已经初步完成了对我国生态文明建设的愿景构想或“顶层设计”，而党的十九大报告则将这种构想或设计置于“新时代中国特色社会主义思想”的更宏大、也更坚实的理论体系基础之上，并且呈现为一种阶段性实现的系列目标或达致一个较高水准目标的“路线图”。可以说，基于上述这种日渐清晰的整体设计，持续推进生态文明建设已经成为中国共产党不断“绿化”的政治意识形态与治国理政方略的有机组成部分，成为各级地方党委、政府及其主要负责人政治与政策议事日程上的日常性工作，成为广大人民群众高度关注与自觉参与其中的中国特色的民生政治或环境政治。[1]

当然，至少同样重要的，是云南省各界对经济建设、社会建设、文化建设与生态环境治理等各方面“省情”的日益客观、科学的认识。一方面，云南省的经济社会发展水平确实相对较

---

1 郇庆治：“生态文明建设是新时代的‘大政治’”，《北京日报》2018 年 7 月 16 日。

低，尤其是基于传统的经济社会现代化测量尺度而言。2017 年，云南省地区生产总值为 16531.34 亿元，人均生产总值为 34545 元，其中，第一产业完成增加值 2310.73 亿元，第二产业完成增加值 6387.53 亿元，第三产业完成增加值 7833.08 亿元，三次产业结构比例为 14.0%∶38.6%∶47.4%。这些基础性数据与 21 世纪之初的 2000 年和改革开放之初的 1984 年相比，确实已经发生了重大的阶段性提升，比如 GDP 分别增加了 8.2 倍和 118 倍（两个参考年份的 GDP 分别为 2011.19 亿元和 140 亿元），但如果与同时期的福建省相比（2017 年的地区生产总值和人均生产总值分别为 32298.28 亿元和 82976 元，2000 年和 1984 年的 GDP 分别为 3765 亿元、157 亿元），云南省经济发展的相对水平是降低而不是提高了（GDP 由最初占福建省的 89%逐渐降低到后来的 53.4%和 51.2%，居全国第 23 位）。而云南省在我国西部地区的 GDP 排名，虽然落后于陕西（21898.81 亿元）、内蒙古、广西、重庆，但却领先于山西、贵州、新疆、甘肃、海南、宁夏、青海和西藏（1310.6 亿元），属中上游水平。[1]

另一方面，云南省的生态与社会文化多样性特征和地处西南边陲的地理方位，又构成了某种得天独厚的绿色发展禀赋或优势。云南省位于中国的西南边陲，北回归线横贯南部，属低纬度内陆地区，东部与贵州、广西为邻，北部与四川、西藏相连，

1 相关信息来自国家统计局“年度统计公布”数据，参见 http://www.stats.gov.cn/tjsj/tjgb/ndtjgb/（2018 年 11 月 25 日）。

西部与缅甸接壤，南部与老挝、越南毗邻，国境线总长达 4060 千米，是中国通往东南亚、南亚的窗口与门户。云南省国土总面积 39.41 万平方千米，占全国国土总面积的 4.1%，居全国第 8 位，总人口 4770.5 万人，是中国民族种类最多的省份，下辖 8 个市、8 个少数民族自治州。变幻莫测的气候气象、千姿百态的地形地貌、源远流长的民族与历史文化，共同造就了云南省极其丰富的自然生态与社会文化多样性，尤其是一系列具有世界遗产价值的自然与人文历史景观，比如丽江古城、三江并流、石林、哈尼梯田、大理古城、崇圣寺三塔、玉龙雪山、滇池、洱海、抚仙湖、梅里雪山、普达措国家公园、西双版纳热带雨林等。

因而，生态文明建设对于云南省来说，既是一个重大的时代挑战，也是一个史无前例的发展机遇。那就是，如何通过发展理念、模式和战略的深刻“绿化”或革新，来实现整个区域的绿色跨越式发展，让最广大人民群众享受到更加富足美好的生活。[1] 正是在上述认知或共识的基础上，云南省逐渐形成了生态文明建设的区域推进思路与战略。

概括地说，它可以大致划分为如下四个阶段：一是党的十七大（2007 年）之前，主要是围绕着实施生态省（市、县）建设。1999 年 7 月，云南省人大常委会批准通过了《云南绿色经

1 周琼：“云南省绿色发展新理念确立初探”，《昆明学院学报》2018 年第 2 期，第 21～33 页；张佐：“实施绿色发展战略 建设云南生态文明”，《西南林学院学报》2008 年第 4 期，第 68～74 页。

济强省建设规划纲要》，从而拉开了云南生态省建设的序幕。该纲要强调指出，建设生态省，既是基于云南省情的可持续发展战略的进一步深化，也是坚持经济建设为中心的具体体现，而建设生态省的关键或根本是发展具有云南特色的生态经济，并认为这是一条既不因发展而牺牲生态环境，也不为单纯保护而放弃发展，既要遵循生态规律搞好开发，又要按经济规律搞好建设；既要创建一流的生态环境和生活质量，又要确保社会经济健康持续快速发展的道路。[1] 可以明显看出，云南生态省创建的一个突出特点，就是把更有效的生态环境保护与进一步的经济社会发展相结合。至少部分是由于这个原因，云南省虽然由省环保局于 2003 年主持发布了《云南省生态乡镇验收暂行规定（试行）》等政策文件，并做了大量的评比创建工作，但却并没有正式加入由环境保护部组织实施的包括全国 14 个省（区、市）的“生态省”试点建设（尽管个别市县如江川县、楚雄市、普洱市思茅区、曲靖市麒麟区、易门县、华宁县等获批了同样由环保部组织实施的“生态示范区建设试点”系列下的“国家级生态示范区”），也就没有按照试点要求制定编制自己的“生态省建设总体规划”，而是在 2007 年 2 月出台了一个“七彩云南保护行动”计划——包括七个方面的战略举措，旨在经过 15～20 年的不懈努力实现

1 文小勇、陈炳灿、吴云：“试论云南生态省的建设与生态经济发展”，《大理师专学报》2000 年第 3 期，第 16～18 页。

生态省的创建目标。[1]

二是党的十七大和十八大（2007—2012年）前后，主要是围绕着实施生态文明示范区（先行区）建设。党的十七大之后，云南省委、省政府更加重视生态文明建设，出台了一系列推进战略举措，比如明确提出了“生态立省、环境优先”的省域绿色发展战略，并于2009年颁布了《七彩云南生态文明建设规划纲要（2009—2020）》，成为全国最早的省域生态文明建设规划纲要之一，要求从生态意识、生态行为、生态制度三个领域着手完成培育生态意识、发展生态经济、保障生态安全、建设生态社会、完善生态制度等五大任务。2011年11月，云南省第九次党代会明确提出了要努力实现经济建设与生态建设同步进行、经济效益与生态效益同步提高、产业竞争力与生态竞争力同步提升、物质文明与生态文明同步前进的“四个同步”发展目标。党的十八大之后，云南省委、省政府明确要求，以建设“美丽云南”为目标将生态文明建设贯穿于经济社会发展的各方面和全过程，重点处理好人与自然、加快发展与加强保护、生态文明建设与转变发展方式、行政主导和法制保障等“四个关系”。2013年6月，云南省委、省政府审议通过了《关于争当全国生态文明建设排头兵的决定》，强调在“生态立省、环境优先”的发展过程中，做到经济建设与生态建设同步进行、

1 张军莉、曾广权、夏晓纯：“云南建设生态省的对策建议研究”，《环境科学导刊》2008年第5期，第57～60页。

经济效益与生态效益同步提高、产业竞争力与生态竞争力同步提升、物质文明与生态文明同步前进；确立云南省到 2020 年建设成为美丽中国示范区。[1]

具体到生态文明建设（先行）示范区的创建，由环境保护部组织实施的“生态示范区”（生态省、市、县），2007 年后转变成为“生态文明建设示范区”。部分由于云南省并未正式加入由环保部组织实施的全国 14 个省（区、市）的“生态省”试点建设，也就未能广泛参与随后的“生态文明建设示范区”创建。在截至 2013 年 10 月由环保部先后六批批准设立的 125 个“国家生态文明建设试点示范区”中，云南省只有大理自治州的洱源县入选。党的十八大以后，国家其他部委明显增强了对生态文明建设试点工作的重视，纷纷出台自己的示范区试点规划或方案。2014 年 6 月，国家发展改革委等六部委（随后增加了住房和城乡建设部变为七部委）联合发布了《关于印发国家生态文明先行示范区建设方案（试行）的通知》，正式启动生态文明先行示范区建设。结果是，云南省成为共计 102 个行政区域中 5 个全省域入选的省份之一。此外，在 2013—2014 年由水利部组织实施的 104 个“全国水生态文明建设试点城市”中，云南省的普洱市、玉溪市和丽江市成功入选，而在 2017 年 9 月由环境保护部和 2018 年 11 月由生态环境部组织评选的第一批、

1 周琼：“云南生态文明建设的历史回顾与经验启示”，《昆明理工大学学报（社科版）》2016 年第 4 期，第 22～36 页。

第二批“国家生态文明建设示范市县”中，云南省西双版纳傣族自治州、保山市和石林县、华宁县成功当选（共计93个市县）。

三是2015年1月习近平同志再次考察云南时明确要求，云南“一定要像保护眼睛一样保护生态环境，努力使云南成为生态文明建设的排头兵”。实际上，2008年11月时任国家副主席的习近平视察云南时，就对云南省提出了“努力争当生态文明建设排头兵”的殷切希望。为此，云南省委、省政府制定实施了一系列贯彻落实政策文件和战略举措。比如，2009年年初举行的云南省第一次环保工作大会所确定的省环保工作重点就是“抓好争当全国生态文明建设排头兵工作”，省委、省政府随后做出的《关于加强生态文明建设的决定》也提出了“坚持生态立省、环境优先，努力争当生态文明建设排头兵”的方针；2013年8月，省委、省政府还专门通过了《关于争当全国生态文明建设排头兵的决定》，要求到2020年做到“生态环境质量保持全国领先、协调发展成效显著、建设成为‘美丽中国’的示范区”。2015年年初习近平同志再次来到云南，提出了更为明确、也更高水平的政治要求。对此，云南省委、省政府高度重视，先后印发了《关于努力成为生态文明建设排头兵的实施意见》（2016）、《关于贯彻落实生态文明体制改革总体方案的实施意见》（2016）和《云南省生态文明建设排头兵规划（2016—2020）》（2016）等许多重要政策文件，其中后一个文件明确规定了加快成为全国生态文明建设排头兵的“指导思想”、

“建设目标”、“主要任务”与“保障措施”。自那时起，“争当全国生态文明建设的排头兵”成为云南省生态文明建设的最重要战略引领和行动指南。[1]

四是 2018 年 7 月举行的省生态环境保护大会，提出了“把云南建设成为中国最美丽省份”的新要求。会议强调，“把云南建设成为中国最美丽省份”这一时代命题的基本意涵，就是深入贯彻落实习近平生态文明思想和党中央关于生态文明建设的重大决策部署，尤其是习近平同志对云南提出的努力成为全国生态文明建设排头兵的目标定位，使云南的生态文明建设迈出更加坚实的步伐，切实增强紧迫感、责任感，坚决打好污染防治攻坚战，以更有力的担当作为在生态建设和环境保护、绿色发展、制度建设等方面勇于创新、探索经验、走在全国前列，促进生态环境建设质量持续改善，做到“生态美、环境美、山水美、城市美、乡村美”[2]。可以看出，“把云南建设成为中国最美丽省份”的新要求，既是新一届省委、省政府领导班子对于贯彻落实党的十九大精神尤其是习近平生态文明思想的明确政治宣示，也是“努力争当全国生态文明建设排头兵”这一省域性战略的进一步精细化、本地化。而在具体战略举措上，最为重要的仍是从严从实抓好中央环保督查“回头看”整改工作、

1 段昌群：“争当生态文明建设排头兵”，《社会主义论坛》2015 年第 4 期，第 35～36 页。

2 田静、陈晓波、张寅：“牢记习近平总书记嘱托　扛起时代使命担当　为把云南建设成为中国最美丽省份而奋斗”，《云南日报》2018 年 7 月 24 日。

坚决打好污染防治攻坚战、全面推动绿色发展、深入实施城乡环境综合治理工程、改革完善生态环境治理体系、广泛开展生态文明建设宣传教育等方面。

那么，应如何评价云南省近年来生态文明建设推进实践的成效呢？这方面有两个值得关注的量化评价指标体系及其结果。一是由北京林业大学 2010 年创制的“中国省域生态文明建设评价指标体系”（ECCI），先后共发表了 7 个年度报告（2010—2016），涵盖了十年左右的主要指标数据及其变化。其大致理念与做法是，基于对生态文明概念的“五位一体”的整体性理解，着重从四个二级指标即生态活力、环境质量、社会发展和协调程度（最初还包括“转移贡献”指标）来综合考核全国 31 个省（自治区、直辖市）的生态文明建设年度成效及其变化。结果是，2016 年云南省生态文明指数（ECI）得分为 73.51 分，排名全国第 9 位，而排名前两位的广东省和北京市分别为 81.23 分和 81.22 分。[1] 具体来说，云南省的生态活力得分为 22.50 分，位列全国第 12 位，环境质量得分 22.05 分，位列全国第 3 位，社会发展得分 8.86 分，位列全国第 27 位，协调程度得分 20.10 分，位列全国第 5 位，因而属于典型的“环境优势型”。而从动态角度来看，云南省的全国排名最初在第 15～20 位，而近两年位次有着明显的提升——2007—2015 年

1 严耕等：《中国省域生态文明建设评价报告》（ECI 2016），社会科学文献出版社 2017 年版，第 1～6 页；严耕（主编）：《中国省域生态文明建设评价报告》（ECI 2015—2010），社会科学文献出版社 2010—2015 年版。

分别为第 13 位、第 22 位、第 16 位、第 17 位、第 23 位、第 19 位、第 22 位、第 15 位、第 8 位。上述评估结果证实了云南省在森林覆盖率和环境空气质量等指标方面的巨大天然优势，以及在经济社会发展方面的明显不足或“短板”（尤其是与经济总量相关的社会发展指标）。

二是由国家统计局、国家发展改革委、环境保护部和中组部共同创制发布的“绿色发展指数”。绿色发展指数考核是根据中共中央办公厅、国务院办公厅印发的《生态文明建设目标评价考核办法》和国家发展改革委、国家统计局、环境保护部、中央组织部印发的《绿色发展指标体系》《生态文明建设考核目标体系》的要求而进行的。绿色发展指数采用综合指数法进行测算，具体包括资源利用、环境治理、环境质量、生态保护、增长质量、绿色生活等 6 个方面，共 52 项评价指标（以及单列的公众满意度指标）。依据 2017 年 12 月公布的《2016 年生态文明建设年度评价结果公报》，排名第一的是北京，然后是福建、浙江、上海、重庆、海南等地，排名靠后的是辽宁、天津、宁夏、西藏、新疆。结果是，云南省凭借 80.28 分的总得分，排名第 10 位，进入全国先进行列。这既反映了云南省生态文明建设近年来所取得的重大进展，也与“绿色发展指数”指标体系下对生态环境质量的更加关注相关。比如，绿色发展指标体系中，人均 GDP 增速的权重仅仅为 1.83%，而环境和资源方面的考核权重非常大，地级及以上城市空气质量优良天数比例、细颗粒物（$PM_{2.5}$）未达标地级及以上城市浓度下降、地表水达到或好于Ⅲ类水体比例、地表水劣Ⅴ类水体比例等的所占权重均为2.75%，同时资源利用方面的单位GDP能耗、水耗考核权重也很大，均为2.75%。

具体来说，云南省绿色发展指数的六个二级指标的得分分别为：资源利用（85.32）、环境治理（74.43）、环境质量（91.64）、生态保护（75.79）、增长质量（70.45）、绿色生活（68.74）和公众满意度（81.81），而上述成绩分别对应的全国排名是第7位、第25位、第5位、第2位、第25位、第28位和第14位。可以看出，尽管每一项的得分赋值有些不易理解，但云南省的全国排名显然是合理的，即生态保护和环境质量遥遥领先，而环境治理、增长质量和绿色生活明显滞后。[1]

而同样值得注意的是，云南省内部各州市之间也并不十分均衡，尽管彼此间的差距不是太大。2016年，云南省16个州市的绿色发展指数考核结果如下：昆明（83.63）、西双版纳（82.04）、德宏（81.06）、临沧（80.22）、怒江（79.73）、迪庆（79.48）、楚雄（79.06）、保山（79.04）、文山（78.96）、普洱（78.77）、昭通（78.35）、玉溪（77.89）、红河（76.81）、丽江（76.78）、大理（76.59）、曲靖（76.27）。多少有些让人感到意

1　而在另一份由北京师范大学研制并自2010年起连续发布的《中国绿色发展指数报告》中，2013年绿色发展水平排名前十位的省份分别是：北京、上海、青海、天津、海南、浙江、云南、福建、江苏、广东（共30个），绿色发展水平排名前十位的城市分别是：深圳、海口、昆明、北京、合肥、广州、大连、青岛、长沙、福州（共34个），云南省和昆明市都表现优异。

外的是，拥有世界知名古城与自然生态景观的丽江和大理的绿色发展指数排名并不靠前，而昆明之所以能够名列榜首，在很大程度上仍得益于它较高的环境治理、增长质量和绿色生活指数（类似于京沪渝等的全国排名）。

表 4-1　2016 年生态文明建设年度评价结果排序

地区	排序	绿色发展指数						公众满意程度
		资源利用指数	环境治理指数	环境质量指数	生态保护指数	增长质量指数	绿色生活指数	
北京	1	21	1	28	19	1	1	30
福建	2	1	14	3	5	11	9	4
浙江	3	5	4	12	16	3	5	9
上海	4	9	3	24	28	2	2	23
重庆	5	11	15	9	1	7	20	5
海南	6	14	20	1	14	16	15	3
湖北	7	4	7	13	17	13	17	20
湖南	8	16	11	10	9	8	25	7
江苏	9	2	8	21	31	4	3	17
云南	10	7	25	5	2	25	28	14
吉林	11	3	21	17	8	20	11	19
广西	12	8	28	4	12	29	22	15
广东	13	10	18	15	27	6	6	24
四川	14	12	22	16	3	14	27	8
江西	15	20	24	11	6	15	14	13
甘肃	16	6	23	8	25	24	23	11
贵州	17	26	19	7	7	19	26	2
山东	18	23	5	23	26	10	8	16
安徽	19	19	9	20	22	9	23	21
河北	20	18	2	30	13	25	19	31

地区	排序	绿色发展指数						公众满意程度
		资源利用指数	环境治理指数	环境质量指数	生态保护指数	增长质量指数	绿色生活指数	
黑龙江	21	25	25	14	11	18	12	25
河南	22	15	12	26	24	17	10	26
陕西	23	22	17	22	23	12	21	18
内蒙古	24	28	16	19	15	23	13	22
青海	25	24	30	6	21	30	30	6
山西	26	29	13	29	20	21	4	27
辽宁	27	30	10	18	18	28	29	28
天津	28	12	6	31	30	5	7	29
宁夏	29	17	27	27	29	22	16	10
西藏	30	31	31	2	4	27	31	1
新疆	31	27	29	25	10	31	18	12

注：本表中各省（区、市）按照绿色发展指数值从大到小排序。若存在并列情况，则下一个地区排序向后递延。

资料来源：https://www.gov.cn/xinwen/2017-12-26（2018 年 11 月 25 日）。

表 4-2　2016 年云南省各州（市）生态文明建设年度评价结果

地 区	绿色发展指数	资源利用指数	环境治理指数	环境质量指数	生态保护指数	增长质量指数	绿色生活指数
昆 明	83.63	83.81	93.61	80.71	73.48	93.47	79.91
曲 靖	76.27	72.80	76.56	92.79	66.83	72.57	73.10
玉 溪	77.89	78.76	77.54	83.47	76.62	68.66	75.81
保 山	79.04	73.15	82.47	93.56	74.88	72.14	75.87
昭 通	78.35	81.57	78.62	88.64	73.42	64.24	69.16
丽 江	76.78	72.05	79.70	89.71	75.33	67.32	71.89
普 洱	78.77	74.56	79.47	94.58	77.00	69.47	70.56
临 沧	80.22	82.62	74.67	94.74	72.11	72.49	74.63
楚 雄	79.06	79.77	78.23	86.95	73.18	77.52	74.11

地 区	绿色发展指数	资源利用指数	环境治理指数	环境质量指数	生态保护指数	增长质量指数	绿色生活指数
红 河	76.81	77.30	85.09	75.25	72.93	73.91	73.70
文 山	78.96	75.80	85.22	95.02	65.99	75.81	70.84
西双版纳	82.04	81.09	77.60	91.28	84.18	74.25	77.85
大 理	76.59	73.71	82.52	79.26	77.40	70.66	74.26
德 宏	81.06	79.98	78.55	88.88	82.25	73.58	78.22
怒 江	79.73	73.76	67.14	96.06	91.43	73.34	72.89
迪 庆	79.48	70.56	77.69	95.49	84.90	74.15	73.45

资料来源：http://www.stats.yn.gov.cn/tjsj/tjgb/201805/t20180525_751161.html（2018 年 11 月 25 日）。

当然，借助其他一些评价指标体系也可以衡量云南省生态文明建设的某一议题领域或层面，比如由中国生态文明研究与促进会自 2017 年开始编辑出版的《中国西部生态文明发展报告》[1]。《中国西部生态文明发展报告（2017）》以区域综述和专题分析等形式，系统论述了西部自然生态系统和生态文明建设在我国经济社会发展中所具有的战略屏障和基础保障作用，从西部地区整体状况和 12 个省（自治区、直辖市）具体情况出发，对它的生态文明建设现状、态势、成果和经验做了较为系统深入的阐述。该报告课题组在深入研究西部地区生态文明建设的战略地位、主要任务和路径选择上的普遍性与独特性的基础上，设计构建了一套符合西部地区特点、反映其纵向动态变化和横向空间差异的指标评价体系——“西部生态文明建设评

1 中国生态文明研究与促进会、中国西部生态文明发展报告编委会（编）：《中国西部生态文明发展报告（2017）》，中国环境出版集团 2018 年版。

价指标体系”(WECCI)。该指标体系分为生态环境、社会发展、协调程度三大类二级指标和 17 个三级指标，并依此对西部各省（自治区、直辖市）生态文明建设状况进行了评价分析。该报告的最大特点是专注于我国西部地区的生态文明建设，并且引入了基于分区管理的生态文明建设实践及其量化评估体系概念[1]，有助于我们更好地结合西部地区的自然生态和人文历史特点来构想、从事与评估生态文明建设。而云南省作为一个自然生态与人文历史文化极其丰富的省域，显然更适合于纳入这样一种更具有针对性的新型评估体系。其具体评估结果如下[2]：列前五位的指标有重点城市环境空气质量（1）、水体污染物排放变化效应（3）、水土流失率（5）等，列十位之后的是人均 GDP（11），其他 13 个指标均处于第 6～10 位（大气污染物排放变化效应为第 6 位，地表水体质量、农村改水率和城市生活垃圾无害化率为第 7 位，工业固体废物综合利用率为第 8 位，自然保护区的有效保护、建成区绿化覆盖率、化肥施用超标量、人均可支配收入、城镇化率和每千人口医疗机构床位为第 9 位，农药使用强度和人均教育经费投入为第 10 位）。

此外，2015 年开始全面铺开的建设国家公园体制试点，也向云南省这样的“原生态景观大省”提供了一个难得的历史机

---

1 祝光耀（主编）：《基于分区管理的生态文明建设指标体系与绩效评估》，中国环境出版社 2016 年版。

2 中国生态文明研究与促进会、中国西部生态文明发展报告编委会（编）：《中国西部生态文明发展报告（2017）》，中国环境出版集团 2018 年版，第 129 页。

遇。[1] 建立国家公园体制是党的十八届三中全会提出的重点改革任务之一，是我国生态文明制度建设的重要内容。2013 年 11 月，党的十八届三中全会通过的全面深化改革决定首次提出建立国家公园体制。2015 年 9 月，中共中央、国务院印发的《生态文明体制改革总体方案》对建立国家公园体制提出了具体要求，强调“加强对重要生态系统的保护和利用，改革各部门分头设置自然保护区、风景名胜区、文化自然遗产、森林公园、地质公园等的体制”“保护自然生态系统和自然文化遗产原真性、完整性”。2015 年 5 月 18 日，国务院批转国家发展改革委《关于 2015 年深化经济体制改革重点工作的意见》提出，在 9 个省份开展“国家公园体制试点”。为此，国家发展改革委同中央编办、财政部、国土部、环保部、住建部、水利部、农业部、国家林业局、旅游局、文物局、海洋局、法制办等 13 个部门联合印发了《建立国家公园体制试点方案》。该方案所提出的目标是，试点区域国家级自然保护区、国家级风景名胜区、世界文化自然遗产、国家森林公园、国家地质公园等禁止开发区域中交叉重叠、多头管理的碎片化问题得到基本解决，形成统一、规范、高效的管理体制和资金保障机制，自然资源资产产权归属更加明确，统筹保护和利用取得重要成效，形成可复制、可推广的保护管理模式。根据上述方案，国家选定在

1 滕玲：“国家林业局昆明勘察设计院院长唐芳林谈云南国家公园建设”，《地球》2016 年第 12 期，第 36～39 页。

北京、吉林、黑龙江、浙江、福建、湖北、湖南、云南、青海等省（市）开展建立国家公园体制试点。每个试点省份选取1个区域开展试点，试点时间为3年，2017年年底结束。在这些试点基础上，中共中央办公厅、国务院办公厅于2017年9月26日印发了《建立国家公园体制总体方案》。该总体方案所确定的近期目标是，到2020年，建立国家公园体制试点基本完成，整合设立一批国家公园，分级统一的管理体制基本建立，国家公园总体布局初步形成；到2030年，国家公园体制更加健全，分级统一的管理体制更加完善，保护管理效能明显提高。

云南省从1996年开始，在借鉴国外经验的基础上，率先开展了国家公园这一自然保护地模式的研究、探索和实践，以求寻找切合云南实际、实现保护与发展和谐共赢的可持续发展路子。2008年，云南省被国家林业局确定为国家公园建设试点省，开始按照“研究—试点—规划—标准—立法—推广”的步骤，积极探索国家公园保护、建设、管理的有效模式，并取得了一系列被广泛关注的制度建设与管理创新经验。[1] 2015年，云南省被国家发展改革委等13部委确定为全国国家公园体制试点省，以普达措国家公园为试点区，积极参与到国家层面的国家公园体制试点工作。而在依据《建立国家公园体制总体方

1 张一群：“云南先行探索国家公园体制立法”，《云南林业》2015年第3期，第16～17页；杨芳：“云南国家公园的探索与实践”，《云南林业》2014年第2期，第37～39页。

案》首批设立的十大国家公园中，云南省的普达措国家公园也得以成功入选。当然，相较于多年来已经开展的试点园区数量来说，云南省首批入选一个并不是太多（到 2017 年年底，云南省已规划建设了 13 个国家公园），而且也暴露出了相关法规不健全、管理体制不顺、保护和利用关系处理不当等一些值得关注或亟待解决的问题。[1]

如前所述，近年来尤其是党的十八大以来，围绕“争当全国生态文明建设排头兵”这一区域战略抉择，云南省的生态文明建设在强化城乡环境污染综合整治、加大生态系统保护力度、推进绿色高质量发展、推动制度建设与体制机制改革创新等方面做出了巨大努力，并取得了诸多重要进展。[2] 接下来，将以滇池、洱海治理与普洱市为例具体分析云南省在大力推进生态环境综合整治和积极发展绿色经济方面的扎实努力，以及这些努力如何促进了地域或省域意义上的生态文明建设。

1 杨东等：“云南省国家公园建设现状与对策研究”，《林业调查规划》2016 年第 5 期，第 14～17 页；覃阳平：“国家公园发展障碍分析——以云南省普达措国家公园为例”，《林业建设》2015 年第 6 期，第 39～45 页；唐芳林等：“国家公园在云南省试点建设的再思考”，《林业建设》2013 年第 1 期，第 12～18 页。

2 中共云南省委党校中国特色社会主义理论体系研究中心：“推进生态文明建设、加快建设美丽云南”，《云南日报》2018 年 3 月 20 日；赵林、任秀芹：“拓展生态文明制度建设新路径”，《社会主义论坛》2017 年第 6 期，第 30～31 页。

第二节 强力推进生态环境综合整治：以滇池、洱海治理为例

2015 年 1 月，习近平同志在云南省考察工作时明确指出："要把生态环境保护放在更加突出位置，像保护眼睛一样保护生态环境，像对待生命一样对待生态环境，在生态环境保护上一定要算大账、算长远账、算整体账、算综合账，不能因小失大、顾此失彼、寅吃卯粮、急功近利。"[1] 对于云南省广大党政干部与人民群众来说，深刻理解与全面落实上述政治要求的一个根本性方面，就是在经济社会发展与生态环境相协调的总体格局中算好"生态账"，也就是始终牢记云南省"三个定位"的战略目标，坚定走好"生态立省、环境优先"的绿色发展道路。[2] 而九湖水污染综合防治作为生态文明建设进程中最为复杂和艰巨的系统工程，既全面反映着云南省生态文明建设实践的切实成效，也是检验云南省各界生态文明及其建设整体认知水平的一面镜子。

云南省是一个天然高原湖泊众多的省份，湖泊面积超过 30 平方千米的就有 9 个：滇池、阳宗海、抚仙湖、星云湖、杞麓湖、洱海、泸沽湖、程海、异龙湖，统称九大高原湖泊。九湖

1 中共中央文献研究室（编）：《习近平关于社会主义生态文明建设论述摘编》，人民出版社 2017 年版，第 8 页。

2 周琼（主编）：《屏障与安全：生态文明建设的区域实践与体系构建》，科学出版社 2018 年版；《探索与争鸣：建设美丽中国的西南实践》，科学出版社 2018 年版。

流域占全省地域面积的 2.1%，人口约占全省人口总数的 11%，其所在区域大多是云南开发较早、利用强度较大、人口较为密集的重要功能区，也是全省城市化发展最迅速、人湖关系最突出、保护与发展矛盾最集中的敏感地带，因而要在保持区域经济社会持续发展的同时，保护和改善湖泊水环境质量，所面临的巨大挑战是不言而喻的。自 20 世纪 90 年代后期开始，九湖水体污染迅速加剧，昔日璀璨的“珍珠链”渐趋黯淡。经过近 20 年的不懈治理，以及超过 500 亿元的资金投入，九大高原湖泊目前正在从“救命阶段”转向“治病阶段”，从工程治理转向生态修复。尤其是党的十八大以来，云南省委、省政府把九湖水污染治理作为头等大事来抓，采取了一系列强有力措施，坚持“一湖一策”、分类施策，使得九湖水质总体上保持稳定，主要污染物稳中有降，部分湖泊水环境有所改善，综合防治工作初见成效，并初步总结形成了两大治理保护模式：针对重度污染湖泊的“滇池治理模式”和针对典型富营养化初期湖泊的“洱海保护治理模式”[1]。

滇池又称昆明湖、昆明池、滇南泽、滇海，位于昆明市西南部，有盘龙江等河流注入，湖面海拔 1886 米，面积 300 平方千米，是云南省最大的淡水湖和中国第六大淡水湖，素有“高原明珠”之美誉。湖面南北长 40 千米（含草海），东西平均宽

---

1 孔燕、余艳红、苏斌：“云南九大高原湖泊流域现行管理体制及其完善建议”，《水生态学杂志》2018 年第 3 期，第 67～75 页。

7 千米，最宽处 12.5 千米，湖岸线长约 150 千米，流域面积（不包括海口以下河道流域面积）为 2920 平方千米。湖体北部有横亘东西的海埂，是一个长 3.5 千米、宽 300 米的障壁沙坝，东端与盘龙江三角洲相连，西端伸入滇池，将湖体分为内外两部分，有“一线平分秋色”的美称。海埂以南称外海，是滇池的主体部分，占滇池总面积的 97.2%；海埂以北称内海，又名草海，面积约为 10 平方千米。湖水在西南海口泄出，称螳螂川，为长江上游干流金沙江支流普渡河的上源。滇池周边风光秀丽，为中国国家级旅游度假区。其四周有云南民族村、云南民族博物馆、西山华亭寺、太华寺、三清阁、龙门、筇竹寺、大观楼及晋宁盘龙寺、郑和公园等风景区。

环湖地区原来常有洪涝水患，因而早在 1262 年就在盘龙江上修建松华坝，1268 年又开凿海口河，加大滇池的出流量，减轻环湖涝灾。1955 年后更是在湖上游的各个河流上先后建设了十余座大中型水库，沿湖修建起几十座电力排灌站，以解除洪涝灾害，并确保农田灌溉和城市工业、生活用水。但总体来说，滇池湖面呈现为不断萎缩趋势。在战国至西汉的古滇国时期，滇池东北岸的水位已下落至 1915 米左右，至唐宋时期则进一步下降到 1890 米，滇池水面共有 510 平方千米；此后，元朝时水面缩小到 410 平方千米，明朝时为 350 平方千米，清朝时为 320 平方千米，如今已不足 300 平方千米。相应地，滇池的总库容也不断减少，唐宋时为 18.5 亿立方米，到清代为

16 亿立方米，1947 年估算约为 15.7 亿立方米，今天的库容仅为 13 亿立方米左右。

随着水面与库容的缩减，滇池的水质逐渐变差。[1] 20 世纪 60 年代，无论是草海还是外海的水质均为Ⅱ类，到 70 年代下降为Ⅲ类，而到 80 年代，草海和外海的水质分别为Ⅴ类和Ⅳ类，90 年代后水质进一步恶化，分别为劣Ⅴ类和Ⅴ类。也就是说，过去 30 年来滇池的整体水质下降了三个等级。水体的透明度 20 世纪 50 年代时草海可达 2 米，外海为 1 米左右，有的地方甚至清澈见底。但到了 80 年代，草海只有 0.40～0.60 米，外海为 0.65～0.75 米。90 年代情况最差时，草海的透明度只有 0.25 米，外海的透明度只有 0.41 米。20 世纪 50 年代，滇池的水生高等植物十分丰富，植被占湖面的 90%以上。但到 70 年代末期，植被面积已不到 20%。60 年代之前，草海曾因海菜花繁茂而被称为“花湖”。但到 70 年代，海菜花已经寥寥无几。随后，海菜花被水葫芦取代，水体富营养化日趋严重。过去滇池水产资源丰富，有多种鱼类，其中以鲤鱼产量最高，金线鱼最名贵。但随着水质的污染，生物群种结构产生不良演变。20 世纪 50 年代中期滇池尚有水生植物 44 种，而到 80 年代中期减少到 29 种；滇池原有鱼类 23 种，其中土著鱼 15 种，如今土著鱼只剩下 4 种左右。

---

1 吴瑛：“滇池流域人口社会分化与水环境空间结构变迁”，《云南社会科学》2013 年第 1 期，第 131～135 页；李益敏等：“滇池污染特征及治理对策”，《云南地理环境研究》2003 年第 4 期，第 32～38 页。

造成滇池水污染及其不断加剧的原因主要有三个[1]。其一，滇池地处昆明城市下游，是昆明盆地最低凹地带，所以客观上成了昆明的“排污桶”。它必须不停地接纳城市的生活污水、工业废水和含有农药化肥的农业污水，加之滇池流域城镇化发展迅速，污水数量在短期内大量增加。据统计，每年排入滇池的污水约 2 亿立方米，即 2 亿吨左右。其二，滇池属于半封闭性湖泊，缺乏充足的洁净水输入对湖泊水体进行置换。其三，在自然演化过程中滇池湖面渐趋缩小，湖盆变浅，内源污染物堆积，进入老龄化阶段，而人为加大湖水排泄量和周边森林覆盖率降低，更是加速了其老龄化进程。

进入 21 世纪以来，云南省明显加大了滇池水污染治理的政策力度与财政投入，使得滇池整体水质实现“企稳向好”。比如，生态环境部的监测数据显示，2018 年 1—6 月全湖水质达到Ⅳ类，为 20 多年来最好，并初步形成了一个政府主导型的水环境综合治理模式。[2]

为了让高原美湖重返人间，对滇池进行抢救性治理被列入我国生态环境保护和水污染治理的标志性工程。从 1996 年起，国家已经连续 4 个五年规划将滇池流域水污染防治纳入重点治理流域，而昆明市也始终把滇池治理作为头等大事来抓。过去

1 彭永岸、朱彤：“滇池污染的成因及其治理新方案”，《地球信息科学》2003 年第 1 期，第 16～21 页。

2 张帆、杨文明、李茂颖：“昆明：亮出新颜值 美出新气质”，《人民日报》2018 年 11 月 12 日；杨宏山：“构建政府主导型水环境综合治理机制——以云南滇池治理为例”，《中国行政管理》2012 年第 3 期，第 13～16 页。

20 多年来，云南省及昆明市先后开展了环湖截污和交通、外流域引水及节水、生态修复等系列工程治理措施，累计投入资金高达 500 亿元。早在 2008 年，昆明市委、市政府就在滇池流域全面实行河（段）长负责制。与此同时，以工业污染和城市污染为治理重点，昆明市政府大量取缔、关停或外迁滇池流域内污染严重的企业，让流域内企业向工业园区集中。尽管如此，在经济社会高速发展的大背景下，滇池治理仅是“还旧账”，污染的蔓延趋势仍难以得到有效遏制。

近年来，昆明市从改变滇池治污理念入手：从最初的点源控制逐渐过渡到全流域治理，从“单兵作战”走向“系统突围”，遵循“以水定城、量水发展”的原则，将滇池治理纳入城市管理体系，全面实施了以环湖截污、外流域引水、入湖河道整治、农村面源污染治理、生态修复与建设、生态清淤“六大工程”为主线的综合治理体系建设，在“遏制增量污染”的同时“削减存量污染”。其具体措施包括，组织实施环湖截污工程，在滇池畔和昆明城内规划了长达 5700 千米的截污管道；从金沙江的一级支流牛栏江向滇池补水，将滇池内部水循环周期从 4 年缩短至 3 年；将水质目标及污染负荷削减目标精确到每条河道沟渠各个断面，推行“谁污染，谁买单”等措施。截至 2017 年年底，牛栏江共向滇池补水超过 22.87 亿立方米，有力地改善了滇池的水质，而到 2018 年 7 月，昆明主城及环湖建设了超过 5674 千米的市政排水管网和 23 座城市污水处理厂，截污治污系统基本建成。滇池水质的改善，让蒙尘已久的“高原明珠”重焕光彩。此后，昆明市继续开展滇池保护治理三年攻坚行动，目标是到 2020 年实现滇池草海和外海水质稳定达到Ⅳ类（2016 年滇池水质由劣Ⅴ类提升为Ⅴ类），然后持续不断改善。[1]

洱海在古代文献中曾被称为叶榆泽、昆弥川、西洱河、西二河等，位于云南省大理市郊区，是云南省第二大淡水湖。洱海北起洱源县，长约 42.58 千米，东西最大宽度 9.0 千米，湖面面积 256.5 平方千米，平均湖深 10 米，最大湖深达 20 米，因而虽然面积比滇池小，但蓄水量却更大些，总径流面积 2565 平方千米。湖面除接受大气降水外，主要靠河流补给，从北面入湖的河流有弥苴河、罗莳河、永安河，从南面入湖的有波罗河，西面有苍山十八溪入湖。洱海有两个出水口，一是在下关镇附近经西洱河流出，二是“引洱入宾”（宾川县）。洱海是大理“风花雪月”四景之一“洱海月”之所在，据说因其形状像一个耳朵而取名为“洱海”。同时，洱海也是白族人民的“母亲湖”，白族先民称之为“金月亮”。

洱海形成于冰河时代末期，其成因主要是沉降侵蚀，属构造断陷湖。它历史上的最高水位是 1976.10 米，最枯水位是 1973.28 米。1969 年，由于西洱河水电工程的建设，水位降至

1 参见中国环保在线：“从点源控制到综合修复 滇池步入精细化治理新阶段”，http://www.hbzhan.com/news/detail/125107.html（2018 年 7 月 23 日）；王密：“滇池治理显成效”，《昆明日报》2017 年 2 月 28 日。

1970.66 米，降低了 3.34 米，并随之出现了一系列生态失调问题：岸边重构、已建泵站悬空失效、鱼类资源骤减、井水干涸，等等。而自 20 世纪 80 年代以来，对洱海自然资源的过度开发则导致了日趋严重的水质变坏和污染问题。

概括地说，导致洱海水污染的原因有以下三个[1]：一是养殖业的过度发展。许多渔民在洱海上建起了养殖圈，而这些养殖圈里的鱼类大多不是本地物种，从而破坏了洱海原本的生态平衡，导致其生物种类急剧下降；二是油气渔船的数量过多。洱海周边的许多渔民家庭都有油气渔船，而油气的污染对洱海的水质产生了严重影响，使得洱海中的一些破坏性元素积聚，从而导致了蓝藻暴发等水污染灾害。三是外来物种入侵。水葫芦作为一种可以净化水质的水生植物，原本是作为治理洱海的一种较环保方式来引进的，但由于其生长速度过快而对湖中的水下生物和植物造成了严重破坏。结果是，20 世纪末、21 世纪初洱海的水污染变得日益严重：1996 年和 1998 年，洱海连续暴发了两次全湖性的“蓝藻”危机，水体透明度由 3～5 米降到 0.4～1.5 米；1992—2001 年，洱海保持在中营养水平，整体上处于从中营养向富营养湖泊过渡的阶段，总硬度和总氮上升趋势明显。

应该说，经过 21 世纪以来，尤其是党的十八大以来云南

---

1 李凤香：“洱海面源污染治理现状及对策”，《环境科学导刊》2008 年第 S1 期，第 82～84 页。

省和大理州的持续性努力，洱海的水质保护与污染治理还是取得了一定成效。比如，对洱海湖区 2005—2014 年水质监测资料的“内梅罗水污染指数法”分析表明[1]，洱海水质整体处于清洁状态，保持在中营养状态，湖泊富营养化进程减缓，磷作为内梅罗指数最大贡献因子成为影响洱海水质的主要污染物，洱海枯水期水质好于丰水期水质，污染以面源污染为主，洱海水环境保护工作取得成效。甚至有学者评价指出[2]，鉴于水污染防治及湖泊治理是一个世界性难题，也是当前我国亟待研究解决的重大问题，洱海治理是当今我国湖泊治理中少有的成功范例，因为它清楚地展示了我国水污染防治和湖泊治理正在发生的经济发展方式和污染治理方式的双重转型：一方面纠正传统的通过高消耗追求经济数量增长和“先污染后治理”的发展模式，走人口、经济、社会、环境和资源相互协调的可持续发展的道路；另一方面纠正传统的“重城镇轻农村”“重工业轻农业”“重技术轻社会”以及“重点轻面、抓大放小”的污染治理方式，大力调整产业结构，致力于“结构减排”和“经济社会发展控污”，着力加强农业面源污染、农村生活污染的治理，实施全域性的综合治理。

更值得关注的是，以习近平同志 2015 年 1 月视察并做出

1 羊华：“洱海 2005—2014 年水质状况及变化分析”，《水利信息化》2016 年第 1 期 25～28 页。

2 项继权：“湖泊治理：从‘工程治污’到‘综合治理’——云南洱海水污染治理的经验与思考”，《中国软科学》2013 年第 2 期，第 81～89 页。

重要指示为节点，云南省和大理州对洱海水环境治理的政策力度与财政投入明显加大。2018 年 11 月 1～2 日，云南省委副书记、省长阮成发再次来到大理州督导洱海保护治理工作，并召开了现场办公会，这是他担任洱海省级湖长一年多来的第四次现场调研督导。他在大理市龙王庙箐检查非煤矿山生态修复情况，在海东镇塔村、下关镇洱滨村督导“三线”划定、生态搬迁安置、环湖湿地恢复、“四水全收”工作，在挖色镇污水处理厂督导村镇污水收集处理，在大理镇清碧溪查看农业面源污染防治情况，在海东新区、大理至南涧高速公路施工现场督导新区规划建设、人口和产业疏解、水循环系统建设，在双廊镇商户、客栈随机调研经营户污水收集处理情况，明确要求在推进经济社会发展过程中，始终牢牢坚持洱海保护治理优先的原则。在大理州洱海保护治理现场办公会上，阮成发认真听取洱海保护治理工作情况的汇报，并与大理州、省级有关部门负责人以及有关专家共商保护治理的良策。他强调指出，洱海保护治理工作虽然取得了阶段性成效，但离习近平总书记和党中央的要求还有很大差距，因而，一是要认真学习领会习近平总书记重要批示精神，提高政治站位，增强紧迫感，切实扛起保护好洱海的政治担当、历史担当、责任担当，坚决打赢洱海保卫战；二是要认真剖析工作不足，勇于走出系列认识误区，实现保护治理洱海的质的飞跃；三是要以不达目的决不罢休的决心和毅力，坚决打赢洱海保护治理

“八大攻坚战”[1]。

党的十九大以来，大理州认真学习与践行习近平生态文明思想，坚定树立“绿水青山就是金山银山”理念，以洱海保护治理统领全州经济社会发展全局，把洱海保护治理作为各族干部群众的责任担当和政治担当，以洱海流域保护为引领统筹抓好全州生态建设，以洱海流域规划为核心统筹全州空间布局，以洱海流域治理为突破统筹推进全州产业绿色转型，以洱海流域为枢纽统筹全州路网建设，以洱海流域为重点统筹深化全州各项改革。立足于洱海污染累积型、输入型双重叠加的实际，大理州坚持标本兼治、长短结合，把全面贯彻落实省委、省政府决策部署与持续推进“七大行动”相结合，近期攻坚与久久为功相结合，坚持保水质防蓝藻与转变发展方式“两手抓”。

具体而言，一方面，持续推进流域“两违”整治、村镇“两污”治理、面源污染减量、节水治水生态修复、截污治污工程提速、流域执法监管、全民保护洱海等“七大行动”，确保洱海水质不下降、不恶化、不发生规模化蓝藻水华。另一方面，坚持生态优先、保护优先的原则，落实“共抓大保护、不搞大开发”的理念，调整优化洱海流域空间规划、城镇布局，推动洱海流域加快绿色发展，尤其是打好、打赢如下“八大攻坚战”：一是“环湖截污攻坚战”，加快截污治污工程设施调试和排查

1 “云南省长：坚决打赢洱海保护治理攻坚战”，《云南日报》2018 年 11 月 6 日。

整改，妥善处理污水厂尾水排放问题；二是“生态搬迁攻坚战”，加快洱海生态环境保护蓝线、绿线、红线“三线”划定及生态搬迁，高水平建设“1806 特色小镇”和 20 千米环洱海生态绿道；三是“面源污染治理攻坚战”，全力推进以“三紧四推”为政策抓手的生态有机农业发展；四是“河道治理攻坚战”，全面落实河长责任制，深入清理整治河湖乱占、乱采、乱堆、乱建；五是“矿山整治攻坚战”，严厉打击非法开采和私挖盗采行为，抓紧开展非煤矿山植被修复；六是“环湖生态修复攻坚战”，加快流域生态增容，抓紧实施系列生态工程，持续改善流域生态环境；七是“水质提升攻坚战”，统筹做好洱海外补水，科学调度流域水资源，强化水生态建设立法与技术体系完善；八是“过度开发建设治理攻坚战”，将洱海水质和水环境承载力作为刚性约束，不断优化以洱海为核心的“1 市+6 县”区域生产空间、生活空间和生态空间布局，构建流域绿色发展新格局。[1]

可以相信，洱海的保护治理就像滇池的污染治理一样，一方面最为艰难的时刻已经过去，另一方面假以时日肯定会取得更为明显的和实质性的成效，而这显然是与我国大力推进生态文明建设的新时代背景与话语语境密不可分的。也就是说，无论是从（现代化）发展方式还是从生态环境治理方式上说，大

1 “大理州洱海保护治理增强紧迫感打好攻坚战”，《云南日报》2018 年 11 月 15 日。

力推进生态文明建设的执政党政治意识形态与国家重大战略都已经提供了一种十分明确的新型路径选择与政策框架。尤其关键性的是，自党的十八大以来，包括云南省在内的各级党委和政府政治理解与政策落实大力推进生态文明建设的执政水平和能力已经显著提高了。

但也必须看到，云南省九大高原湖泊的保护治理依然面临着诸多不易克服的困难和十分严峻的挑战。[1] 一方面，这些湖泊目前依然肩负着超过其环境承载力的污染负荷，污染存量巨大，污染源还没有完全杜绝，截污治污体系尚未完善，湖泊生态环境体系尚未形成，因而稍有懈怠和不慎，以前努力的成效将可能会化为乌有。也就是说，如何在减少污染物输入增量的前提下尽快有效处置现有的污染物存量仍是一项十分繁重的任务，2020 年前打好、打赢实质性提升九湖水质的系列攻坚战并非易事。另一方面，这些湖泊的高水平保护与根治并不是一个孤立的水环境治理政策或政治议题，而是必须置于整个生态环境治理体系与能力建设乃至生态文明建设的大系统大框架之下。也正是在这一意义上，云南省的九大高原湖泊保护治理还任重而道远，必须清楚认识其复杂性、艰巨性和长期性，坚定信念，从长计议，科学谋划，有序推进。

1 董云仙等："基于生态文明建设的云南九大高原湖泊保护与治理实践路径"，《生态经济》2014 年第 11 期，第 151～155 页；张召文："云南九大高原湖泊治理的复杂性、艰巨性和长期性"，《环境科学导刊》2012 年第 1 期，第 19～20 页。

概括地说，一是要坚持保护与治理相结合，对于那些水质良好的湖泊（如洱海）要按预防为主、保护优先、发展优化的思路，而对于其他污染型的湖泊（如滇池），则必须采取工程与管理措施并举、内源和外源共治、存量和增量共减，加大综合治理力度，确保入湖污染负荷得到有效削减并逐步控制到流域环境承载力范围之内，逐步恢复水环境功能并最终建立湖泊健康生态系统；二是要遵循系统治理思路，突出流域管控与生态系统恢复，划定并严守湖泊生态红线，强化建立九大高原湖泊流域部门联动，建立和完善省级巡查、州市县区检查的环境监督执法机制，大力推进湖泊生态圈建设；三是要加强组织领导，建立完善的治理长效机制，营造全民参与、监督的社会氛围，以治理成效切实改善城乡人居环境，提升群众生态获得感；四是要加快形成绿色生产方式和生活方式，坚持发展与保护并重，走“两型三化”的产业发展路子，提升绿色发展水平，构建绿色产业体系，发展壮大绿色经济，通过九大高原湖泊治理保护，逐渐形成环保产业集群，为降低治理成本提供开创性实践。总之，只有做到习近平同志所要求的算好“生态账”，切实践行“绿水青山就是金山银山”理念，走出一条经济发展与环境改善双赢之路，才能最终让“九颗高原明珠”还原亮丽本色，重现湖泊生态美景。

第三节 积极发展绿色经济：以普洱市为例

无论是从生态环境问题长期有效治理还是从大力推进生态文明建设的视角来说，如何全面践行“绿水青山就是金山银山”理念，彻底打破简单地把发展与保护对立起来的思维范式，真正实现经济社会发展与生态环境保护的内在统一，都是一个不容忽视的重要议题方面，而这对于像云南这样的生态环境资源既十分丰富、又相当脆弱的省域来说尤为关键。也就是说，一方面，良好的生态环境不仅是云南人民的宝贵财富，也是全国人民的共同财富。因而，云南省作为国家的西南生态安全屏障，承担着维护区域、国家乃至全球生态安全的战略性任务，同时又是生态环境比较脆弱敏感的地区，使得其生态环境保护的任务极其艰巨，必须要像保护眼睛一样保护好那里的绿水青山、蓝天白云。换言之，对于云南省来说，“争当全国生态文明建设排头兵”的基本要求，就是切实保护好“七彩云南”的山山水水、花草林木，否则一切都将无从谈起。

另一方面，至少同样重要的是，云南省还必须牢记习近平同志指示，按照中共中央、国务院印发的《生态文明体制改革总体方案》的明确要求，树立发展和保护相统一的理念，坚持走出一条绿色发展、循环发展、低碳发展的新路子，按照主体功能定位控制开发强度，调整空间规划结构，实现发展与保护的内在统一、相互促进。也就是说，对于云南省而言，“争当全国生态文明建设排头兵”的另一个基本要求，就是全面落实党的十九大报告的战略部署，大力促进全社会向绿色生产方式和绿色生活方式的全面转型，积极构建绿色产业体系，探寻实现“绿水青山就是金山银山”的转换机制路径，从而构建起人与自然和谐相处的社会主义现代化新格局。[1]

基于此，云南省委、省政府所确定的促进绿色发展的重大政策举措包括[2]：其一，把节约资源作为保护生态环境的根本之策，大力推动全社会节能减排。云南省将坚持节约资源的基本国策，综合运用市场、法律、经济等手段，全面推进工业、建筑、交通运输、商业、公共机构、农业和农村等各领域的节能降耗与资源综合利用，加快建设资源节约型、环境友好型社会，逐渐构建起覆盖全面、科学规范、管理严格的资源总量管理和全面节约制度，着力解决资源使用浪费严重、利用效率不高等问题；按照节水优先、空间均衡、系统治理、两手发力的方针，健全用水总量控制制度，保障供水安全；完善基本农田保护制度，划定永久基本农田红线，按照面积不减少、质量不下降、用途不改变的要求，将基本农田落地到户、上图入库，实行严格保护；建立健全矿产资源集约开发机制，提高矿区企业集中

1 张纪华：“争当生态文明建设排头兵　擦亮‘绿色云南’名片”，《环境保护》2017 年第 22 期，第 47～52 页；陈豪：“争当全国生态文明建设排头兵”，《云岭先锋》2015 年第 4 期，第 8～9 页。

2 中共云南省委党校中国特色社会主义理论体系研究中心：“推进生态文明建设、加快建设美丽云南”，《云南日报》2018 年 3 月 20 日。

度，鼓励规模化开发。其二，建立健全绿色低碳循环发展的经济体系，培育更多绿色产业市场主体和新增长点。云南省将牢固树立“生态立省、绿色发展”的理念，积极探索实践具有云南特色的绿色产业发展路径，实现经济跨越式发展与生态文明建设的双赢。在产业部署方面，第一产业将深化农业供给侧结构性改革，推进高原特色农业现代化，大力发展生态农业，提高农产品质量和效益，推进农产品绿色营销，着力打造云南高原特色农产品的“金字招牌”；第二产业要坚定不移走新型工业化道路，转变经济发展方式，发展集约、特色和多元工业经济，坚持实施以信息化带动工业化、以工业化促进信息化的发展道路，保证工业发展沿着科技含量高、经济效益好、资源消耗低、环境污染少、人力资源优势得到充分发挥的发展思路顺利进行；第三产业要积极探索现代服务业发展新模式，加强自然环境保护、基础设施建设，提高旅游服务质量，并通过挖掘历史文化资源突出地方旅游特色，优化游客旅游体验，重塑云南旅游业的良好形象。同时，加大对绿色科技创新的支持力度，对具有前沿性、应用性、创新性的绿色科技给予政策倾斜和资金帮助，将目前分头设立的环保、节能、节水、循环、低碳、再生、有机等产品统一整合为绿色产品，建立统一的绿色产品标准、认证、标志等体系；进一步完善绿色财政、税收政策，大力推行建立绿色信贷、绿色发展基金、绿色担保机制等绿色金融体系，为绿色发展提供政策支撑。其三，发展壮大循环经济，促进生产、流通、消费过程的减量化、再利用、资源化，提高全社会资源产出率。云南省将积极鼓励与支持社会组织和民间团体参与促进循环经济发展的各项活动，使全民能够理解、支持和自觉参与节约资源、爱护资源、合理利用资源和循环经济事业的发展，从而使循环经济步入良性发展的轨道；加快研究制定与国家促进循环经济发展、固体废物回收处理和再资源化、废旧家电和电子产品回收处理和再资源化，推进清洁生产、城市生活废弃物分类处理和再资源化等法律法规相配套的地方立法；充分发挥税收、金融、财政等经济政策对循环经济的导向、推动作用；突出抓好省级工业园区循环化改造，逐步实现园区土地集约利用、能源梯级利用、废物交换利用、废水循环利用；探索建立促进资源高效利用考核指标体系，推进传统产业转型升级，积极开展工业产品生态（绿色）设计示范企业创建工作，总结推广示范企业推进模式和成功经验，引导工业走绿色低碳循环发展道路。

依据前文所指出的对我国生态文明建设两大类型的大致性区分，不难理解，云南省及其所辖的普洱等地市属于所谓的“绿色发展模式”（另一种是“生态现代化模式”）。而笔者一行于 2018 年 9 月应《人民论坛》杂志社邀约对普洱市澜沧、西盟和孟连等县以绿色发展为引领、推进区域生态文明建设的实地考察，大大丰富与深化了对我国生态文明建设地方实践的绿色发展模式或进路的理解。[1]

普洱市地处云南西南部，辖 9 县 1 区，国土面积为 4.5 万平方千米，是云南省国土面积最大的州市，总人口 262.7 万，有着十分优厚的自然生态气候条件（如森林覆盖率高达 68.7%并拥有 16 个县级以上自然保护区）、生物（水电）资源禀赋（如分布着全国 1/3 的生物物种和拥有 1500 万千瓦的水能蕴藏量）、民族文化多样性（如少数民族占总人口的 61%）和区域地理区位（如有着长达 486 千米的国境线和两个国家级一类口岸），并因而被设立为全国唯一的“国家绿色经济试验示范区”。2017 年，全市实现地区生产总值 624.59 亿元，地方公共财政预算收入 53.22 亿元（支出 271.78 亿元），城乡居民人均可支配收入分别为 26853 元和 9484 元，三大产业比例为 25.59%∶35.68%∶38.73%。

可以看出，一方面，普洱市有着令人羡慕的生态环境条件和居民生活环境质量，冬无严寒、夏无酷暑，连中心城区也有着每立方厘米空气高达 8000～10000 的负氧离子含量，被称为是最适宜人类居住、最适宜动植物生长、最适宜人与自然和谐发展的地区，至于澜沧、西盟和孟连三县的县城（尤其是西盟新县城），就只能用“窗明几净、眉清目秀”来形容。另一方面，必须承认的是，按照现代经济的衡量测算方式，普洱市的

1 郇庆治：“生态文明建设的绿色发展模式：以云南省普洱市为例”，载《普洱国家绿色经济试验示范区白皮书》（《人民论坛》杂志社：2018 年 8 月），第 96～99 页。

经济实力仍是相对有限的，年人均 23776 元——比如，列江西省 11 个地级市第十位的景德镇市 2017 年的 GDP 总量有 900 亿元，澜沧县则是云南省 27 个深度贫困县之一，贫困人口分别占县总人口的 24.1%和全市贫困人口的 1/3，因而面临着十分艰巨的脱贫攻坚任务。也正是在上述意义上，普洱市以及云南省的生态文明建设确有自身的显著特殊性。

普洱市促进绿色发展的经验性做法，可以概括为以下三个方面[1]：其一，将绿色发展理念与战略贯穿于区域经济社会发展的各个方面与全过程。这突出表现在普洱市将自然生态价值的实现或转换理念引入了区域经济生产价值的核算，比如，经过中科院课题组测算，2016 年该市全年森林生态服务功能价值约为 2850 亿元，生态系统生产总值（或 GEP）约为 7430 亿，是当年 GDP 的 13 倍。这两组数据的更准确统计与核算是可以讨论的，但它所表明的是，传统意义上以工业制造为核心的 GDP 统计与核算体系正在得到突破，而这对于绿色经济发展和生态文明建设具有前提性重要性。

这其中特别值得关注的有两点：一是水电开发，二是生态扶贫。对于前者，笔者一行参观考察了位于云南省澜沧江中下游河段“二库八级”水电开发方案中处在第五梯级的糯扎渡水电站。水库设计总容量为 237.03 亿立方米，电站装机容量为

1 这里所使用的相关数据主要来自调研期间（9 月 12～15 日）由普洱市绿色经济办公室以及澜沧、西盟和孟连三县政府所提供的背景材料。

5850 兆瓦，年发电量为 239.12 亿千瓦时。需要特别指出的是，它从 2004 年 1 月开始施工准备，2014 年 6 月全部 9 台机组投产发电，历时十年之久，是澜沧江流域单体投资额最大的水电工程和基建工程项目（除了最近正在建设过程中的高速公路工程），直接助推澜沧县 8 个乡镇 28 个村庄摆脱贫困并实现经济发展，同时，这座只有不足 300 名员工的水电站也是迄今为止普洱市境域内的最大工业生产企业，贡献着 1/4 以上的地区生产总值。同样重要的是，水电是作为一种绿色能源、水电开发是作为绿色经济的一部分来理解与统计的。

对于后者，笔者一行参观了西盟县的三江并流牛养殖公司的班母村养殖小区和中蜂养殖项目，政府大力扶持这些企业产业发展的重要考量，除了充分开发利用当地丰富的草地资源（人均 8.8 亩）和蜜源植物资源，就是把农业结构优化调整与脱贫攻坚战略有机结合起来。因为，在这些产业的发展过程中，贫困农民可以通过“龙头企业+平台+合作社+贫困户”的模式，参与到一种产业与经济脱贫的健康性链条之中。对此，正在挂职的县委副书记（兼任县驻村扶贫工作队总队长），还就这样一种新农村产业发展链条模式的持久脱贫意义向笔者一行做了阐释（13 个云岭牛养殖小区全部建成后可以让 1.2 万名贫困人口人均增收 2850 元）。

其二，利用十分丰富的地域生物（生态）多样性资源，大力发展特色农林畜牧产业（品）。这方面最突出的无疑是以古茶林、生态有机茶和高品质大众茶为代表的普洱茶产业发展。作为茶树原产地中心地带和普洱茶的故乡，普洱市尤其是澜沧县，境内有野生茶树 11.8 万亩，有全球迄今发现最古老的树龄达 1700 多年的过渡型大茶树——邦崴千年古茶树，有全世界迄今发现种植年代最久远、连片面积最大、保存最完好的人工栽培型古茶林——景迈山千年万亩古茶林。笔者一行在雨中参观考察了位于惠民镇东南部的景迈山千年古茶林，以及正在建设中的景迈山茶文化遗产景区和附近的翁基古寨。概括地说，古老的茶树与茶产业赋予了普洱的茶种植、生产加工与销售以浓郁的文化气息和品味，而文化意涵又大大提升了茶产业的经济价值。当然，同样基于丰富的生态生物多样性资源的其他农林畜牧产品（业）也在快速兴起与成长，比如西盟的蜜蜂养殖加工业与牛养殖加工业、孟连的牛油果产业与蔗糖综合加工业等。

其三，利用极其丰富的地域、生态文化资源，大力发展生态文化旅游业。这方面除了更多是地方特色性的像澜沧县的酒井老达保（拉祜族古村寨和国家非物质文化遗产传承保护基地）和翁基古寨（布朗族古村寨）、西盟县的博航村佤族古寨和勐梭龙潭风景区、孟连县的龙血树自然保护区等生态人文景观，最具有代表性的是景迈山世界文化遗产的打造与申报。按照目前规划，普洱景迈山古茶林将是一个达 177 平方千米的文化遗产风景区，其中包括遗产区 72 平方千米、缓冲区 105 平方千米，申报要素为三片人地关系最显著、分布最集中、保存最完好的古茶林约1.84万亩和9个传统村落。至少从笔者一行的实地观察来看，尽管也许更大范围内和更宽阔视野下的筹划更有助于景迈山申遗的最后成功，但这的确反映了普洱市上下努力打造一个世界级旅游景区的决心（普洱市境内设有两个支线机场就是明证），从而带动全市生态文化旅游业乃至整个产业结构的升级转型。

可以说，上述三个方面突出体现了普洱市以绿色发展引领区域生态文明建设的模式或进路特点，比如更多考虑脱贫攻坚战政策目标的实现和更自觉开发利用境域内丰富的生态生物与民族文化资源。甚至在某种程度上说，包括普洱市在内的云南省各地，更接近于一种文化建设引领的区域生态文明建设模式或进路。[1] 当然，这些县区的生态文明建设鲜活实践也提出或凸显了一系列需要进一步观察与思考的问题：比如绿色经济、生态脱贫与水电开发之间复杂的理论和实践关系（简单拒绝水电开发自然是无济于事的，但如何使之更好地服务于当地绿色经济发展却是值得深入探究的），生态社会与文化资源开发中面临的相对于生态农林业、生态旅游业和生态商业的显而

1 张修玉："云南少数民族生态文明建设路径"，载周琼（主编）：《屏障与安全：生态文明建设的区域实践与体系构建》，科学出版社2018年版，第196～198页；尹绍亭："生态文明论：文化人类学的视角"，载周琼（主编）：《探索与争鸣：建设美丽中国的西南实践》，科学出版社2018年版，第3～13页；刘豪："生态文明建设对云南民族文化的作用研究初探"，《昆明学院学报》2016年第1期，第66～72页；廖小明、冯颜利："生态文明视阈下的云南生态文化建设"，《中共云南省委党校学报》2013年第1期，第105～107页。

易见的困难（需要从源头上防止新形式的“文化搭台、经济唱戏”），驻地扶贫干部先进事迹所进一步凸显的如何发挥绿色企业家和生态文明建设大众主体的作用及其培育机制，等等。

第四节 生态文明建设政治学视野下的分析与思考

作为推进区域生态文明建设的一个典型案例，云南省的地方实践可以从不同的层面与视角加以分析思考。而从生态文明建设政治学或环境政治学的视角来看，最值得关注或强调的有以下三点。

其一，学习贯彻与努力践行习近平生态文明思想的整体指导引领作用。无论是从云南省生态文明建设省域战略的渐进形成还是从它的议题领域推进来说，习近平生态文明思想都发挥了重要而直接的指导性作用。从习近平同志 2008 年首次视察云南时所提出的“云南要争当生态文明建设排头兵”的殷切希望，到 2015 年、2020 年再次视察云南时所提出的更明确更严格要求，既是云南省“争当全国生态文明建设排头兵”省域推进战略的核心理念与根本遵循，也是习近平生态文明思想的重要内容体现。[1]

1 张纪华：“学习贯彻党的十九大精神　为建设美丽云南砥砺前行”，《西南林业大学学报（社科版）》2018 年第 1 期，第 1～10 页。

从理论层面上说，习近平同志的系列重要讲话清楚地表明，像云南这样的传统视野下的西南部边疆民族欠发达地区，依然可以成为我国生态文明建设的排头兵、先行者与引领者。这既是由于云南省所拥有的得天独厚的生态环境资源在全国大力推进生态文明建设的社会主义现代化发展新时代有着更为突出的重要性——尤其是区域、全国乃至全球意义上的生态安全屏障与生态生物多样性保障的重要性，也是由于我国社会主义现代化发展的阶段性跃迁与新时代改革开放的大背景为像云南这样的省区提供了前所未有的绿色发展历史机遇。也就是说，只要从大力推进生态文明建设与生态文明体制改革、努力建设美丽中国的时代大势出发，像云南这样的省区就会发现自己独特的发展条件、发展机遇和发展优势，甚至原来意义上的发展劣势甚或障碍都会转化成为先天优势或正能量。比如，原来作为经济实力重要衡量指标的传统工业，尤其是矿产业、制造业和化工业的确是云南省的薄弱环节，但在经济结构绿色转型的背景下，就有可能呈现为一种先天优势或“发展资源”；再比如，长期以来自我界定为西南边陲的地理区位，在国家新一轮改革开放和积极推进“一带一路”倡议的大背景下，则会成为一种明显的经济开放发展前沿的地缘优势。

因而，云南省生态文明建设的切实成效包括“争当全国生态文明建设排头兵”省域战略的阶段性推进的一个重要前提，就是不断深入学习贯彻习近平生态文明思想。[1] 当然，其关键性方面并不是习近平同志系列讲话中的个别词句表述，而是这些讲话的精神实质，并及时转化为云南省上下的战略推进举措和实践行动。比如，这其中有两个核心性问题需要解决：一是如何从党的十八大报告所要求的“五位一体”的意义上全面推进云南省的生态文明建设，因为单纯从东部省份生态环境质量改善或保持目标的意义上来要求云南省，既没有可比性也意义不大，问题是如何做到必要的区域经济社会现代化发展不会对当地、区域和全国的生态环境安全与质量产生重大影响（尤其是不可逆性影响）。二是云南省及西南地区的生态文明建设是否可以在未来目标创新、制度架构创新、体制机制创新等方面进行更为大胆主动的探索，提供更为根本意义上的我国社会主义现代化发展乃至人类现代文明发展的地方（全球）经验，因为当代社会对于可持续发展或生态文明建设的认知与经验毕竟仍是非常有限的。可以说，过去十多年里，云南省“争当全国生态文明建设排头兵”省域战略的丰富完善与阶段性推进，正是不断深入学习与努力践行习近平生态文明思想的结果。

其二，地方党委与政府明显的推进主体作用。总体来说，历届云南省委、省政府以及各级地方党委与政府都十分重视生态文明建设，而且明显地呈现出一种力度与广度渐次提升的阶

1 王传发：“建设中国最美丽省份、展现新时代云南新担当新作为”，《云南日报》2018 年 7 月 26 日；瞿姝宁、杨猛：“坚决贯彻落实习近平生态文明思想　切实担负起生态环境保护政治责任”，《云南日报》2018 年 9 月 9 日。

段性变化。甚至可以说，地方党委与政府及其主要负责人是各自地区生态文明建设推进的主要责任主体。

在党的十七大、十八大、十九大之后和习近平同志视察云南省之后，以及历届省党代会之后等一系列重要时间节点，云南省委、省政府及其主要负责同志都会对云南省“争当全国生态文明建设排头兵”的省域战略做出明确政治表态，而对于其中带有全局性影响的重要战略举措也都是亲力亲为、重点督办。比如，昆明滇池、大理洱海的水污染和环境治理，就主要是通过云南省委、省政府和昆明市、大理州党委与政府的强力行政举措来推动的。2017 年年初，云南省全面推行河长制，以加强长江、珠江等六大水系和滇池、洱海等九大高原湖泊的保护治理。结果是，省委书记陈豪出任全省总河长和抚仙湖河长，省长阮成发担任全省副总河长和洱海河长。

2017 年 4 月 21～22 日，陈豪就以全省总河长和抚仙湖河长身份，带头履行河长责任制，率领调研组深入澄江、江川等地，实地调研“三湖”保护治理。他强调指出，要深化思想认识，夯实责任担当，全面贯彻落实中央对河长制的工作部署，深入推进以高原湖泊为重点的水环境综合治理，不断增加良好生态带给百姓幸福生活的获得感；党政领导要亲力亲为，强化河长制责任落实，千方百计守住保持抚仙湖Ⅰ类水质这条红线，决不让一湖清水在我们这代人手里失去；要找准问题，保护优先，统筹实施好生态移民和“一城五镇多村”规划建设，确保一级保护区内企、事业单位按时全部退出，要严格控源，完善截污管网建设，确保污染处理达标排放，要强化湖泊周边生态修复，协调山水林田湖居，实现人与自然和谐相处。

与此同时，从2017年4月到2018年11月，阮成发先后四次来到大理州督导洱海保护治理工作，并召开现场办公会，对于强力推进洱海的水环境治理与周边生态环境保护恢复提出明确的指导性意见与要求。可以说，正是由于各级河长的亲力亲为和强力推动，滇池流域在自 2008 年实行“河（段）长责任制”以来的十多年中，河道生态环境和水质得到明显改善。如今，36条出入滇池河道及滇池周围工业、农业、生活污水源基本实现截污导流，主要入湖污染物浓度明显减轻，河道生态景观显著改善。同样，2017年大理开始实施洱海抢救行动，打响了“七大行动”攻坚战，强力整治流域违章建房和客栈餐饮违规经营，对核心区违法违章建筑坚决依法拆除，对违法排污的一律关停，并已初步取得了洱海重现碧波荡漾的整治效果。

再比如，在市委、市政府的不懈努力和云南省委、省政府的大力支持下，普洱市在 2014 年 3 月获批全国唯一的“绿色经济试验示范区”，旨在探索我国边疆民族欠发达地区立足自身优势转变经济发展方式、实现跨越式发展的路径和经验，同时也致力于为生态优良地区的生态文明建设引领方向，为边疆民族地区脱贫致富、守土固边、和谐发展提供样板，为我国在大湄公河次区域树立良好形象。过去5年多来，普洱市委、市政府将习近平生态文明思想作为推进国家绿色经济试验示范区建设的根本遵循，将绿色经济与乡村振兴战略的深度融合作为打赢脱贫攻坚战的强大保障，将推动发展绿色经济作为建设我国边疆民族欠发达地区对外开放高地的核心内容，完善“生态立市、绿色发展”区域战略，全面领导深化组织建设，构建绿色发展制度体系，强化基础设施保障，强力促动绿色低碳循环产业发展，绿色发展与生态脱贫协同推进，取得了引人注目的成绩（2018 年 9 月这一试验示范区项目顺利通过了国家发展改革委组织的考评验收）[1]。而在 2018 年 9 月 18 日举行的“生态文明与人类命运共同体”国际研讨会上，普洱市以绿色发展为主题的生态文明建设区域战略，也得到了与会专家的高度认可与积极评价。[2]

需要指出的是，无论是“绿色经济试验示范区”项目还是“生态文明与人类命运共同体”国际研讨会的组织实施，包括市委书记在内的普洱市党政主要领导都是运筹帷幄、鞍前马后。而在党政一把手的高度重视之下，各级地方政府的主管部门领导及其具体工作人员也是责任明晰、层层落实。但是，面对一些近乎苛刻的绿色经济发展和生态脱贫指标时[3]，压力也是

1 人民论坛杂志社：《普洱国家绿色经济试验示范区白皮书》，2018 年 8 月，第 4～49 页。

2 “特别策划：生态文明与人类命运共同体”专辑，《人民论坛》2018 年 10 月（下）。

3 笔者一行 2018 年 9 月对普洱市澜沧县、西盟县和孟连县等实地调研过程中与（驻地）基层干部的访谈，对此留下了深刻的印象。

很大的。

其三，国家重大战略部署的贯彻落实成为区域生态文明建设推进的重要制度平台。十分自然的是，贯彻落实党和国家关于生态文明建设的重大战略部署成为云南省大力推进省域生态文明建设的重要制度平台或“政策抓手”。

比如，2016 年 12 月中共中央办公厅、国务院办公厅印发了《关于全面推行河长制的意见》并要求各地结合实际贯彻执行，云南省委办公厅、云南省人民政府办公厅在 2017 年 4 月印发了《云南省全面推行河长制的实施意见》，而云南省河长制领导小组则在 2017 年 8 月印发了《云南省全面推行河长制行动计划（2017—2020 年）》（以下简称《行动计划》）。该《行动计划》包括总体要求、主要目标、行动计划、保障措施四个部分，对全省河长制工作明确了目标、时间节点和具体措施。《行动计划》提出了全面建立河长制、有效保护水资源、确权划定水域岸线、强化防治水污染、大力治理水环境、加快水生态修复、全面执法监管等七个方面的主要目标，并明确了相应的主要指标。《行动计划》还按照《云南省全面推行河长制的实施意见》的主要任务要求，提出了六大行动举措：一是水资源保护行动计划，二是河湖水域岸线管理保护行动计划，三是水污染防治行动计划，四是水环境治理行动计划，五是水生态修复行动计划，六是加强执法监管行动计划。此外，《行动计划》还提出了六项保障措施：一是落实机构，加强组织领导，建立河长制领导小组和河长制办公室，落实各级总河长及河长；二是夯实职责，强化制度保障，落实各级河长职责，强化河长会议职责，推进成员单位分工负责，增强河长制办公室职责，建立健全工作制度；三是加强基础，构建技术支撑，建立分级管理名录，推进“一河一策”“一河一档”工作，建立监测与信息支撑体系；四是积极筹措，确保资金投入，保障河湖管理保护项目经费，拓宽河湖管理保护资金筹措渠道，落实各级河长制办公室经费；五要落实督察，强化考核激励，落实三级督查，推进责任考核，推行激励问责；六是加强宣传，强化社会监督，加强宣传教育，公示河长职责，推进公众参与，落实社会监督。

在此基础上，2017 年 5 月 10 日，云南省召开全面推进河长制动员大会；11 月 28 日，陈豪签发了第 1 号总河长令，要求全省进一步加快河（湖）长制工作；12 月 22 日，省河长制领导小组暨省总河长会议召开，对云南省全面推行河（湖）长制工作进行了再动员再部署，要求提高思想认识，进一步增强河湖管理保护工作的紧迫感、责任感和使命感，要求压实责任，用河长制、湖长制推进“河长治”“湖长清”，要求深化改革，建立健全管控有力的河湖管理体制，要求加强协调配合，形成河湖管理保护合力；要求明确重点任务，着力解决突出问题，要求强化监督检查，严格责任追究；12 月 26 日，云南省全面推行河（湖）长制新闻发布会在昆明举行，强调云南省按照

“四个到位”的要求，已经全面完成了推行河（湖）长制的各项工作。

再比如，云南省的国家公园体制建设虽然有着一定的自主探索与创新性质，1996 年开始率先在全国开展了国家公园这一新型自然保护地模式的研究、探索和实践，2006 年省政府正式做出了建设国家公园的战略部署并将“探索建立国家公园新型生态保护模式”列为全省生态建设的工作重点之一，2007 年 6 月香格里拉普达措国家公园正式挂牌成立，但之后就汇入了党和国家大力推进生态文明建设框架下的国家公园体制改革试点进程。

2008 年 6 月，国家林业局批准云南省为国家公园建设试点省，以具备条件的自然保护区为依托开展国家公园建设工作，探索具有中国特色的国家公园建设和发展思路；2015 年 1 月，国家发展改革委等 13 部委联合确定了在包括云南在内的 9 个省份开展国家公园体制试点工作，云南国家公园建设试点进入国家层面体制试点；2017 年 9 月，中共中央办公厅、国务院办公厅印发《建立国家公园体制总体方案》，系统阐明了构建我国国家公园体制的目标、定位与内涵，明确了推动体制机制变革的路径，加强了国家公园体制的顶层设计，依据这一方案，云南普达措国家公园被列为十家体制试点单位之一，或简称为“十大国家公园”。

综上所述，云南省生态文明建设的区域推进实践，在相当程度上呈现为一个思想引领、党政主推和制度创新的立体性、整体性过程。就此而言，云南省生态文明建设是全面（学习）践行习近平生态文明思想与贯彻落实党的十八大、十九大报告所做出的“大力推进生态文明建设、努力建设美丽中国”系列重要战略部署的典型性省域案例。[1]

当然，过去十多年特别是最近几年的区域性实践，也暴露或凸显了一些并非仅限于云南省一地的生态文明建设体制机制上仍有待解决的问题或挑战。比如，对于各种制度创新努力的最根本性检验是地方经济的绿色生态转型（发展）和生态环境质量的可持续改善（保障），而要取得后者意义上的切实进展显然还需要一种久久为功的耐心与定力，这对于云南省来说也不例外。[2] 再比如，如何在生态文明及其建设推进过程中充分发挥地方自主性和公众参与积极性，也是一个必须给予更多关注的问题，而这对于像云南省这样的边疆民族欠发达地区来说其重要性是不言而喻的。尤其是，除了需要进一步挖掘民族

1 郇庆治：“充分发挥党和政府引领作用 大力推进我国生态文明建设”，《绿色中国》2018 年第 9 期，第 42～53 页；云南环保宣教中心：“建设美丽云南、共享生态文明”，《云南日报》2018 年 12 月 5 日。

2 2018 年 10 月 22 日中央第六环境保护督察组向云南省反馈“回头看”及专项督察情况时认为，云南省将督察整改作为重要政治任务，取得积极进展和成效，但仍然存在思想认识不到位、整改责任不落实等问题；云南省在九大高原湖泊保护治理方面虽然做了许多工作，也取得了积极进展，但环湖过度开发、农业面源污染等问题依然比较严重。参见新华网：“中央环保督察组向云南反馈‘回头看’意见：表面整改、虚假整改问题明显”https://news.china.com/domesticgd/10000159/20181022/34229625.html（2018 年 12 月 5 日）。

社会、文化与历史元素在生态文明社会重构中的基础性支撑作用，也要更多考虑与尊重基层政府和人民群众的首创精神与民主选择权。实际上，无论是生态（精准）脱贫还是绿色发展，甚至包括对未来生态文明社会的愿景理想，最终都将是当地人民群众的自觉选择与创造，我们目前在脱贫攻坚阶段也许行之有效的一些政策手段未必适用于乡村振兴新阶段的生态文明建设推进。就此而言，对于我国大西部地区的生态文明建设目标及其进路特点的进一步研究是十分必要的。[1]

1 中国生态文明研究与促进会、中国西部生态文明发展报告编委会（编）：《中国西部生态文明发展报告（2017）》，中国环境出版集团 2018 年版，第 188～207 页。

第五章　生态文明建设政治的国际维度

2017年10月18日，党的十九大报告在确立将人类命运共同体构建作为中国特色大国外交战略的重要理念的同时，强调中国将积极引导应对气候变化国际合作，成为全球生态文明建设的重要参与者、贡献者、引领者。在2018年5月18日召开的全国生态环境保护大会上，习近平同志详细阐述了新时代推进生态文明建设必须坚持的“六项原则”[1]，其中第六项原则明确强调了“全球生态文明建设”概念，表明当代中国的生态文明及其建设目标与战略有着一个十分明确的国际层面或维度。

1　习近平：“推动我国生态文明建设迈上新台阶”，《求是》2019年第3期，第10～13页。

中国作为全球生态文明建设的重要参与者、贡献者、引领者，就是要秉持“绿水青山就是金山银山”理念，倡导推进人与自然和谐共生的现代化，不仅自身坚持走绿色发展之路，还要深度参与全球生态环境治理，推动形成世界环境保护和可持续发展的解决方案，引导各方力量积极应对气候变化、生物多样性减少、海洋污染等全球环境问题。如今，经济全球化与国际交流合作的日益深入已将全人类的命运紧紧连在了一起，任何一个国家和地区都无法独自应对日益严重的生态环境问题。相应地，全球生态文明建设要求我们在推进本国绿色发展的同时兼顾其他国家和地区的生态环境利益，共同维护好人类的美好家园。因而，不断提升国内生态文明建设政策成果的国际影响、强化我国生态文明理念的国际传播和推进全球层面上的生态文明建设，是新时代生态文明建设战略的重要任务以及政治需要。同样不容忽视的是，长期以来西方发达资本主义国家占据着世界体系的中心位置，它们凭借其强大的“硬实力”和“软实力”，拥有或维持在全球环境话语治理体系中的霸权。尽管 2008 年金融危机后，国际权力格局出现了“东升西降”的变化趋势，但西方国家对中国模式的意识形态偏见以及对中国快速崛起的焦虑等因素，正在成为阻碍我国“（环境）治理理念”和“最优实践”进行国际传播与扩散的严重障碍。在此背景下，全球生态文明建设的更有效话语诠释与国际传播，既是应对全球生态环境治理格局中中国话语显示度不够充分合理的迫切需要，也是我们把握中国国际话语权建构战略机遇期的必然选择。

第一节 中国参与全球生态文明建设的发展历程

自 20 世纪 50、60 年代以来，发达国家环境公害问题的频发逐渐使生态环境问题被明确认定为一种全球性生存与发展挑战甚至危机。在 1972 年联合国斯德哥尔摩人类环境会议上，环境议题正式被纳入到联合国政治议程中，而 1992 年的里约环境与发展大会通过对可持续发展理念的界定与传播，大大推进了全球环境治理合作的步伐。自此，生态环境议题及其应对在包括越来越多发展中国家在内的世界范围内成为一种公共管理政策。这不仅体现在民族国家层面上，国际层面上的联合国机构、国际组织和研究智库、跨国公司等，也都在某种程度上或以某种形式做出自己的回应，从而开启了所谓的全球治理绿化或生态化进程，因而也就可以说开始了广义上的全球生态文明建设实践。需要指出的是，当代中国并没有游离于这一始于 20 世纪 70 年代初的世界政治绿化进程之外，而是在其中成为一个作用越来越重要的见证者、参与者和贡献者。在此，笔者将以 1972 年斯德哥尔摩人类环境会议、1997 年《京都议定书》签署和 2012 年党的十八大三个标志性事件为时间节点，概述当代中国参与全球生态文明建设的发展历程。

一、作为后发展国家参与者的阶段（1972—1997 年）

1972 年中国政府派代表团参加在斯德哥尔摩举行的联合国人类环境会议，标志着我国参与国际生态环境治理政治与合作的开启。1978 年年底，改革开放的基本国策提出并付诸实施，大大加速了中国融入国际体系的步伐。当代中国迅速从一个“孤立的、自给自足的国家”转变成为深度参与国际治理机制的开放型国家，从而获得了更多的国际合法性，提高了国际社会对其的接受程度。[1] 1987 年，围绕消耗大气臭氧层的物质进行的《蒙特利尔议定书》谈判，开启了国际社会对全球大气和气候问题的关注。虽然中国参加了《蒙特利尔议定书》的谈判，但在谈判过程中只是作为观察员，因而并未对条约的达成及其内容发挥特别重要影响。[2] 那时，中国政府对于大气问题还没有给予高度的重视，科研投入相对不足，技术支持较为薄弱，监测数据也明显不足。因而，中国政府最初并没有签署这一议定书，因为许多发展中国家都认为《蒙特利尔议定书》并未反映出发达国家对排放过多氯氟烃造成臭氧消耗具有主要责任

1 David M. Lampton（ed.），*The Making of Chinese Foreign and Security Policy in the Era of Reform，1978-2000*（Stanford and California：Stanford University Press，2001），pp. 230-256.

2 Andrew Hodgson，*Climate of Change：A Foreign Policy Analysis of China's Participation in International Environmental Agreements*（Master Thesis of the University of Kansas，2011）.

这一事实。结果是，在巴黎召开的缔约方第二次会议对该议定书内容做了修正，而中国也在 1991 年举行的缔约方第三次会议上正式加入了《蒙特利尔议定书修正案》。在这一阶段，中国虽然比此前更加积极地融入国际环境治理架构，但仍保持着较低的参与度，并对相关国际条约规范存在疑虑[1]，而批准《蒙特利尔议定书》则为后来的参与气候变化谈判铺平了道路。

1990 年，联合国政府间气候变化专门委员会（IPCC）发布了它的第一份评估报告认为，人为温室气体排放有可能导致了全球气候变化。在这一科学评估报告背景下，联合国多边国际气候谈判于 1991 年启动，旨在就《联合国气候变化框架公约》达成共识。与在《蒙特利尔议定书》中的边缘性角色不同，中国对全球气候变化机制表现出了积极性态度。需要指出的是，这部分是为了打破 20 世纪 90 年代初西方世界对中国的外交孤立和经济制裁，并在缓和同西方国家关系的同时加强同 G77 国集团的合作，因而中国决定参与气候变化机制，将其视为重新获得国际交往空间的适当渠道。[2] 由于缺乏对气候变化机制的全面和深入了解，中国更多地把该公约视为一项普通的国际环境协定，并没有对温室气体减排的成本估算、现有技术

1 20 世纪 90 年代初，党和国家主要领导人邓小平对中国外交和安全政策部门的指导意见被总结为 24 字战略："冷静观察、稳住阵脚、沉着应付、韬光养晦、善于守拙、决不当头"，后来又增加了"有所作为"。

2 Chen Gang，*Politics of China's Environmental Protection*：*Problems and Progress*（Singapore，London and New Jersey：World Scientific Publishing Co.，2009），pp. 106-107.

的可行性和对国家能源结构与经济发展的确切影响进行系统性科学研究，而这种对气候变化的有限认识也反映在了气候谈判代表团的构成及其运行架构中。1990 年 9 月，国家气候变化协调小组成立，以便协调气候外交谈判。该代表团成员来自中国气象局、外交部、国家科学技术委员会和国家环境保护局。其中，中国气象局是牵头负责部门，但却没有包括来自经济发展部门的官员。[1] 中国是 1992 年最早批准《联合国气候变化框架公约》的十个国家之一，并于 1994 年制定了国家版本的《中国 21 世纪议程》。其后又根据该公约的有关规定，于 1995 年通过了第一次修正的《中华人民共和国大气污染防治法》。当然，也有学者认为，“当时气候政策在政府决策议程中不是很受重视，也没有明确的气候减缓或适应政策”[2]。《中国 21 世纪议程》更多是一个没有具体支持性条例的政策框架，但它表明中国将会在今后的缔约方会议上对国际环境保护准则进一步履约的姿态，而这就为 1998 年通过《京都议定书》奠定了基础。

因而，尽管中国在参与气候变化机制的早期阶段并没有充分意识到气候变化对能源监管和经济发展等方面的真实影响，但已将气候变化谈判机制视为一个加强与其他发展中国家外交关系的重要论坛。作为世界上最大的发展中国家和联合国安

1 严双伍、肖兰兰：“中国参与国际气候谈判的立场演变”，《当代亚太》2010 年第 1 期，第 80～90 页。

2 吕学都、刘德顺：《清洁发展机制在中国》，清华大学出版社 2004 年版。

理会常任理事国，中国更加重视在协调和代表发展中国家的利益与立场方面发挥引领作用。这些努力促进了“G77+中国”集团的形成。自 1991 年 6 月起，中国与印度密切合作，强烈反对要求发展中国家完成具有法律约束力的减排目标，并坚持发达国家为发展中国家提供技术和财政援助。特别是在 1992 年联合国环境与发展大会（里约“地球峰会”）上，中国和印度代表其他发展中国家坚持认为，基于历史公平的理由，发达国家应承担更多的应对责任。它们强调，发展中国家拥有实现自身发展的历史权利。“G77 +中国”集团的一致立场，最终使得“共同但有区别的责任”原则纳入《联合国气候变化框架公约》之中。尽管中国和 77 国集团发展中国家都坚持不承担减缓气候变化强制义务的原则立场，但它们最终接受了《联合国气候变化框架公约》的如下规定：建立国家排放清单，提交国家计划报告，促进可持续发展和相关信息的交流。随着《联合国气候变化框架公约》于 1994 年正式生效，关于该公约的缔约方会议（COP）也就相应启动，前三届会议旨在缔结一项对发达国家减排数量具有法律约束力的议定书。

二、作为全球生态文明建设积极贡献者的阶段（1997—2012 年）

1997 年在第三届缔约方会议上达成的《京都议定书》，是第一个对发达国家减少温室气体排放设定了有法律约束力的具体义务的国际条约，而中国在 1998 年 5 月签署了《京都议定书》。这充分表明，中国已越来越积极地参与到国际环境政策谈判之中，尤其是与《蒙特利尔议定书》谈判期间的观察员地位相比，有了实质性的提升[1]。此时，中方已经逐渐认识到，《京都议定书》所包含着的灵活机制特别是清洁发展机制（CDM）、国力建设预期和技术转让等条款，不仅关系到全球生态环境问题应对，而且对自己的经济增长、国家战略和能源系统转型有很大影响。因而，在批准《京都议定书》的过程中，中国对国际气候变化合作表现出更加主动的态度。这突出体现在气候变化谈判的牵头负责部门从中国气象局转向在经济规划和能源监管方面具有最大权力的国务院机构——国家发展计划委员会（SDPC），也就是国家发展和改革委员会的前身。1998 年，国家气候变化协调小组被重新命名为国家气候变化政策协调小组，由当时的国家计委主任曾培炎负责。随后，国家发展计划委员会的官员代表中国签署了《京都议定书》，表明全球气候变化议题已经进入到中国政策议程的主流。这一变化趋势在 2000 年波恩会议中进一步得到加强。在此次会议上，发达国家承诺增加全球环境基金的投入以帮助发展中国家减少温室气体排放。而在 2002 年约翰内斯堡联合国可持续发展世界首脑会议上，中国宣布批准《京都议定书》以应对

1 Andrew Hodgson，*Climate of Change*：*A Foreign Policy Analysis of China's Participation in International Environmental Agreements*（Master Thesis of the University of Kansas，2011）.

全球气候变化所提出的巨大挑战，并呼吁其他各方尽快批准该议定书。[1]

2005 年，《京都议定书》正式生效，表明国际社会朝着减缓全球气候变暖目标迈出了坚实的一步，并为随后的议定书履约谈判确立了基础。而 2007 年 12 月举行的巴厘岛会议，标志着国际社会开始转向讨论后京都时代的机制框架，特别是所谓的“巴厘岛路线图”为后京都时代谈判铺平了道路。巴厘岛会议之所以成为国际气候谈判进程的重要分水岭，也得益于发展中国家在谈判桌前第一次表示愿意讨论其减排量（自愿减排承诺）。自 2007 年超过美国成为最大的温室气体排放国之后，中国面临着越来越大的国际预期与压力。因而，中国在联合国巴厘岛气候谈判中转而采取更主动、积极和灵活的立场，和其他发展中国家首次同意“讨论在可持续发展的前提下适合本国的自愿减缓行动，并由技术、资金和能力建设协助达成，采取可衡量、可报告和可核查的方式”[2]。比如，中国虽然仍坚持“共同但有区别的责任”原则，并且反对就可量化减排任务承担任何法律责任，但中国领导人已在考虑使用自愿目标（而不是绝对减排义务）来展示自身在一定程度上对于气候变化机制的遵

1 Chen Gang，*Politics of China's Environmental Protection*：*Problems and Progress*（Singapore，London and New Jersey：World Scientific Publishing Co.，2009），pp. 106-107.

2 Wei Liang，“Changing climate? China's new interest in global climate change negotiations”，in Joel J. Kassiola and Sujian Guo（eds.），*China's Environmental Crisis*：*Domestic and Global Political Impacts and Responses.*（Basingstoke and New York：Palgrave Macmillan，2010），pp. 61-84.

守，而这种姿态也减轻了来自国际社会的外部压力。同时值得注意的是，国家发展和改革委员会作为中国参与气候变化谈判的牵头负责部门，于 2007 年 6 月发布了应对气候变化的《中国应对气候变化国家方案》。该国家方案是中国第一个全球变暖政策倡议，包括应对气候变化的指导方针、原则和目标，并阐述了中国在国际气候合作方面的原则立场。

2009 年哥本哈根会议与之前的气候变化谈判相比，所呈现出的最大变化是双轨制谈判模式遭到质疑，以及对新兴发展中大国的更大压力。结果是，中国在哥本哈根会议上的参与受到格外的关注。正如亚当·霍奇森（Adam Hodgson）所指出的，如果说中国在《蒙特利尔议定书》谈判中是旁观者，在《京都议定书》谈判中是参与者，那么在《哥本哈根协议》谈判中它就是主要作用发挥者。[1] 在这次会议上，中国首次宣布自愿性国家气候减缓行动的量化目标，即承诺到 2020 年将单位国内生产总值的二氧化碳排放量与 2005 年相比削减 40%～45%（碳强度降低），并到 2020 年实现非化石燃料占能源总量的 15%。然而，这一自愿性气候减缓行动目标却被部分国家认为未能达到会议预期。在此次会议上，中国第一次被指责拖累了国际气候谈判，并导致会议的“失望性结果”[2]。相应地，从 2009 年

1 Andrew Hodgson，*Climate of Change*：*A Foreign Policy Analysis of China's Participation in International Environmental Agreements*（Master thesis of the University of Kansas：2011）.

2 此前这种指责一直是针对美国的，而如今一些国家领导人包括英国首相戈登·布朗，指责中国阻碍了气候谈判的进程。

开始，讨论中国在国际气候政治中的作用日益成为学术界关注的焦点议题，比如著名经济学家弗雷德·伯格斯滕所提出的 G-2 模型就强调了美国和中国在全球事务及其治理中的特殊影响力。[1] 但中国对 G-2 模型的说法持谨慎态度，仍坚持认为自己是发展中国家利益的代表者，并强调发展中国家的经济发展权利和有区别的减排责任。中国主动与印度、巴西和南非合作组成了“基础四国集团”（BASIC Four），以便在双轨制谈判框架上取得主动权。

在哥本哈根会议遭遇挫折之后，2011 年的德班会议成为一个重要的转折点，所谓“德班加强行动平台”的创建为后京都时代的气候应对合作提供了基础。[2] 由于国际压力日益增大，中国在何时碳排放达峰和碳强度目标等方面逐渐做出了一些让步，但仍坚持“共同但有区别的责任”原则，即在 2030 年成为中等水平的发达国家之前，坚持不考虑承担具有法律约束力的减排责任。然而，也是在德班会议上，时任国家发展和改革委员会副主任和联合国气候变化大会中国代表团团长的解振华宣布，中国可以有条件地接受具有法律约束力的减排安排。[3]

---

1 那时一度广为讨论的话题是，美国和中国作为世界上最有影响力和最强大的两个国家，应建立一种“G2 关系”，来合作解决全球性问题。

2 IISD，“Summary of the Durban Climate Change Conference”，available at https://enb.iisd.org/durban-climate-change-conference-cop17/summary-report.

3 Chinafaqs，“Propelling the Durban Climate Talks - China announces willingness to consider legally binding commitments post-2020”，available at https://datadrivenlab.org/china/propelling-the-durban-climate-talks-china-announces-willingness-to-consider-legally-binding-commitments-post-2020/.

这是中方第一次表示愿意承担与中国经济发展和能力相符合的具有法律约束力的减排责任。该声明被外界解读为，“中国准备以积极主动的姿态参与全球谈判，承诺制定具有法律约束力的碳减排计划”[1]。值得关注的是，2011 年德班会议上创建的“德班加强行动平台”，使得把气候谈判由双轨制合并为单轨制的动力大大增强。2012 年多哈会议讨论的主题就是，《京都议定书》第二个承诺期的主要任务之一是在 2015 年前制定一个具有法律约束力的覆盖所有缔约方的框架协议。同时，中国和美国的共同参与构成了国际气候变化谈判取得重大突破的重要保障，也为 2015 年巴黎会议谈判取得成功结果奠定了基础。

三、作为全球生态文明建设重要引领者的阶段（2012 年至今）

2012 年党的十八大报告不仅提出了要把生态文明建设融入经济建设、政治建设、文化建设、社会建设的“五位一体”中国特色社会主义事业总体布局，还明确强调要积极推动国际气候变化合作，“为全球生态安全作出贡献”。2013 年 5 月，习近平同志在主持中共中央政治局第六次集体学习时从人类文明发展史的高度指出，“生态兴则文明兴，生态衰则文明衰”，

1 IISD，“Summary of the Durban Climate Change Conference”，available at https://enb.iisd.org/durban-climate-change-conference-cop17/summary-report.

强调生态文明建设是关系中华民族和世界人民永续发展的根本大计。此后，作为最大的发展中国家，中国多次在国际场合中表明了积极推动全球气候变化的态度立场，向全世界宣示走以增长转型、能源转型和消费转型为特征的绿色、低碳、循环发展道路。2015年，李克强总理在与法国总理会晤时说，中国作为世界上最大的温室气体排放国“将努力”在2030年前使二氧化碳排放量达到峰值。同年6月，中国政府向联合国气候变化框架公约秘书处提交了应对气候变化国家自主贡献文件（INDC），承诺计划到2030年将每单位国内生产总值的碳强度值与2005年相比降低60%～65%。在巴黎气候大会前，中美两度发表联合气候声明协调立场，与欧盟尤其是英法德等国家也达成了双边元首声明，凝聚共识，在基础四国集团中发挥重要的凝聚引领作用，代表发展中国家坚持“共同但有区别的责任”原则和立场，据理力争；同时积极展现了负责任大国的形象，在巴黎会议前承诺出资200亿元人民币建立应对气候变化“中国气候变化南南合作基金”，帮助中小发展中国家及小岛国等提升应对气候变化的能力。

2015年年底《巴黎协定》的签署，既是国际社会应对气候变化的全球性承诺，也是向低碳和气候适应型经济转型的强有力信号。该协定标志着全球气候治理模式的重要转向：一是气候治理路线从欧盟所倡导的“自上而下”进行温室气体减排的强制性分配转向中美所倡导的“自下而上”的基于不同治理能力的国家自主贡献进路；二是在兼顾“共同但有区别的责任”原则的基础上通过了对各方都具有法律约束力的协定。[1] 应该说，这一谈判博弈结果基本维护了发展中国家的权益并体现了公平性、包容性的减排理念，而这同中国在全球气候治理体系上影响力的不断提升密不可分。此时，中国已经从哥本哈根会议的重要参与者提升为巴黎会议的关键性领导者，在“共同但有区别的责任”原则分歧、资金技术支持、协议的法律效力等挑战性极强的谈判议题上都发挥了重要的引导作用，屡次打破僵局推动谈判取得实质性进展。2016 年 3 月，中美两国进一步签署了《中美元首气候变化联合声明》，承诺共同推进包括《蒙特利尔议定书》下符合“迪拜路径规划”的氢氟碳化物修正案和国际民航组织大会应对国际航空温室气体排放的全球市场措施。

2016 年 9 月，G20 领导人第十一次峰会在中国杭州举行。此次峰会正值联合国可持续发展目标与《巴黎协定》达成后的落实元年，作为首次承办 G20 峰会的轮值主席国，中国释放了应对气候变化、推动全球可持续发展的诸多积极信号。2016 年 11 月 4 日，《巴黎协定》正式生效。在同年底举行的联合国马拉喀什气候大会上，中国气候变化事务特别代表解振华特别强

1 为了解决各国“自主贡献”力度不足、难以实现控温目标等问题，《巴黎协定》要求，从 2023 年起，每五年进行一次全球应对气候变化总体盘点（global stocktaking），以鼓励各国基于新的情况、新的认识不断加大行动的力度，确保实现应对气候变化的长期目标。

调，尽管近期国际形势的新变化给气候变化多边进程带来一些不确定性，但全球绿色低碳循环发展的大趋势不会改变，国际合作应对气候变化的潮流不会逆转。2020 年 9 月，习近平主席在第七十五届联合国大会一般性辩论上郑重宣布，中国“二氧化碳排放力争于 2030 年前达到峰值，努力争取 2060 年前实现碳中和”[1]。12 月 12 日，他在气候雄心峰会上发表了题为《继往开来，开启全球应对气候变化新征程》的讲话，强调在新冠肺炎疫情下要增强信心，坚持绿色复苏的气候治理新思路，只有坚持多边主义，才能互利共赢，福泽各国人民。[2] 2021 年 3 月 15 日，习近平同志在中央财经委员会第九次会议发表重要讲话时强调，实现碳达峰、碳中和是一场广泛而深刻的经济社会系统性变革，要把碳达峰、碳中和纳入生态文明建设整体布局。这些重要宣示和举措都表明，中国将会在强化国内应对气候变化政策行动和推进自身绿色转型过程中，更加积极建设性地参与并引领国际气候变化谈判多边进程，巩固提升负责任发展中大国形象，从而发挥更大的环境话语与政策影响力。

在这一阶段，中国还开始在全球减贫、海洋污染治理、生物多样性保护等领域发挥日益重要的引领性作用。比如，2020 年 11 月 24 日，“2020 全球减贫伙伴研讨会”在甘肃省陇南市

1 参见郭茹、包存宽：“科学推进碳达峰和碳中和，实现生态环境明显改善和根本性好转”，https://theory.gmw.cn/2021-01/22/content_34563904.htm（2021 年 1 月 22 日）。

2 习近平：“继往开来，开启全球应对气候变化新征程”，《人民日报》2020 年 12 月 13 日。

召开。该研讨会由中国国际扶贫中心、中国外文局、甘肃省人民政府、中国互联网新闻中心、联合国粮农组织、国际农业发展基金和世界粮食计划署联合主办，主题为“后疫情时代全球减贫创新与合作”[1]。全球减贫伙伴研讨会已成功在意大利罗马连续举办三届，2020 年会议是第四届，该会议已成为中国和联合国粮农组织、国际农业发展基金、世界粮食计划署交流减贫经验的机制化平台，促进了全球范围内的减贫领域知识分享。[2] 概言之，中国减贫工作对于世界的贡献主要有两个方面：一是中国通过自身的努力把贫困发生率从 1978 年的 97.5% 降到 2018 年的 1.7%，在 50 年间减少了 95.8%，走在世界减贫事业的前列，为全世界贫困人口减少贡献了最大份额。[3] 二是中国在减贫扶贫过程当中采取了多种有效措施，总结出了一系列重要经验，可以为广大发展中国家提供借鉴和应用，并对发展经济学和反贫困理论研究及其政策创新应用大有裨益。[4]

2017 年 6 月，中国代表团在联合国海洋可持续发展大会上率先提出了“构建蓝色伙伴关系”“大力发展蓝色经济”“推动

1 来自 12 个国家、4 个国际组织，包括政府部门、驻华使馆、学术界、新闻媒体和企业等各界代表近百人参加了研讨会。

2 中国国际扶贫中心：“‘2020 全球减贫伙伴研讨会’举行，探讨后疫情时代全球减贫创新与合作”，https://www.iprcc.org.cn/article/412epS9PTJf（2020 年 11 月 24 日）。

3 参见侯军岐：“中国减贫经验分享研究”，https://www.iprcc.org.cn/article/40X9TIG431i（2019 年第 5 期）。

4 自中华人民共和国成立以来，中国已经为 120 多个发展中国家落实千年发展目标提供帮助，吸引着广大发展中国家的有关官员前来参观交流。比如，2016 年 10 月，来自马拉维、加纳、肯尼亚等 15 个发展中国家的扶贫官员来到北京，参加“2016 年发展中国家公共服务与减贫官员研修班”。

海洋生态文明建设”等三大倡议，推动构建更加公平、合理和均衡的全球海洋治理体系。2019 年 4 月 23 日，在中华人民共和国海军成立 70 周年之际，习近平同志首次提出构建“海洋命运共同体”[1]。海洋命运共同体理念是人类命运共同体理念的深化与拓展，该理念更加强调海洋生态环境的有效保护与可持续发展利用，为实现发展中国家与发达国家的平等对话，共同合作治理海洋生态环境提供了理论支持。在“共商共建共享”的全球治理理念与“海洋命运共同体”的重要理念指引下，近年来中国积极参与全球海洋治理行动，比如深度参与国家管辖以外区域海洋生物多样性养护与可持续利用规则制定、积极参与南北极治理、推进与欧洲国家之间的海洋合作等。必须看到，目前的全球海洋环境治理体系已经存在一定的规则和运行逻辑，因而，中国要想更有效地参与全球海洋环境治理也必须构建形成一套相对独立完整的话语与政策逻辑体系，在此基础上才能提出建设与革新全球海洋环境治理体系的中国方案或中国贡献。比如，在全球海洋环境治理体系中，“区域海”海洋生态环境治理模式在实践中已经显示了较好的效果，可以为中国进一步参与全球海洋环境治理提供思路借鉴。[2]

生物多样性减少是人类 21 世纪面临的重大挑战之一，对

---

1 张卫彬、朱永倩：“海洋命运共同体视域下全球海洋生态环境治理体系建构”，《太平洋学报》2020 年第 5 期，第 92～104 页。

2 全永波、叶芳：“‘区域海’机制和中国参与全球海洋环境治理”，《中国高校社会科学》2019 年第 5 期，第 78～84 页。

地球生态系统平衡和人类社会可持续发展构成了严重威胁。[1] 近年来，全球生物多样性所面临的挑战越来越严峻。2019 年 5 月，来自 50 个国家的 145 名专家在一份评估地球生物多样性的报告中警告称，可能会有 100 万个物种在今后数十年内灭绝。不少学者甚至认为，我们可能正在目睹“第六次生物大灭绝”。这种趋势将对人类自身福祉造成严重影响，增加流行疾病未来暴发的风险，并严重阻碍可持续发展目标的实现。联合国教科文组织总干事阿祖莱在 2020 年 6 月 5 日“世界环境日”致辞中表示，新冠肺炎病毒导致的全球公共卫生危机是一记警钟，提醒人类必须从根本上重新思考自己与生物、自然生态系统以及生物多样性之间的关系。2020 年 9 月 21 日，中国外交部和生态环境部联合发布了峰会中方立场文件《共建地球生命共同体：中国在行动》，系统阐述了中国生物多样性保护的立场主张与经验做法。[2] 然后，尽快达成兼具雄心和效果的“2020 年后全球生物多样性框架”，共建生态文明，成为国际社会的广泛共识。随后，“2020 年后生物多样性框架”谈判进入关键时期，有关各方致力于制定 2021—2030 年的全球生物多样性保护行动目标，并提交在 2021 年 10 月于昆明举行的《生物多样

---

1 韩一元：“保护生物多样性的世界行动与中国力量”，《世界知识》2020 年第 20 期，第 66～67 页。

2 中国对生物多样性保护的重视程度正在迅速提高，生物多样性保护工作机制也在逐步完善。经过不懈努力，中国各种类型自然保护区已达 2750 处，其中国家级 474 个；各类陆域自然保护地面积超 170 万平方公里；超过 90%的陆地自然生态系统类型、90%的国家重点保护野生动植物种类都得到了系统性保护。

性公约》第 15 次缔约方大会上进行审议。COP15 是我国首次承办的《生物多样性公约》缔约方大会，主题是“生态文明：共建地球生命共同体”，第一次在主场外交活动中把生态文明理念嵌入联合国大会议程。[1] 这意味着，我们可以利用昆明生物多样性谈判的主场外交优势，来提升当代中国的国际议程设置和议程管理能力，从而塑造自己的引领性、制度性话语权。这其中的关键点是：既要吸取之前有关计划的教训，努力达成有效的执行和融资机制，也要回应新冠肺炎疫情发生以来人们的现实关切，重塑人与自然之间的关系，探寻经济发展与生态保护双赢之道。同时，生物多样性保护还日益与气候变化、海洋保护、森林和湿地保护、公共卫生、食品安全等因素紧密相连，因而昆明大会需要超越生物多样性领域本身，用整体性思维——生态文明及其建设思维——去讨论应对各类非传统安全挑战构成的“系统性风险”[2]。

第二节 当代中国生态文明建设的国际对话与对外传播

进入 21 世纪以来，尤其是党的十八大以来，中国在国家

1 万夏林等：“《生物多样性公约》第十五次缔约方大会与生态文明理念的国际传播”，《环境保护》2020 年第 22 期，第 55～58 页。

2 韩一元：“保护生物多样性的世界行动与中国力量”，《世界知识》2020 年第 20 期，第 66～67 页。

和地方层面上的生态文明建设实践都取得了显著成效，不仅在国内环境保护、重污染天气治理、造林防沙等领域获得了重要进展，而且在可再生能源利用、绿色交通和绿色金融等领域日益成为全球领先性大国。国内生态文明建设的实践成果为生态文明理念的国际传播奠定了现实基础，有助于中国同时在话语与政策层面上不断为全球低碳经济转型和实现“联合国 2030 可持续发展目标”做出积极贡献。本节将着重阐述中国生态文明建设的国际对话与对外传播，尤其是对它的内涵意蕴、契机条件、平台渠道与优化路径做初步分析。

一、生态文明建设国际对话与对外传播的内涵意蕴及其作用影响

改善全球生态环境保护治理目标的设定与国内低碳循环绿色发展实践经验的积累，既为生态文明建设理念的国际传播提供了动力源泉，同时也是我国生态文明建设话语与政策体系不断发展完善的题中应有之义。

1. 生态文明建设国际对话与传播的内涵意蕴

从国际传播理论的视角来看，生态文明建设的国际对话与对外传播包含以下三层重要意蕴。

首先，就传播的目标而言，它是为了在全球生态文明建设这一统摄性概念及其话语体系下更好地实现国际生态环境公平有效治理，也就是建设一个人与自然和谐相处、清洁美丽的

世界。中国所主张与推动的“五位一体”意义上的“生态文明建设”，要求把生态环境治理与经济建设、政治建设、文化建设、社会建设等各个维度紧密融合在一起，从而实现系统性或综合性生态环境治理。基于此，生态文明理念的国际化或全球化意味着，我们需要联合其他伙伴国家共同致力于全球环境善治，尤其是不断推进广大发展中国家的经济社会现代化战略与生态环境保护战略的进一步有机结合，在谋求发展的过程中不以牺牲生态环境质量为代价。比如，中国通过“南南合作”中的清洁能源技术转移机制，来帮助其他发展中国家把生态环保内嵌到其社会政治经济体系之中。与此同时，我们还大力强调与坚持环境正义理念原则，努力克服目前全球环境治理中的“南北差距”，以便在集中探索人与自然和谐共生的现代化绿色治理技术管理手段的同时，逐步创建一种基于更加和平、公正、合理的国际经济政治秩序的全球生态环境安全共同体。[1]

其次，就传播内容而言，它主要是指中国生态环境治理理念和绿色低碳循环发展实践经验的国际化外溢，以及由此引发的对于全球生态环境保护治理的新的话语阐释与政策主张。面对气候变化、海洋污染等全球性环境问题，我国的生态文明建设不仅要融入国内经济社会发展的各个方面，从而做出实质性的贡献，同时作为负责任的发展中大国，中国也要以实际行动

1 郇庆治：“人类命运共同体视野下的全球资源环境安全文化构建”，《太平洋学报》2019 年第 1 期，第 1～8 页。

来引领国际社会的“环境与发展”新格局，从而促进世界经济社会发展理念与模式的“绿化”。具体来说，这同时体现在“理念”和“行动”两个层面上。一方面，我们要在不断凝练和升华国内生态文明建设经验的基础上，完善生态文明及其建设的制度体系与政策体系，尤其是努力实现从理念原则、制度框架到政策举措之间的科学化和合逻辑性，从而为全球生态环境善治提供源源不断的新的知识供给。另一方面，我们要推动承载着生态文明制度规范和理念价值的绿色最优实践、绿色准则和绿色标准，在全球层面上扩散与传播。总之，我国生态文明及其建设的国际交流对话，同时包含着实践层面上的可复制可推广经验或公共产品供给，以及这些经验性做法或方案背后的理念价值与原则。这就需要我们从全球视野出发，在发展中国家生态应对能力提升、国际生态指标体系建构、生态文明与可持续发展的对接标准、国际环境援助、南南合作创新等领域提供更多务实有效的绿色公共产品供给，以及阐发更加有利于彼此间交流互鉴的绿色理念或话语。

最后，就传播格局和路径而言，它要求基于构建人类命运共同体的大国外交理念来推进生态文明及其建设传播的国际化和多元化。2017 年 10 月，党的十九大报告明确把人类命运共同体构建作为新时代中国特色外交战略的重要理念原则，其中非常重要的就是推动实现围绕着全球气候变化应对的新型国际合作。对此，习近平同志强调指出，建设绿色家园是人类的共同梦想，国际社会应该携手同行，共建清洁美丽的世界。如今，全球处于同一个生态环境系统之中，建立一个有利于各国协同发展的生态环境安全共同体，是我们所主张的构建人类命运共同体的题中应有之义。因而，在全球治理理念日益多元化并且相互竞争的今天，我们可以借助生态文明建设理念的理论吸引力、思想感召力和实践生命力，在全球范围内来更好地传播我们的人类命运共同体理念，而对于人类命运共同体理念的坚持与传播，也可以不断拓展我国生态文明建设交流对话的国际空间舞台。具体来说，针对全球环境治理体系中依然是“西强我弱”的国际话语权格局，我们需要在不断拓宽传播渠道的过程中，同时注重传播手段的多样性、科学性、包容性和亲民性，借助灵活多样的传播策略来提升传播的有效性，从而使我国的生态文明理念为全球更多国家和民众所认同。[1]

2. 生态文明建设国际对话与传播的作用影响

概言之，开展生态文明及其建设的国际对话与传播的作用影响或重要性，主要体现在以下三个方面。

其一，可以通过提升中国的绿色形象或声誉来塑造良好的经济社会发展国际环境。通过对生态文明建设理念与经验的对外传播，可以使国际社会了解我国在生态环境治理领域所做出的巨大努力，领略中国生态文明建设的雄心壮志、系统规划和

1 刘立成、熊莉军：“习近平生态文明思想的全球传播体系构建”，《学习月刊》2018 年第 9 期，第 11～14 页。

实践成效。通过向国际社会展示开放、进步、绿色的形象，也有助于推进世界各国在了解和认同的基础上加强同中国在全球环境治理议题中的合作。此外，加强生态文明及其建设的对外传播，还可以更好地回击某些境外势力鼓吹的“中国生态威胁论”“中国资源掠夺论”等妖魔化话语，争取国际社会更加理解支持我国的绿色和平崛起，因而对中国获得良好的国际发展环境具有重要作用。

其二，可以通过我国生态文明建设中最优实践和成功经验的国际传播来推动“中国方案”和“中国路径”的外溢。一方面，这些承载着生态文明系统理念价值的实践经验的推广可以推进全球环境治理体系的创新，并为其他国家提供来自发展中大国的参考与借鉴；另一方面，也可以让我国在全球生态环境治理的知识供给中日益处于主动性地位，从而逐渐提升中国绿色理念价值、制度规范创制等方面的话语权和影响力。对此，韩国地球治理研究院院长贝一明指出，“中国推动绿色发展革命，其历史意义将不亚于工业革命。中国的生态文明进步不仅意味着中国百姓的生活将显著改善，而且将助推全球经济发展模式的转变”[1]。从近年来应对全球气候变化、生物多样性减损、发展绿色能源等方面的国际治理实践可以看出，中国在推动系统性解决全球生态环境问题和生态系统维护标准上正在发挥

1 参见国际在线：“携手共建生态良好的地球美好家园——写在北京世园会开幕倒计时百日之际”，https://baijiahao.baidu.com/s?id=1623143711689357178&wfr=spider&for=pc（2019 年 1 月 20 日）。

着日益重要的建设性作用。

其三，可以通过生态文明及其建设的国际交流传播向国内外同时发出明确信号，从而为中国低碳转型的进一步发展提供资源支持和动力保障。我国领导人在国际场合中的承诺将会发挥强大的政策“倒逼”效应，从而推进国内的绿色低碳转型步伐的持续加速。与此同时，推进全球生态文明建设，可以更有利于调动国内外两种资源。全球生态文明建设的全面推进，需要调动国际社会的各种力量全面参与其中，而在这一过程中必然会涉及对国际和国内环境治理资源的重组或再分配，从而在客观上有利于中国纵向拓展国内的低碳转型和绿色发展。[1]

二、生态文明国际对话与对外传播的契机条件

大力推进生态文明建设是新时代中国特色社会主义思想体系的重要组成部分，是党的十八大以来以习近平同志为核心的党中央关于生态环境治国理政理念与方略的科学总结。与此同时，它立足于国内现实需要，直面国际难题挑战，提供了中国的绿色智慧和行动方案，因而在国际传播和全球对话中有着话语自身的和外部环境方面的诸多有利条件。

其一，生态文明建设话语理论的内在系统性不断提升。目

1 王全权、张卫：“我国生态文明的对外传播：意义、挑战与策略”，《中南民族大学学报（人文社科版）》2018 年第 5 期，第 149～153 页。

前，生态文明建设话语理论已经发展成为包括基本理念、价值取向、目标原则、重大战略、政策举措、国际视野等方面的完整体系，为美丽中国乃至美丽世界建设提供了系统性方向指引和规范遵循。而且，在大力推进生态文明建设的实践过程中，这一话语体系的逻辑结构性正在不断提升，因而越来越便于进行全球层面上的国际交流与扩散。

党的十八届五中全会提出了“创新、协调、绿色、开放、共享”五大新发展理念。这五大理念本身就是一个具有内在关联的生态文明建设话语体系：“创新”与“开放”重在强调发展的动力源泉，“协调”与“绿色”重在强调发展的时空格局和发展路径，“共享”则表明了发展的目的归宿。[1] 可以说，“五大新发展理念”不仅指明了我国绿色发展的总体思路与方向，也明确了“发展为了谁”这一根本性问题，强调发展成果必须要由全体人民共享。由于生态环境问题的弥散性和跨界性，这种强调各方协同努力、相向而行的“共治和共享”观，也就自然成为全球生态共同体及其构建的价值基础。

在此基础上，习近平总书记 2018 年 5 月 18 日在全国生态环境保护大会上的重要讲话，进一步科学概括了新时代推进生态文明建设必须坚持的“六项原则”。这“六项原则”之间则构成了一个意涵更加完整明确的理论体系：人与自然和谐共生

---

1 参见中国日报网：“五大发展理念丰富世界发展理论增强中国话语权”，http://china.chinadaily.com.cn/2016-03/21/content_23983805.htm（2016 年 3 月 21 日）。

是核心价值与根本遵循，坚持绿水青山就是金山银山是促进实现人与自然和谐共生的重要发展理念；将良好生态环境视为最普惠、最公平的民生福祉，强调绿色发展的落脚点在于人民的获得感、幸福感；坚持山水林田湖草（沙）是生命共同体的系统治理理念，强调在政策制定实施上按照生态系统自身的整体性及其内在规律来分别施策；着眼于生态环境保护治理的有效性，要用最严格制度和最严密法治来加以保障；在不断推进国内生态文明建设的基础上，深度参与全球生态环境治理，共建清洁美丽的世界，而“共谋全球生态文明建设”集中展现了关于生态文明及其建设的全球共赢观，也为生态文明建设的国际对话与传播确立了价值观基础。

其二，生态文明建设话语政策的内在包容性不断增强。强调与追求包容性始终是生态文明及其建设的鲜明特征。因为，生态（命）共同体理念及其构建是生态文明建设的重要遵循，不仅意味着人与自然之间的和谐共生，同时还意味着对于超越国界的全球民众生态与社会福祉追求的认可尊重。相应地，在构建人类命运共同体的新时代外交战略框架之下，我国逐渐提出形成了以气候南南合作、绿色“一带一路”为标志的致力于推进全球生态文明建设实践的绿色公共产品，彰显了我们携手各国共谋全球生态文明建设之路的决心与勇气。从“生态（命）共同体”到“人类命运共同体”话语的拓展丰富，从着力于解决人与自然之间的矛盾扩展到涵盖人与人、国家与国家之间的矛盾，充分展现了生态文明建设思想对马克思恩格斯理论体系中“两个和解”思想的时代运用，即通过绿色发展实现“人类与自然的和解以及人类本身的和解”[1]。

2018年7月7日，习近平同志在致生态文明贵阳国际论坛的贺信中指出，生态文明建设关乎人类未来，建设绿色家园是各国人民的共同梦想。因而，国际社会需要加强合作、构建尊崇自然、绿色发展的生态体系，推动实现全球可持续发展。跨国合作的根基在于包容性共识的达成与恪守，而生态文明及其建设话语体系就是从中西方利益的交汇点、世界各国的关切点和不同绿色话语的共识点中，寻找到了进行全球话语交流和环境合作的最大公约数，从而契合了当今世界经济社会发展绿色转型的现实诉求，达成了中国生态文明建设理念与全球生态环境治理与可持续发展的内外呼应、交融互鉴。

其三，生态文明及其建设的国际对话空间不断拓展。从国际经济政治格局及其演进的视角来看，生态文明及其建设的国际传播与对话空间上出现了两个契机性元素：一是随着西方社会与生态危机的持续和蔓延，绿色左翼理论的再度兴起为开展生态文明及其建设的国际对话提供了更多空间。[2] 2008年金融危机沉重打击了西方世界的制度自信，以英国脱欧、特朗普频

1 华启和：“中国提升生态文明建设国际话语权的基本理路”，《学术探索》2020年第10期，第1～9页。

2 郇庆治：“新右翼主义、新民粹主义与当代左翼政治”，《当代世界社会主义问题》2017年第1期，第67～70页。

繁“退群”以及法国“黄背心”运动为代表，西方国家内部出现了大规模的反全球化和民粹主义声浪，给当下的国际秩序和全球治理体系造成了不容忽视的负面影响。[1] 这些重大事件凸显了资本主义发展内部的非正义性和非均衡性，进一步激活了欧美资本主义国家中以激进的“社会生态转型”理论等为代表的“绿色左翼”话语。[2] 而2019年5月欧洲议会选举中绿党的出色表现，也在一定程度上折射出资本主义社会的阶段性变革或转型正在成为广泛的社会共识，以应对全球气候变暖为标志的环境政策议题吸引了大量老牌左翼政党所依靠的城市青年和进步人士。[3]

比如，乌尔里希·布兰德（Ulrich Brand）等所倡导的“社

1 近年来较为活跃的民粹主义有以下几个特点：一是来自于民众对当前全球化进程中利益分配格局的不满，认为全球化加速了各国内部和各国之间的经济社会差距，导致中产阶级收入陷入停滞或减少；二是空前的反建制与反精英情绪，认为主流政治已不再代表或维护其基本利益；三是主张平等、公正的左翼和保守、传统的右翼民粹主义合流，并向新兴发展中国家发难，比如对中国的“走出去”战略等进行指责。

2 Ulrich Brand and Markus Wissen，“Social-ecological transformation”，in Douglas Richardson et al.（eds.），*The International Encyclopedia of Geography*（Hoboken：John Wiley & Sons，2017），pp. 223-245；Christoph Görg，et al.，“Challenges for social-ecological transformations：Contributions from social and political ecology”，*Sustainability* 9/7（2017），pp. 1-21；Karl Bruckmeier，*Social-Ecological Transformation*：*Reconstructing Society and Nature*（New York：Palgrave Macmillan，2016）.

3 2019年欧洲议会选举中，德国的社会民主党和法国的社会党等欧洲老牌左翼政党遭遇了史无前例的挫败，让出了左翼第一大党的位置，取代它们位置的则是本次选举中表现优异的绿党。同时参见郇庆治：“左翼政党环境转向”，《绿色中国》2019年第1期，第44～48页；王聪聪：“欧洲左翼党的可持续政治转向”，《江西师范大学学报（哲社版）》2016年第4期，第12～13页。

会生态转型理论”认为，任何致力于解决生态环境问题的政治决定或政策举措及其落实，理应同时是一个社会公正与生态可持续考量兼顾的综合性应对。[1] 整体而言，这种激进的社会生态转型理论是对绿色经济或生态现代化战略的批判和超越，代表着从解放视角克服世界多重危机的路径选择，其中包括超越生产主义和消费主义的对生活福祉的新理解、摆脱对化石能源和核能的依赖、社会劳动分工的解放等。[2] 此外，欧美国家中还有生态马克思主义的新陈代谢断裂理论（metabolicrift theory），强调任何致力于解决生态环境问题的政治决定或政策举措，都必须充分或优先考虑社会公正与正义层面上的原则要求，而这些原则要求的充分实现，也会有助于那些解决生态环境问题的政治决定或政策举措的制定落实。[3] 相形之下，我国学者所阐发的社会主义生态文明理论，本质上是一种“红绿交融”的理念或进路[4]，强调实现人与自然和谐共生的现代化的要旨，是努力把对于生态可持续性的考量和社会主义政治结合起来，在新型的社会主义制度框架下彻底解决生态环境问题，而这当然也包括一个更加和平、公正、合理的国际经济政治秩序。

---

1 乌尔里希·布兰德：“超越绿色资本主义——社会生态转型和全球绿色左翼的视点”，《探索》2016 年第 1 期，第 47～54 页。

2 郇庆治：“作为一种转型政治的‘社会主义生态文明’”，《马克思主义与现实》2019 年第 2 期，第 21～29 页。

3 乌尔里希·布兰德：“超越绿色资本主义——社会生态转型和全球绿色左翼的视点”，《探索》2016 年第 1 期，第 47～54 页。

4 生态文明建设的社会主义目标追求与政治性质是中国共产党环境治国理政蓝图的“红色”底色或本色。郇庆治：“习近平生态文明思想的政治哲学意蕴”，《人民论坛》2017 年第 31 期，第 22～23 页。

这些“绿色左翼”话语以及更为宽泛的绿色话语理论的勃兴，为我国的生态文明及其建设的国际交流对话，提供了十分有利的国际环境条件，而这也就意味着，当代中国的社会主义生态文明建设构成了这一世界性思潮与运动中的有机组成部分。[1]

二是在同其他发展中国家的对话交流方面，随着发展中国家在全球环境治理体系中影响权重的逐渐提升，以及中国大力推动的南南合作创新实践的不断推进，生态文明理念及其建设实践的传播，不仅可以对接广大发展中国家不断增加的绿色可持续发展诉求（比如“联合国 2030 可持续发展目标”），也将会为弥合“南北分割”从而建立更加公正平等的全球环境治理新秩序提供重要动力引擎。生态文明及其建设的对外交流传播，可以同其他来自南方国家的倡导生态公平正义的绿色理论交相呼应，这其中包括拉美发展中国家所提出的“超越发展”理论和印度的“激进生态民主”理论等。[2]

比如，拉美的“超越发展”理论对于生态帝国主义和生态资本主义理论及其政策都进行了尖锐批判，并围绕着“发展替代”而不是“替代性发展”概念，构建起了一种新的“红绿”政治哲学，明确主张拉美进步政治应致力于在国际或全球层面上实现一种超越资本逻辑的、更加公正和谐的社会关系和社会

---

1 乌尔里希·布兰德：“超越绿色资本主义——社会生态转型和全球绿色左翼的视点”，《探索》2016 年第 1 期，第 47～54 页。

2 李昕蕾：“习近平生态文明思想的国际传播及其路径优化”，《当代世界社会主义问题》2019 年第 4 期，第 3～14 页。

的自然关系，而这同我国的生态文明及其建设理念有着相同的价值诉求。[1] 在它看来，全球性资本主义经济政治秩序是成功实现社会生态转型的最大障碍，并依此对生态帝国主义和生态资本主义理论及其政策给予了严厉批判，认为根本之道在于对资本主义及其背后发展逻辑与文明图景的彻底取代。应该说，这一理论不仅丰富了我们对于当今世界生态环境挑战或危机的绿色左翼阐释，同时也为生态文明话语理论的国际对话提供了空间思路。全球生态文明话语传播交流的重要目标之一，应是主动建构一个联系日益紧密的围绕广义的生态文明及其建设议题开展对话与研究的国际认知共同体。这一认知共同体必须具有专业性、开放性、网络性和国际化等特质，能够有能力在知识生产过程中利用自身的专业知识素养和网络传播能力挑战西方社会固化的知识结构体系，并将相关的理论观点与政策倡议内嵌到现存的全球环境治理体系之中。

三、生态文明国际传播与对话的平台机制

2017 年 12 月，习近平同志在接见驻外使节的讲话中指出，“放眼世界，我们面对的是百年未有之大变局”[2]。这意味着，一方面，人类社会正处于一个风险日益增多的不确定性时代，

---

1 Miriam Lang and Dunia Mokrani（eds.），*Beyond Development*：*Alternative Visions from Latin America*（Rosa Luxemburg Foundation，2013）.

2 新华网：“习近平接见 2017 年度驻外使节工作会议与会使节并发表重要讲话”，http://cpc.people.com.cn/n1/2017/1228/c64094-29734770.html（2017 年 12 月 28 日）。

特别是气候变化、近海污染、生物多样性减损等层出不穷的全球性挑战与威胁，正在把整个世界的命运紧紧地捆绑在一起。但另一方面，随着西方发达国家治理能力的式微以及反全球化、民粹主义思潮泛起，现有的国际经济政治秩序和全球治理体系正在遭遇“瓶颈”期，而在全球环境治理领域也呈现出了绿色公共产品的严重供给不足。因而，外部的国际治理需要和内部的经济社会现代化发展所积聚起来的强大物质基础，都为中国更积极参与国际环境治理体系改革并推进全球生态文明建设提供了难得的历史机遇。在此背景下，多维度推进生态文明及其建设的国际交流合作尤其是创新丰富其国际传播路径就显得十分重要。

1．全球气候治理体制

全球气候治理体制是国际环境合作中制度化程度最高的议题领域，并且已经取得了一系列重要进展。中国作为全球气候治理体系的重要参与者与引领者，在国内层面上通过推动建立“全国碳交易市场”、发展清洁能源等绿色低碳生态文明政策举措，履行在 2015 年巴黎会议前所提出的雄心勃勃的自主贡献目标。而在国际层面上，中国通过大国关系协调来确保全球气候治理体系的顺利推进，比如在巴黎会议之前中美两度联合发表气候声明协调立场，同时还与欧盟以及英法德等主要发达国家达成元首声明凝聚共识；在巴黎会议上中国国家发展改革委和联合国环境规划署共同举办了应对气候变化南南合作高级别论坛，向国际社会展现了我国在气候援助问题上的大国担当。在 2016 年 9 月举行的 G20 峰会上，中国发挥主场外交的优势促成中美共同签署了《巴黎协定》，极大地推动了该协定于 11 月 4 日的生效实施。[1] 当然，在落实《巴黎协定》的过程中，我国引领者角色的发挥更需要在气候治理过程中提供令人信服和被广泛接受的“中国理念”和“中国方案”，这不仅有助于突破“气候威胁论”“气候责任论”等负面话语的不利框定，也有助于发挥与提升在新时期全球气候治理中与我们实力相匹配的话语影响力和制度性权力。[2] 在从“自上而下”的京都模式向“自下而上”的巴黎模式的过渡过程中，最核心性问题是如何确保各个国家自主贡献目标的最终完成与国际监督，其中所关涉的 2023 年之后启动的五年盘点机制实施与长效减排机制的设计等一系列新的气候治理规则和规范的建立，都需要来自发展中国家的更多的新知识（政策倡议）供给。特别是 2018 年卡托维茨气候大会后的气候治理细则落实，都还需要一种充分基于生态可持续性和社会公正性原则的气候治理理念的支持，而这都为我国生态文明及其建设理念实践的国际传播提供了契机。

因而，中国可以把全球气候治理领域所实现的既有进展尤

1 李昕蕾：“全球气候治理领导权格局的变迁与中国的战略选择”，《山东大学学报（哲社版）》2017 年第 1 期，第 68～78 页。

2 李昕蕾：“全球气候治理中的知识供给与话语权竞争——以中国气候研究影响 IPCC 知识塑造为例”，《外交评论》2019 年第 4 期，第 32～70 页。

其是现行体制框架，作为生态文明国际传播的重要发力点，在提高国际社会对于我国生态环境治理实践认可度的基础上，努力推动生态文明理念原则融入全球气候治理体制的国际议程和相关文件之中，从而提升生态文明及其建设理念在全球治理体制中的制度化嵌入程度。在这一过程中，需要进一步将多元灵活的话语传播策略与中国的气候外交结合起来。自 2011 年德班会议以来的历次气候大会上，中国都设立了“中国角”系列边会，以展示我国在减排实践、低碳发展、气候融资等方面所做的努力。比如在 2018 年波兰卡托维茨气候大会上，“中国角”共计举办了 25 场边会活动，其中包括同联合国 2030 可持续发展目标相对接的“SDG 角”等。[1] 总的来说，这些边会行动都有助于展现中国国内层面上的环保意愿和环保行动，促进了联合国、国际非政府组织和公益机构对我国气候变化内政外交的了解，从一个更为具象化的角度阐释了我国生态文明及其建设战略的意涵。中国气候变化事务特别代表解振华也借机呼吁国际社会各界共同行动，携手推动全球生态文明建设和绿色低碳发展。[2] 另外值得指出的是，在 2019 年 9 月 23 日所召开的由联合国秘

1 中国新闻社、国家气候战略中心和中国人民大学中国气候传播项目中心共同主办了“气候传播与公众参与”边会。该边会邀请了来自政府、媒体、高校、研究机构、社会组织以及相关国际机构的代表，研讨如何增强公众的气候变化和绿色低碳意识，实现气候变化理念意识的有效传播，宣传中国应对气候变化的政策与行动，推动国际社会应对气候变化行动。关婷、黄海莉：“卡托维茨联合国气候变化大会侧记”，中国绿色创新夏季学院，http://wemedia.ifeng.com/93067858/wemedia.shtml（2018 年 12 月 14 日）。

2 解振华：“做全球生态文明建设参与者贡献者”，《联合时报》2018 年 6 月 29 日。

书长安东尼奥·古特雷斯组织的首个首脑级别峰会——气候行动峰会上，各国首脑集中讨论的六个领域（向可再生能源过渡；为气候行动和碳定价融资；减少工业排放；基于自然的解决方案；可持续城市和地方行动；气候变化复原力），也恰好是中国国内生态文明实践中已取得重要进展的领域或重点努力的方向。[1] 因而，中国可以结合这些自身在应对气候变化过程中已经取得的积极成果，尤其是在可再生能源发展、绿色金融、低碳城市、生态修复等方面积累起来的实践经验和优势，尽快把最优实践转化为具有权威性的国际绿色知识供给，提升生态文明及其建设理念政策在全球环境治理体系中的制度引领力。

2. 贵阳生态文明国际论坛

长效性和制度性国际传播平台建设，是推进我国生态文明及其建设理念政策国际化的重要保障，也是主场外交和议程设定等话语传播策略得以顺利实施的实体基础。我们在这方面所采取的重大举措，当属创办于 2009 年的生态文明贵阳会议，它在 2013 年 7 月正式升格为国家级的生态文明贵阳国际论坛（简称 EFG）。习近平同志在致首届论坛的贺信中明确指出，“走向生态文明新时代，建设美丽中国，是实现中华民族伟大复兴的中国梦的重要内容”[2]。经过持续努力，生态文明贵阳国际论坛已经发展成为全球各界探讨生态文明建设战略、共享可持续

---

1 UN Climate Action Summit 2019，https://www.un.org/en/climatechange/2019-climate-action-summit.

2《习近平谈治国理政》（第一卷），外文出版社 2018 年第 2 版，第 211 页。

发展经验、汇集最佳案例、共商解决方案、促进政策落实的重要平台。2018 年 7 月 7 日，习近平同志再次向论坛致贺信，进一步强调全球生态文明建设的重要性，倡导国际社会加强合作、构建尊崇自然、绿色发展的生态体系，共同建设一个清洁美丽的世界。[1] 习近平同志以两次贺信的方式向国际社会传递了明确信息，表明中国致力于推动全球可持续发展的坚定决心，同时也大大提升了贵阳国际论坛、我国西南部地区乃至整个国家的绿色国际形象。

作为我国的生态文明国际传播平台，该论坛旨在分享我国生态文明建设经验，推动现有生态环境政策的制定落实与不断完善，并促进我国生态文明及其建设理念的国际对话与对外传播。该平台在生态文明理念传播方面具有如下三个特点：一是紧跟我国生态文明建设实践的节奏，主题鲜明，在中外文化交流对话的基础上推动生态文明及其建设成为全球性话题。结合我国古代的天人合一、道法自然等深入人心的生态观念，它通过不同年度主题的设计来描绘、阐释中国生态文明建设的理念与政策意涵。从 2009 年的“责任”、2010 年的“行动”、2011 年的“变革”、2012 年的“转型”，到 2013 年的“可持续发展”、2014 年的“携手”、2015 年的“新常态”、2016 年的“知行合一”、2017 年的“共享”，再到 2018 年的“绿色发展”，清楚地

1 新华网：“习近平向生态文明贵阳国际论坛 2018 年年会致贺信”，http://www.xinhuanet.com/politics/leaders/2018-07/07/c_1123092421.htm（2018 年 7 月 7 日）。

展示了党的十七大以来我国生态文明及其建设的政治与政策的演进过程，有助于国际社会各界在充分的相互交流对话中，理解我国为什么以及如何从生态文明及其建设的角度来寻求解决全球性环境与发展等问题的方案。

二是会聚官、产、学、媒、民及其他各界人士参与其中，为其提供开展交流与合作平台，因而做到了利用主场会议外交优势来推进生态文明理念议题在国际会议议程中的制度性嵌入。该论坛为推动国内和国际、政府和社会各界之间的合作搭建了桥梁，提供了一个传播理念、把握政策走向、分享知识与成功经验的跨国界、跨行业、跨学科专业的高端平台。通过多元利益攸关方的积极参与，该论坛促进了国际、地区和各行业层面上的生态文明及其建设议题的不断嵌入，从而大大提升了生态文明建设在全球环境治理和可持续发展体系中的传播力度与影响力。[1]

三是注重通过同其他国际组织合作来构建全球伙伴关系网络，从而提升平台的国际性话语影响。自2009年创办以来，该论坛已经与诸多联合国机构，比如联合国教科文组织（UNESCO）、联合国环境规划署（UNEP）、联合国开发计划署（UNDP）、联合国人类住区规划署（UN-HABITAT）和联合国工业发展组织（UNIDO），以及国际组织如世界自然保护联盟、倡导地区可持续发展国际理事会（ICLEI）和世界可持续发展工商理事会

1　生态文明贵阳国际论坛官方网站：“我们是谁”，http://www.efglobal.org/about。

（WBCSD）、跨国公司、国内外著名大学、媒体等，建立了战略合作伙伴关系。比如，2018 年，该论坛秘书处同联合国工业发展组织合作，成功举办了推进“一带一路”碳中和基础设施发展与融资高峰会议[1]，旨在促进实现基础设施碳中和与工业发展的可持续性和包容性。[2]

3. 绿色“一带一路”建设

自 2013 年习近平同志提出“一带一路”倡议以来，截至 2019 年 4 月，中国已经累计同 125 个国家、29 个国际组织签署了 173 份政府间共建“一带一路”合作文件[3]，初步形成了一个横跨亚、欧、非、拉美等多个大洲的区域合作框架。需要注意的是，“一带一路”参与国大多处于经济转型期或属于新兴经济体，都存在着程度不一的基础设施落后、生态环境脆弱等问题，尤其是在减贫、能源安全、环境保护、气候变化、灾害管理等领域依然缺乏资金和技术，自主可持续发展能力薄弱，而严峻的生态环境问题也在严重制约着它们的社会整体性发

---

1 2018 年 7 月 8 日，奥地利前驻华大使和生态文明贵阳国际论坛国际咨询会委员艾琳娜、贵阳市委书记赵德明、联合国机构驻华协调员罗世礼、联合国工业发展组织能源司司长安泰瑞、国家发展改革委国际司巡视员李斌、美国保尔森基金会总裁葛迪马等齐聚峰会，探讨“一带一路”碳和中基础设施发展与融资议题。

2 国家发展和改革委员会：“‘一带一路’碳中和基础设施发展与融资高峰会在贵阳成功举办”，http://mini.eastday.com/mobile/180911150821938.html（2018 年 9 月 11 日）。

3 边纪红：“我国已与 125 个国家、29 个国际组织签署 173 份‘一带一路’合作文件”，新华网，http://www.xinhuanet.com/world/2019-04/18/c_1124385792.htm（2019 年 4 月 18 日）。

展和进步。[1] 为此，联合国秘书长安东尼奥·古特雷斯（António Guterres）在 2017 年第一届“一带一路”国际合作高峰论坛上就呼吁，“一带一路”倡议应成为“联合国 2030 年可持续发展目标”全球努力的重要组成部分。2017 年，环境保护部、外交部、国家发展改革委、商务部联合发布了《关于推进绿色“一带一路”建设的指导意见》，强调推进绿色“一带一路”建设是分享生态文明理念、实现可持续发展的内在要求。[2] 因而可以说，中国提出的绿色“一带一路”建设，本身就是落实 2030 年可持续发展议程和构建人类命运共同体的重要路径。“一带一路”建设过程中生态最优实践的有效性和可复制性，可以推进基于生态文明理念的话语与政策在沿线国家中的快速扩散，不仅将为“一带一路”参与国家的绿色发展带来巨大机遇，还可以从根本上提升国际社会对于我国生态文明及其建设的认可度。

从长远发展来看，绿色“一带一路”建设需要统筹好公共、私人、社会、媒体等多元主体力量，建构起一个多元合作的协同努力网络，并充分发挥我国作为主要倡议国在其中的引领协调作用。具体来说，我们需要加强同国际组织的合作，特别是同

1 于莎等：“‘一带一路’参与国家绿色指数评价”，《全球科技经济瞭望》2019 年第 1 期，第 67～75 页。

2 《关于推进绿色“一带一路”建设的指导意见》从加强交流和宣传、保障投资活动生态环境安全、搭建绿色合作平台、完善政策措施、发挥地方优势等方面做出了详细安排：用 3～5 年时间，建成务实高效的生态环保合作交流体系、支撑与服务平台和产业技术合作基地，制定落实一系列生态环境风险防范政策和措施；用 5～10 年时间，建成较为完善的生态环保服务、支撑、保障体系，实施一批重要生态环保项目，并取得良好效果。

“联合国2030年可持续发展目标”的对接，在联合国及重要多边国际机制中加强与沿线国家企业、非政府组织和智库的协调沟通，通过建立“一带一路”智库网络、绿色企业和（或）非政府组织联盟、南南合作社会网络等，来提升绿色话语与治理的激励性角色和作用，如已经开始出现的一些民众性创新网络实践。

比如，早在2016年9月，中国的多家国内与国际智库、环保组织和公益基金会等就启动了“一带一路”绿色发展平台，旨在促进实现“联合国2030年可持续发展目标”和《巴黎协定》目标，致力于围绕“一带一路”所涉及的生态环境保护、气候变化应对、能源转型、绿色金融和产业发展等领域的多元合作。[1] 在2017年波恩气候大会上，该平台组织了“一带一路”绿色发展与气候治理系列边会，邀请了气候变化、能源、金融等领域专家和发展中国家政府代表，共同探讨与绿色发展和气候治理相关的机遇和挑战。[2] 这些边会不仅吸引了众多国际机构和媒体的积极参与，也得到了“一带一路”沿线发展中国家以及相关非政府组织和企业的关注。

再比如，在2019年4月第二届“一带一路”国际合作高峰论坛上，习近平主席明确提出要把全球生态文明理念融入绿色“一带一路”建设，而“绿色之路”分论坛上也发起了三项

1 全球绿色影响力：“‘一带一路’绿色发展平台项目介绍”，http://www.chinagoinggreen.org/?p=6966（2017年1月13日）。

2 全球绿色影响力：“‘一带一路’绿色发展与气候治理系列边会·德国波恩COP23”，http://www.chinagoinggreen.org/? p=7353（2017年12月1日）。

倡议网络——“绿色高效照明行动倡议”“绿色高效制冷行动倡议”和“绿色走出去倡议”。前两个倡议网络是由中国联合众多国际组织共同发起的[1]，而第三个网络是由国家发展改革委国际合作中心、中国施工企业管理协会、相关金融机构、企业等联合发起的。这再次表明，把全球生态文明理念融入“一带一路”建设的各方面和全过程，需要国际社会多元参与主体的协同努力，尤其是多元参与合作可以更好地分享有关发展理念与实践，提升企业的社会责任。[2]

第三节　全球生态文明建设面临的挑战及其应对

生态文明理念及其实践，既是对人类文明历史发展进程深刻反思的结果，也是对现代社会经济社会发展所面临的诸多难题的现实思考，因而在丰富甚或重塑我们关于人类文明与自然生态环境之间关系的基本认知。[3] 随着气候变化、跨界水污染、近海污染、生物多样性减损等全球性环境问题的凸显，日益清

---

1 “绿色高效照明行动倡议”和“绿色高效制冷行动倡议”是由国家发展改革委、联合国开发计划署、联合国工业发展组织、联合国亚洲及太平洋经济社会委员会、能源基金会等国际组织联合发起的，是旨在促进各国共同构建绿色制冷、绿色照明的政策沟通平台，致力于加强技术与人才交流合作，引导和支持商业模式创新，推进绿色制冷、绿色照明产品普及。

2 郭丁源：“绿色‘一带一路’：源于中国，属于世界”，《中国经济导报》2019 年 4 月 30 日。

3 华启和：“习近平新时代中国特色社会主义生态文明建设话语体系图景”，《湖南社会科学》2018 年第 6 期，第 1～7 页。

晰的是，没有哪一个国家可以单独应对这些弥散性、跨界性和复杂性的环境难题及其挑战，因而，基于人类命运共同体构建的大国外交理念的共保绿色家园和共创美丽世界的意识自觉与追求，正在日益成为一种全球性绿色政治共识。尤其是在目前全球环境治理体系结构僵化、治理碎片化以及“南北”国家之间治理诉求差异不断拉大的大背景下，由中国大力倡导推动的全球生态文明建设理念主张，正在成为一种整体可信、可行的关于全球环境善治的系统性解决方案。

就本质而言，全球生态文明建设的要义就是基于环境正义理念原则的现行国际治理体系的重构，从而走向并最终建立公正平等与生态环境友好的国际环境治理新秩序。但必须承认，欧美发达国家在既存的全球环境治理秩序中仍处于一种话语与政策上的相对优势地位，因而，生态文明及其建设话语政策的国际对话与对外传播，不仅有赖于生态文明话语政策内在逻辑的系统性建构，还需要主动拓展与丰富全球生态文明的交流对话空间和多元多维传播路径与手段，也就是努力实现生态文明话语政策国际传播机制的合法化、公共化和有效化。唯有如此，我们才能够打破全球环境治理体系中依然顽固的西方结构性知识权力体系，并实现全球生态文明建设话语政策体系在全球层面上的立足扎根。

因而，必须看到，全球生态文明建设作为一种国际或对外战略，不仅包含着理念与政策两个层面，而且还包含着实践与传播这两个层面。前者主要是一个“说得好”与“做得好”的关系问题，而后者主要是一个“做得好”与“讲得好”的关系问题。而处理好这双重关系不仅仅取决于我们单方面的努力，还需要我们客观认识所处的国际周边环境，并尽量创造一个相对有利的国际交流对话环境与氛围。也就是说，全球生态文明建设及其宣传推动，将是一个需要付出长期性努力的世纪工程，不可能短期内完成。

一、全球生态文明建设的国际结构性挑战

所谓全球环境治理体系，是国际社会规范生态环境保护议题领域的各种组织、政策工具、融资机制、规则、程序和范式的总和。自 1992 年联合国环境与发展大会达成国际环境治理基本共识以来，已经过了 30 年时间，全球的环境与发展形势已然发生了深刻变化。但从全球环境治理架构及其成效来看，那时的许多争论焦点，包括全球环境责任问题、目标问题、资金机制与技术转移等，依然没有得到很好的解决，而全球环境问题治理赤字仍是人类社会所共同关心的问题。[1] 所发生的明显改变是，随着新兴发展中大国的崛起，美国和欧洲等西方国家在全球治理体制中的霸权角色与作用逐渐减弱。结果是，一方面，全球治理呈现为领导力的不足或缺失，西方大国的倡议

1　于宏源、王文涛：“制度碎片和领导力缺失：全球环境治理双赤字研究”，《国际政治研究》2013 年第 3 期，第 38～51 页。

和议程设置能力都明显下降，并且提供环境治理公共产品的意愿也在不断下降；另一方面，“东升西降”权力转换过程中，发展中国家在国际环境治理体制中的代表性仍然不足，而且还经常承受来自西方发达国家推卸责任式的无端指责与污蔑（比如散布“中国环境威胁论”等论调），从而使得全球生态文明建设的国际推广面临诸多阻障。

这种国际结构性挑战的背后，其实是一种“碳帝国主义逻辑”[1]。也就是说，在看似全新的全球气候应对或环境治理议题与话语的背后，其实依然是一种明显具有结构不平衡性特征的旧政治框架与实践逻辑：欧美发达国家和广大发展中国家尽管被同时置于共同的全球性“碳政治”平台，但并不具有同等的发言权、政策创议权和制度供给权。结果是，当前的国际“碳政治”以及环境治理与合作政治中，呈现出一种特定构型的资本主义生产、分配和消费样态，而且是严重等级化或排斥性的。少数国家和群体的消费，甚至日常生活维持，都需要高度依赖其他地方的环境、资源和廉价劳动力。现实中支撑这种“帝国式生活方式”的核心要素，绝非仅仅是绿色观念和个体生活风格的主观选择，更取决于各种形式的坚硬的物质性力量：既非自由也不公正的世界市场、各国间悬殊的军事实力和内嵌于国际制度中的非对称力量关系，等等。

1 郇庆治：“‘碳政治’的生态帝国主义逻辑批判及其超越”，《中国社会科学》2016 年第 3 期，第 24～41 页。

比如，在清洁能源议题领域，虽然发展中国家板块成整体性攀升趋势，但西方发达国家仍是清洁能源技术的主导性力量，在低碳技术专利方面占据绝对优势（约占 80%的份额），而这充分表明了全球清洁能源治理体系中仍然有着严重的“南北分割”现象，发达国家和发展中国家之间的技术、资金、治理能力等方面的鸿沟难以逾越。尽管《联合国气候变化框架公约》及其《京都议定书》都特别强调，发达国家向发展中国家转让技术是帮助后者参与全球温室气体减排的重要手段。但西方发达国家往往以“气候有益技术上的知识产权归私营企业所有，政府无权干涉”为借口，逃避它们在清洁低碳技术转让上的国际义务。事实上，欧美国家通过各种限制技术转移的法律手段来提高向发展中国家转移相关技术的门槛。[1] 尤其是，它们往往无视发展中国家应对气候变化的切实需要，与既有的国际组织平台联合构建基于知识产权保护的阻碍技术转移的国际标准网络，比如世界贸易组织（WTO）就通过《与贸易有关的知识产权协定》（以下简称《TRIPS 协定》）建构了一个知识产权国际保护体系。目前，西方发达国家在该议题的规则制定中仍占据着绝对主导权，极力维护其知识产权收益的最大化和绿色产业的国际竞争力。

---

1 比如，美国众议院先后通过了《清洁能源和安全法案》（2009）、《对外业务和相关项目融资拨款法案》（2010）和《2010—2011 财政年度外交关系授权法案》等法律文件。它们都包含了对美国参与任何国际气候变化事务的限制条件，并规定了有关气候变化对外资金援助的限制条件以及严格执行现行国际知识产权法律制度的要求。

自2008年全球金融危机以来，发达国家尤其是欧盟对知识产权的态度经历了从和缓向强硬的转变。在2015年巴黎气候大会上，欧盟和美国一致反对在气候公约谈判中涉及任何有关贸易和知识产权的问题。时至今日，知识产权问题始终未成为国际气候谈判的正式议题，从而阻碍了清洁能源国际合作及援助的顺利开展。[1] 尽管如此，《TRIPS 协定》中的一些灵活性规定提供了适用不同规则的可能性。例如，当一些气候友好型的技术已经获得专利授权但价格昂贵，在与专利权人就将价格降低到合理程度的谈判无果时，强制许可是发展中国家想获得其需要技术时可以考虑的一个选择。但很显然，只有建立起基于公正合理原则之上全球协调一致的知识产权制度，才有可能在世界范围推动战略性新兴产业中的技术扩散。因而，目前的全球清洁能源治理虽然呈现出一些多元化网络性特征，但这一网络本身依然存在隐性等级性，发达国家与发展中国家在有关领域中的知识产权政策仍存在较大分歧，也就很难消除清洁能源技术和资金上的“南北分割”或“南北鸿沟”。在此大背景下，以中国为代表的发展中国家需要通过开展灵活务实的清洁能源外交活动以及推进南南合作，来尽可能克服技术转移过程中的壁垒并实现低价、低成本清洁能源技术的可获得性。

---

1 UNFCCC，*Streamlined and Consolidated Text*（Ad Hoc Working Group on the Durban Platform for Enhanced Action，2015），https://unfccc.int/files/meetings/bonn_jun_2015/in-session/application/pdf/adp2-9_i3_11jun2015t1630_np.pdf.

二、全球生态文明建设的绿色话语权竞争与挑战

米歇尔·福柯（Michel Foucault）指出，话语即权力。话语权主要通过话语所包含的概念、逻辑、价值观、意识形态等因素来产生影响。[1] 话语权的功能大致体现为以下两个层面：在国内层面上，它表现为话语的引领力、主导力，即引领意识形态和公共舆论的能力；在国际层面上，它表现为话语的影响力、支配力，以及转化为参与国际事务和规则制定的能力。在福柯看来，“话语”并不是符号的简单聚集，而是包含着“话语实践”元素，它在形成和发展的过程中一直受到现存权力的操控和制约。这意味着，权力和话语是直接相互连带的，建构一种话语理论就必然会形成特定的权力关系。[2] 福柯主要从权力结构的维度，关注不同社会体制中既有话语如何直接或间接地将人“塑造”成为不同的价值主体。[3] 具体到全球环境治理层面，对外话语构建与表达能力是一个国家综合性软实力的重要组成部分，是它在国际社会中对特定环境治理议题的性质定义、治理标准界定和实践行动引导能力。因而，国际话语权的

---

1 檀有志：“国际话语权竞争：中国公共外交的顶层设计”，《教学与研究》2013年第4期，第62～70页。

2 米歇尔·福柯：《知识考古学》，谢强、马月译，三联书店1998年版，第129页。

3 参见詹姆斯·米勒：《福柯的生死爱欲》，高毅译，时报文化出版公司1995年版，第581～586页；Marc Roberts，“The production of the psychiatric subject：Power，knowledge and Michel Foucault”，*Nursing Philosophy 6/1（2005）*，pp. 33-42.

竞争体现为不同国家对于全球环境治理理念、价值、规范、规则、标准、实践方式等议题的话语主导权、议题设置权和制度确立权的争夺，其本质是一个国家通过自身对外话语理论体系影响国际社会中其他国家的环境治理行动和绿色价值规范认知的能力，而关键在于话语传播的有效性和对他国行为的影响程度。[1]

自20世纪90年代以来，中国在全球环境治理体系中的参与度不断提升，特别是在全球气候治理、荒漠治理、海洋污染治理等领域，从边缘性观察者逐步上升为关键性参与者甚至重要引领者。但不可忽视的是，在全球环境治理的国际传播体系中，西方国家凭借其长期以来在经济、科技、传媒等方面的霸权地位，依然主导着知识生产和信息传播的流向，控制着话语权的分配。西方主导性国际环境话语体系的形成路径，在于其资本逻辑主导性下的知识生产与政策权力体系之间的密切互动机制，突出体现为许多专业性全球环境治理的政策制定和治理决策，比如围绕《蒙特利尔议定书》《联合国气候变化框架公约》《巴塞尔公约》等环境治理机制，都是以多种专业程度高强的特有知识体系为支撑的。[2] 而来自西方国家的科学团体通常扮演着权威性角色，拥有框定“真理性知识”的权力。结

1 吴志成、李冰：“全球治理话语权提升的中国视角”，《世界经济与政治》2018年第9期，第4～21页。

2 Peter Haas，“When does power listen to truth? A constructivist approach to the policy process”，*Journal of European Public Policy* 11/4（2004），pp. 569-592.

果是，谁掌握了知识性权威，谁就拥有决策性权威和话语性权力。

2008 年金融危机以来，欧美西方国家在全球环境治理体制中提供绿色公共产品的能力和意愿都呈下降趋势，而以中国为代表的新兴发展中大国综合国力的稳步提升加速了国际体系权力格局“东升西降”的变迁。西方国家对此甚为焦虑不安，竭尽所能地干扰遏制中国发展，使得我国在许多国际议题上无法较好地表达自身的立场和态度，以此来阻碍和延缓中国进一步崛起。在全球环境治理领域，西方国家紧盯中国国际合作和对外投资中的所谓生态环境问题，通过一些社会组织、国际媒体或官员等大肆制造“中国生态威胁论”“中国资源掠夺论”和“中国责任论”，对我国的环境保护、生态建设及其制度、体制、路径等进行恶意指责和诋毁。面对“西强我弱”的话语权力格局，尽管中国在国际场合多次做了澄清和反驳，但这种论调在国际社会仍有一定的影响。[1] 以全球气候治理为例，自 2009 年哥本哈根会议以来，中国在全球气候治理中的“话语权困境”日益凸显，尽管我国在推进达成《巴黎协定》、提升国家自主贡献目标和推进气候变化南南合作创新等领域都做出了重要贡献，但整体性话语权同结构性实力仍不相匹配。[2]

---

1 王全权、张卫：“我国生态文明的对外传播：意义、挑战与策略”，《中南民族大学学报（人文社科版）》2018 年第 5 期，第 149～153 页。

2 李昕蕾：“全球气候治理中的知识供给与话语权竞争——以中国气候研究影响 IPCC 知识塑造为例”，《外交评论》2019 年第 4 期，第 32～70 页。

就本质而言，话语权的提升需要借助科学、完善而又系统性的话语理论体系，来有效阐发国家治理实践中所蕴含的“国家理念”和“国家智慧”，从而将国家的现实性实力转化为国家的话语性影响力。[1] 对此，习近平同志强调指出，“要下大气力加强国际传播能力建设，加快提升中国话语的国际影响力，让全世界都能听到并听清中国声音”[2]。生态文明及其建设理念既是对人类文明变迁过程规律的历史性反思，也是对现代社会所面临困境的现实思考，因而是一种基于人类文明与自然生态关系新认知的话语体系。[3] 因此，围绕生态文明及其建设理念的绿色话语权建构，需要从根本上提升知识生产本身的专业性和权威性，需要强化话语体系内部的科学建构和逻辑自洽。

客观而论，我国目前的生态文明话语建设同时面临着来自以下两方面的挑战：一是从知识供给角度来看，我们的生态文明话语体系更多是围绕政府政策及其低碳发展转型实践自上而下构建起来的，因而具有一种强烈的政策话语体系的表征，从而缺乏更为系统性和严谨性的学术凝练和逻辑建构，导致其

1 陈正良、周婕、李包庚：“国际话语权本质析论——兼论中国在提升国际话语权上的应有作为”，《浙江社会科学》2014 年第 7 期，第 78～83 页。

2 中共中央文献研究室（编）：《习近平总书记重要讲话文章选编》，党建读物出版社 2016 年版，第 432 页。

3 华启和：“习近平新时代中国特色社会主义生态文明建设话语体系图景”，《湖南社会科学》2018 年第 6 期，第 1～7 页。

对外交流传播过程中的说服力和吸引力较弱。[1] 二是这种基于政策导向的话语体系由于缺乏坚实学术内核的支撑，较容易受到欧美国家及其所主导的“浅绿”环境政策话语体系的羁绊或左右。事实上，现实中看似具体性、中立性的西方环境政策工具或技术手段，在本质上也属于一种生态环境治理国家模式以及国际化传输推送，脱离不了其所属的政治制度环境或竞争性条件。[2] 因而，对于欧美环境治理模式的盲目效仿和治理经验的简单化输入，都会导致生态文明建设的“去政治化”和“公共政策化”，只会与真正的生态文明建设目标渐行渐远，并在国际绿色话语权博弈中失去其竞争力。[3] 就此而言，社会主义生态文明话语建构及其国际传播的重要使命，就是要逐步打破全球环境治理体制中依然顽固的西方结构性知识权力体系，而这就需要从话语构建本身的维度提供超越资本逻辑的新知识供给，并在全球层面上推进这样一种新型科学权威建构的扩散传播。[4]

1 郇庆治：“作为一种转型政治的‘社会主义生态文明’”，《马克思主义与现实》2019 年第 2 期，第 21～29 页。

2 参见 Victor Wallis，*Red-Green Revolution*：*The Politics and Technology of Ecosocialism*（Chicago：Political Animal Press，2018）.

3 参见 Ronnie Lipschutz，*Global Environmental Politics*：*Power*，*Perspectives*，*and Practice*（Washington：CQ Press，2004）；于兴安：“当代国际环境法发展面临的内外问题与对策分析”，《鄱阳湖学刊》2017 年第 1 期，第 75～82 页。

4 李昕蕾：“中国社会主义生态文明话语体系的构建及其国际传播”，《中国生态文明》2018 年第 5 期，第 88～90 页。

三、推进全球生态文明建设路径的优化

生态文明及其建设在国际层面上的拓展传播，不仅有助于提高中国特色社会主义的道路自信、理论自信、制度自信与文化自信，也可以为全球生态环境善治，特别是确立公平正义的全球绿色治理新秩序贡献中国智慧，为人类社会的文明进步做出更大贡献。[1] 面对世界各国在全球环境治理话语政策体系中的理念竞争和规制博弈，我们要在不断发挥生态文明及其建设独特传播优势的同时，通过话语国际传播机制的优化来加强中国话语的国际传播能力和传播路径的创新，从而提升中国在全球环境治理中的整体影响力。[2]

作为与米歇尔·福柯同时代的哲学家，尤尔根·哈贝马斯（Jürgen Habermas）主要从过程理性主义视角把话语理解为达成共识的媒介和工具，认为需要促成一种“理想交往情境”从而促进多方社会力量介入其中，通过充分地论证和辩驳，最终促进彼此间话语共识的达成。[3] 依据其理论，话语的过程性（共识性）和结构性（权力性）是理解话语权塑造的核心元素。一

1 华启和：“习近平新时代中国特色社会主义生态文明建设话语体系图景”，《湖南社会科学》2018 年第 6 期，第 1～7 页。

2 胡宗山：“中国国际话语权刍议：现实挑战与能力提升”，《社会主义研究》2014 年第 5 期，第 127～135 页。

3 参见 Jürgen Habermas，“Towards a theory of communicative competence”，*Inquiry 13/1（1970）*，pp. 360-375；“Political communication in media society: Does democracy still enjoy an epistemic dimension? The impact of normative theory on empirical research”，*Communication Theory 16/4（2006），pp. 411-506.*

方面，我们不能忽视既有话语体系背后所蕴藏的某种权力结构，正是该结构影响了对于原则、规则、规范等价值标准的判断。另一方面，从对话空间建构的角度来看，话语权的塑造是一种依赖于知识输入和多方博弈的论辩性过程，而话语权力关系的确立则意味着群体共识的达成。因此，话语权的塑造并不是一蹴而就的过程，而对于既存话语体系结构的超越，也必然是一个依赖于知识供给和话语策略博弈的长期过程。[1] 具体到生态文明理念及其传播，就需要我们不断推进其话语传播机制的构建与优化。而从传播机制的构成要素而言，话语的国际传播过程包括话语的合法化、话语的公共化和话语的有效化等三个基本属性，每个属性有着不同的内涵、构成要素及衡量指标。

表 5-1 生态文明国际传播的话语属性、构成要素和衡量指标

话语属性	基本意涵	构成要素	衡量指标
话语合法化（价值和观念）	1. 话语的科学性、合逻辑性、创新性 2. 是否提出了普遍性价值立场和感召性世界发展愿景	传播主体	权威性与网络性
		话语内容	科学性与道义性
话语公共化（影响和认知）	1. 话语在国际社会中的公共化，通过传播被认可为世界性话题 2. 是否被嵌入国际公认的话语规范和制度性架构	传播策略	多元性、针对性与嵌入性
		传播平台	国际性与开放性

1 李昕蕾：《全球气候治理中的知识供给与话语权竞争——以中国气候研究影响 IPCC 知识塑造为例》，《外交评论》2019 年第 4 期，第 32～70 页。

<table>
<tr><th>话语属性</th><th>基本意涵</th><th>构成要素</th><th>衡量指标</th></tr>
<tr><td rowspan="2">话语有效化
（效用和实践）</td><td rowspan="2">1. 直接有效性：话语改变他者的态度和行为
2. 间接有效性：可实践性，对于问题的解决程度及他者追随模仿</td><td>话语反馈</td><td>认同度、接纳度</td></tr>
<tr><td>话语实践</td><td>可复制性、可践行性</td></tr>
</table>

资料来源：作者自制。

1. 注重传播话语的权威性和创新性塑造

生态文明及其建设话语的合法化属于话语传播的价值与观念维度，主要是指话语生产本身的科学性、合逻辑性和创新性，特别是话语是否可以做到承载普遍性价值立场。话语合法化的构成要素包括传播主体和话语内容。其一，话语生产主体的权威性是国际话语权获得的前提，如上述所强调的生态文明话语的国际对话空间拓展和绿色左翼认知共同体的建构都是话语生产过程中重要的主体间互动，其衡量标准取决于传播主体的权威性和传播主体之间网络建构性的强弱。其二，话语内容和质量是进行国际传播的基础，内容质量的高低直接影响到国际话语权的获得，其衡量的标准是话语意涵阐释的科学性和道义性。因而，中国生态文明及其建设的知识权威建构，不仅需要我们从本质上进一步提升知识生产的专业性和系统性，特别是超越对于相关政策的简单化阐释，从学术知识体系建构的角度对生态文明建设的完整内涵及其内在逻辑进行研究探索，还需要我们通过对生态文明及其建设深刻理论意蕴的系统性阐发来提出具有感召力的世界发展愿景，从而强化话语体系的规范性力量。

具体而言，在推进生态文明及其建设的国际传播过程中，我们要把中国在全球环境治理中的相对优势领域作为突破口，宣传形塑我国的绿色话语影响力。在全球气候治理体系中，中国已经从京都会议的观察者，演进为哥本哈根会议的重要参与者，并进一步提升为巴黎会议的关键性引领者，特别是在“共同但有区别的责任”原则、资金技术支持等挑战性很强的谈判议题上都起到重要的引导与协调作用，经常通过提出“搭桥方案”打破僵局，推动谈判取得实质性进展。如今，中国在全球气候治理体系中的能力提升和治理权威地位的进一步确立，都需要更为坚实的科学基础支撑以及创新性的知识贡献，而这种意义上的知识供给不足正在从深层次制约着我国在全球气候治理中更重要引领作用的发挥。因而，我们应更多从知识供给的过程性建构维度来理解国际公共知识生产及其权威性的塑造，特别是把发展中国家自身的治理实践优势以及特殊的治理需求更好地融入既存的知识话语体系及其重塑之中，在服务国家利益需求的同时推进可能达成一般性政治共识的科学话语的框定和构嵌，从而逐渐超越西方中心主义的治理话语桎梏。[1]

1 李昕蕾：“全球气候治理中的知识供给与话语权竞争——以中国气候研究影响 IPCC 知识塑造为例”，《外交评论》2019 年第 4 期，第 32～70 页。

2. 注重传播路径的多元性、国际性和长效性

生态文明及其建设话语的公共化属于话语传播的影响和认知维度，主要是指通过国际传播，话语理念被国际社会认可为世界性话题，从而由国内话语转变为国际公认的规范性和制度性话语，最终通过制度倡议被嵌入到国际体系中。话语公共化的主要构成要素包括传播策略和传播平台。

首先，对于传播策略来说，其核心要求是具有针对性的话语传播策略与灵活多样的传播技巧，并注重不同传播策略的交替使用，从而把传播话语嵌入到既存的国际制度和全球治理体系中。比如，在话语传播过程中，我们要特别注意生态文明及其建设话语的转化过程，增强受众意识。尤其是要在采取创新性话语表达方式的同时，贴近国外受众的文化背景与接受习惯，寻求与各国政治话语的呼应共鸣。总之，我们必须更充分认识到，包括生态文明在内的国际传播需要密切结合国际受众的历史背景、文化氛围与语境接受度，传播内容要想得到对方的更好理解与接受，最好的方式是与对方现有的认知实现嫁接和共鸣。

其次，传播平台是话语传播得以实现的载体和渠道，其主要衡量标准是传播平台与渠道的开放性和国际化程度。因而，在实施生态文明及其建设国际传播的过程中，一方面要更注重传播媒介的多元化，比如从传统纸质媒体（学术期刊、报纸、研究报告等）到日益普及的电子媒体（广播电视、社交媒体、

网络等），另一方面要更关注某些节点性的重要事件，比如围绕着某一重要（国际）会议的高端宣传活动、系列研讨会和相关培训活动等，而主场会议外交的充分利用也有利于生态文明及其建设议题的国际化议程设置和制度性嵌入，比如 2019 年 9 月 3 日，生态环境部部长李干杰与《生物多样性公约》执行秘书克里斯蒂娜·帕梅尔共同发布将于 2020 年举行的第十五次缔约方大会的主题定为“生态文明：共建地球生命共同体”，就是典型的通过主场外交方式把生态文明及其建设内容嵌入重要国际会议的议程之中。

在这方面，长效性和制度化传播平台的建构可以为生态文明及其建设的有效国际传播提供持续性动力支持，以全球生态文明建设为主题的国际论坛和国际组织则可以成为推进生态文明建设理念规范扩散的主阵地，成为生态文明国际认知共同体建构的交流和对话平台。比如，生态文明贵阳国际论坛目前还仅是两年一度的国际会议，会议秘书处主要负责年度会议的筹备。而着眼于促进生态文明及其建设国际传播的长效性制度建设，需要尽快推进该论坛的研究型和专业型转向。对此，《2018 贵阳共识》指出，准备有序推进生态文明贵阳国际论坛智库的建设，并将在此基础上更有力地推动生态文明理念的全球性推广与制度化建设，包括研究相关的法律保障体系和经济核算制度议题。该论坛另一个值得关注的问题是，它在国际层面上对普通民众的影响还不够深入。目前，政界、商界、学术界的精英代表仍然是论坛的主要参与群体，而普通民众对它的了解程度并不高。因而，在今后的发展中需要通过邀请世界各国的普通民众参与到论坛不同形式的活动之中，使其充分体验、感受与认知我国生态文明建设的成果，同时也可以依此拓展全球伙伴关系网络的大众支持基础，并提升生态文明国际传播平台的亲民魅力。

3. 注重传播实践的有效性、可复制性和制度外溢性

生态文明及其建设传播的有效化属于话语传播的实践和效用维度，包括直接有效性，即改变他者的态度与行为；间接有效性，即可实践性以及他者的追随模仿情况。话语有效化的构成要素包括话语反馈和话语实践。首先，话语认同和话语反馈是生态文明及其建设有效传播的关键指标，表明话语所要表达的立场、观点和主张等获得了国际社会的反响与反馈，其中包括对生态文明及其建设话语的接纳和认同，其外在表现则是话语层面上的积极肯定和行为方式上的主动追随。其次，话语实践的有效性是指话语事实通过相对应的全球治理实践行动而得以巩固和强化，向世界展示了话语实践的成效以及对问题解决的有效程度。总体来说，有效的绿色话语实践是生态文明及其建设话语国际传播的最终载体，而对于话语实践的衡量指标是它的可复制性和可践行性。比如，习近平主席近年来对一系列生态环境全球治理重大国际活动的主动参与，对于我国政府的国际环境治理合作政策立场传播和全球性生态文明建设

都发挥了十分重要的推动作用。[1] 这其中的内在逻辑就是，从我国的生态环境治理行动中提炼出可以复制和借鉴的生态文明最优实践模式加以宣传，然后通过其他国家的效仿和追随从而使生态文明理念做法最终融入全球环境善治的话语制度体系之中。

比如，我国的绿色“一带一路”倡议就是生态文明建设理念指导下的区域可持续发展战略构想，它不仅为其他沿线国家提供了可以付诸实践的政策选择，也是破解全球可持续发展难题、改革和完善现存国际治理秩序的中国智慧。而它的深入与可持续推进，还取决于以下诸多方面的不断改进完善，尤其是切实把生态文明理念融入“五通”建设实践中，即把生态文明建设理念嵌入到项目投资、对外贸易、资金保障、能力建设、基础设施互联互通等各个合作领域，增加优质绿色公共产品供给来助力“一带一路”沿线国家落实联合国可持续发展目标。[2] 具体来说，在项目投资上，我国要通过绿色金融工具识别和预防投资的生态前景与风险，更强调“绿色采购”和“可持续性基建”等原则，促进清洁能源技术和基础设施的可持续发展。我们可以通过充分利用国内外两个市场和两种资源来不断整合区域性清洁能源优势资源，在维护地区可持续发展的同

1 陈以定：“当代中国外交中意识形态建设与国际话语权建构——基于中国外交话语分析视角”，《学术界》2012 年第 7 期，第 79～87 页。

2 朱磊、陈迎：“‘一带一路’倡议对接 2030 年可持续发展议程——内涵、目标与路径”，《世界经济与政治》2019 年第 4 期，第 79～100 页。

时提升中国在全球清洁能源供应链中的领先地位。[1] 在资金保障上，我国已经发起成立了亚洲基础设施投资银行，设立了“丝路基金”，积极推动多边金融机构为“一带一路”建设提供资金支持，但目前还没有对绿色投资的比例做出明确限定。对此，我们应逐渐推动“一带一路”资金保障方面对赤道原则的接纳[2]，建立高标准的环境风险管理制度，充分披露相关环境信息并设立绿色投资门槛。在能力建设上，我国应更大力度推动“一带一路”对外援助和南南合作的“绿化”，全面推进环保技术、绿色示范项目和专业人才的交流与合作。[3]

1 李昕蕾：“‘一带一路’框架下中国的清洁能源外交——契机、挑战与战略性能力建设”，《国际展望》2017 年第 3 期，第 36～57 页。
2 “赤道原则”要求金融机构进行项目投资时，对该项目实施的环境和社会影响进行综合评估，从而利用金融杠杆促进该项目在可持续发展和社会环境责任方面发挥积极作用。
3 朱磊、陈迎：“‘一带一路’倡议对接 2030 年可持续发展议程——内涵、目标与路径”，《世界经济与政治》2019 年第 4 期，第 79～100 页。

结　语

“环境政治学”作为一个比较政治学的分支学科和环境人文社会科学的新兴交叉学科，致力于探讨包括生态政治理论（思想）、环境社会运动与政党、政府环境政策和环境国际（全球）治理与合作等在内的社会政治现象。因而，它可以用来阐释与分析当代中国现实中发生着的“环境政治”或“绿色政治”的社会政治实践。依此而论，我国的环境政治主要呈现为作为长期执政党的中国共产党的治国理政绿色理念、战略和政策，是对最广大人民群众的在生态环境保护治理方面的根本（长远、整体）利益及其现实需要的统筹考量与及时回应。一方面，就环境政治的基本内容来说，像世界其他国家和地区的环境政治实践一样，它也经历了一个从生态价值理念的传播教育、环境政治议题的逐渐确立、绿色政治共识的民主达成，到生态环境政策的贯彻落实及其制度化的渐进过程，而且这一过程对于许多生态环境问题来说都是一个不断循环往复、螺旋式上升的过程（比如我们对于大气污染问题的理解与应对）。另一方面，就环境政治的两大行为主体即党和政府与人民群众来说，它是一个建立在各自理论认识水平与实践能力逐渐提高基础上的建设性互动过程。也就是说，对于生态环境议题的政治重要性的认识以及现实应对能力，无论对于中国共产党（党员干部）、各级政府（官员）还是人民群众自身（包括社会精英），都呈现为一个不断成熟与成长的过程。很显然，这样一种理论阐释对于理解作为环境政治议题的生态文明及其建设也是非常重要的。

那么，为什么还要强调把生态文明及其建设政治作为一个独立的学术研究对象、把生态文明建设政治学作为一个独立的新兴学科方向来理解与对待，或者，为什么说生态文明建设是我国新时代的“大政治”呢？在笔者看来，这主要基于对“生态文明建设政治”这一研究对象特殊性的如下认知。[1]

其一，生态文明建设的直接性任务或“刚性目标”，就是实质性应对经过四十多年改革开放现代化发展之后累积起来的严重的生态环境问题或挑战，因而是必须如期完成的“政治任务”。概括地说，生态环境问题已经呈现为一个同时挑战既

1 郇庆治：“生态文明建设是新时代的‘大政治’”，《北京日报》2018 年 7 月 16 日。

存经济社会发展模式的可持续性、人民群众生活质量与身心健康、公众对于社会主义现代化及其未来愿景信心等核心利益关切的严肃政治问题，以至于中国共产党及其领导下的政府必须从自己的执政目标与权力基础的政治高度来高调应对。对此，习近平同志明确指出，依然建立在粗放发展模式上的经济产值翻番，必将会带来更大的自然资源与生态环境压力，也将会导致更大程度上的生态环境破坏，以及老百姓的生活幸福感的大打折扣和不满情绪的上升。“所以，我们不能把加强生态文明建设、加强生态环境保护、提倡绿色低碳生活方式等仅仅作为经济问题。这里面有很大的政治。”[1] 因而，大力推进生态文明建设的直接性任务，就是尽快做到抑制、减缓和治理依然形势严峻的城乡大气、水域与土壤污染等问题，也就是党的十九大报告所强调的打好、打赢“蓝天保卫战”，确保尽快补齐全面建成小康社会进程中的生态环境这一“短板”。依此而论，实质性应对生态环境难题或质量退化局面，是以习近平同志为核心的党中央所确定的全面建成小康社会这一政治总目标的关键性支撑元素，不容任何意义上的政治敷衍或畏难退缩。这也就意味着，对于全国及其各地生态文明建设成效的最直接检验，就是生态环境质量的大幅度改善。

其二，生态文明建设的中长期任务或“中位目标”，就是

---

1 中共中央文献研究室（编）：《习近平关于社会主义生态文明建设论述摘编》，中央文献出版社 2017 年版，第 5 页。

按照党的十八大报告所提出的“五位一体”总体布局要求实现对生态环境问题的系统（整体）性应对和治理，因而有着明显的“新政治意蕴”。生态环境问题从近期或直观的角度看，是非常具体意义上的大气污染、水域污染、土壤污染、生物多样性减少、荒漠化等人为不利现象，但从更根本的层面上说是由于人类社会中经济、社会、政治、文化与生态环境系统之间的不协调、不匹配、不平衡问题。也就是说，生态环境问题的根本性解决，有赖于一种全新的符合生态文明原则的新经济、新社会、新政治与新文化，而人与自然是生命共同体和山水林田湖草（沙）系统治理的价值理念与行为方式，将会构成这种全新社会的认知坐标与实践指针。正因为如此，必须明确，生态文明及其建设不仅意味着一种综合性的生态环境问题应对思路与模式，即充分利用生态文明建设过程中的经济、社会、政治与文化力量或进路来克服生态环境问题，还意味着一种综合性的社会重构或转型目标，即逐渐创建一整套合乎生态文明理念与原则的社会制度体系。因而，显而易见的是，生态环境问题的实质性解决和生态环境质量的根本性改善，远不是单凭经济技术与公共管理政策的革新就能实现的，而是需要一个综合性的社会转型或重构过程，或者说文明革新或转型过程。[1] 也正是在这种意义上，作为“五位一体”构成性元素的“生态文

1 郇庆治：《文明转型视野下的环境政治》，北京大学出版社 2018 年版，第 4～5 页。

明建设”，的确具有一种整体规范性、引领性的意涵。换言之，“五位一体”视域下的“生态文明建设”更能够彰显一种新政治、新文明的未来指向。

其三，生态文明建设的根本性任务或“总体目标”，就是实现中国特色社会主义生态文明制度的逐步完善和环境治理体系与能力的现代化，因而是一种清晰的“新政治愿景或目标”。正如党的十八届三中全会通过的《中共中央关于全面深化改革若干重大问题的决定》和十九届四中全会通过的《中共中央关于坚持和完善中国特色社会主义制度、推进国家治理体系和治理能力现代化若干重大问题的决定》所确定的，我国新时期全面改革开放的总体目标是实现中国特色社会主义制度的不断完善和治理体系与能力的现代化，而大力推进生态文明建设的总体目标则应是实现中国特色社会主义生态文明制度的不断完善和环境治理体系与能力的现代化。而需要强调的是，我们必须同等重视“中国特色社会主义生态文明制度的不断完善”和“环境治理体系与能力的现代化”这两个要素，尤其是第一个方面。这是因为，尽管党的十八大报告明确提出了“走向社会主义生态文明新时代”，并把“中国共产党领导中国人民建设社会主义生态文明”写入了修改后的《中国共产党党章》，党的十九大报告更是明确强调了“牢固树立社会主义生态文明观”[1]，但社会

1 胡锦涛：《坚定不移沿着中国特色社会主义道路前进 为全面建成小康社会而奋斗》，人民出版社 2012 年版，第 41 页；习近平：《决胜全面建成小康社会 夺取新时代中国特色社会主义伟大胜利》，人民出版社 2017 年版，第 52 页。

各界包括学术界的许多人似乎仍过分偏重于环境治理体系与能力的现代化（举措），而有意或无意地淡化或回避生态文明建设的社会主义指向及其政治要求。而恰恰是这一现象本身进一步凸显了中国特色社会主义生态文明制度体系的不断完善是我国大力推进生态文明建设的更根本性任务，相比之下，环境治理体系与能力的现代化（举措）只具有进路或手段的意义，尽管也非常重要。

因而可以说，正是“生态文明建设政治”这一当代中国绿色社会政治现象或实践的丰富内涵，为我们提供了开展“生态文明建设政治学”学理性与学科讨论的、相较于环境政治学的更大想象空间。

比如，在与经济增长或物质福利的关系上，环境政治学的基本设定之一就是后物质主义价值观转向，也就是说，欧美国家的环境政治实质上是现代化（工业化与城市化）进程结束之后展开的对于现代社会乃至现代性本身的批判性反思与超越。因而，这就使得主流的环境政治阐释从政治目标到政治变革动力机制都是严重片面性的，例如后工业（城市）社会或文明成为大多数绿色政治构想的未来想象，而且往往是那些衣食无忧的特殊社群（新中产阶层、高学历知识群体、青年学生和都市女性等）被认为具有引领绿色变革的先驱潜能，但事实上，全球范围内正是广大发展中国家的普通民众和工业化发达国家中的“底层阶级”有着最为迫切的保持与改善所处生态环境的

“政治需要”（“穷人环境主义”[1]），而且往往是在满足基本物质生活需要和保持生态环境质量之间做艰难平衡。相较之下，生态文明建设政治学提供了更为真实场景下的另一种讨论语境或空间。尤其是对于生态文明建设的“绿色发展进路”而言，其最大的“亮点”就是致力于实现良好生态环境质量维持与适度经济社会现代化发展之间的内在统一，也就是探寻“人与自然和谐共生的现代化”[2]。作为一种模式或道路，它当然还不是已然确立或既成意义上的，特别是对于它所建基于的社会政治与文化制度条件，我们还需要做更深入的理论研究、更需要付出艰巨的现实努力，但它毕竟展示了这样一种潜能，可以让我们走出主流环境政治学语境下的环境保护与经济增长之间的线性承继或现实对立认知，转而探索二者之间共生共荣的政治可能性。

比如，民主政治理念及其制度构架是环境政治学的另一个不容置疑或挑战的基础性理论设定，也就是说，任何非（反）民主的政治设想或方案无论成效如何，都是政治上不正确的和不可接受的。如果说，这种价值信奉是基于对第二次世界大战期间出现的法西斯主义政治所做的深刻反省或决裂，当然是有

1 Ramachandra Guha and Joan Martínez-Alier，*Varieties of Environmentalism: Essays North and South*（London：Earthscan，1997）.

2 习近平：《决胜全面建成小康社会 夺取新时代中国特色社会主义伟大胜利》，人民出版社 2017 年版，第 50 页；《高举中国特色社会主义伟大旗帜 为全面建设社会主义现代化国家而团结奋斗》，人民出版社 2022 年版，第 23 页。

道理的，即生态环境的有效保护治理绝不能以灭绝人性和肆意践踏个体自由权利的方式进行，但事实却是，这种自由主义政治逐渐被“定格”为一种严重地域化并且有着明确政治意识形态意涵的特定版本。依据这种理论，不同社群、阶层和地区之间的民众都被赋予一种自由民主制框架下的环境权利与责任之间对等的主体地位，没有不承担责任的权利，同时也没有不伴随着权利的义务，然而，由于忽略了不同个体或社群在承担其责任或义务时的权利享受条件（能力）上的结构性差异，它所允诺的环境公平或生态正义的政治目标其实是“自由的”或缺乏保障的。

不仅如此，现实中对自由主义环境政治有意或无意的意识形态粉饰甚或神化，还使得欧美社会很难建立起或通向真正意义上的“生态审议民主”或“共和主义环境民主”[1]——同时在国内和国际（全球）层面上。相形之下，生态文明建设政治学同时在生态可持续性和社会主义政治的双重意义上，为我们展示了走向一种广泛而深刻的全球性“生态审议民主”的可能性。就前者而言，它把生态环境界定为一个可以在人类社会生存与发展追求及其实现中得以更好保持和改善的过程，而不再简单描述或理解为与人类社会存在及其活动的直接对立冲突；就后者来说，社会主义民主本身致力于最广大人民群众的生态环境

1 约翰·巴里：“从环境公民权到可持续公民权”，载郇庆治（主编）：《环境政治学：理论与实践》，山东大学出版社 2007 年版，第 22～47 页。

权益的被充分考虑并且主要通过他们自己的民主参与来实现，因而可以实现对于生态环境有效保护治理的政治共识与政策的民主达成与民主践行。这当然不是说，社会主义对于资本主义的政治替代就可以自然（轻松）消除资本主义制度条件下的各种形式的严重生态环境问题，但显而易见的是，真实的社会主义民主与生态可持续性有着更强的兼容性，至少开辟了实现这种兼容或融通的政治可能性。

再比如，从政党政治的视角来说，环境政治学还有一个被广泛接受或认为是理所当然的立场观点，那就是绿党的政治代表性。按照这种理解，绿党政治所代表的不只是一个特定的社会阶层的政治利益关切，更是当代欧美社会中所现实形成的一个新的政治冲突向度，即后物质主义“绿色”政治与主流物质主义“黑色”政治之间的冲突，而且这一冲突向度一旦形成，就是相对稳定的。相应地，就像传统主流政党比如工人政党和资产阶级政党是近代社会以来先后出现的其他政治冲突向度的合法代表一样，绿党（环境政党）就是这一绿色政治冲突向度的合法代表。[1] 这意味着，绿党不仅要担负彰显与传播生态环境议题和进行大众社会政治动员的任务，还要负责促进与推动生态环境保护治理制度和政策的政治决策落实。因而，绿党的“向制度内进军”过程所体现的，不只是绿党自身的政治影响扩大和成长，还是当代民主政治制度的绿化或合生态化，尽

1 郇庆治：《欧洲绿党研究》，山东人民出版社 2000 年版，第 19～20 页。

管这并不意味着现实政治中的绿党必然或很快会实现这一目标理想。相比之下，生态文明建设政治学显然提供了一种更加多元化甚至异质性的绿色政治动力机制描绘与阐释。至少就当代中国而言，一方面，生态文明建设本身就是一个涵盖经济、政治、社会、文化与生态环境治理各方面及其全过程的整体性社会实践，相应地，其中的各种形式主体都可以（应）成为不可或缺的或重要的推动力量，而不仅仅是专门性政治机构，特别是行政管理部门或职业政治家如何发挥其政治或管理职能的问题。另一方面，中国共产党作为唯一的长期执政党扮演着统领全局、自上而下的全面领导作用[1]，尽管它自身的知识水平和领导能力也有一个不断学习与提高的过程。

最后，需要说明的是，强调生态文明建设政治学的议题研究或学科方向上的上述特点绝不意味着，本书已经对于这些问题做出了系统全面的理论分析或回答。一方面，包括笔者在内的创作小组，对于生态文明及其建设政治的独立学科方向重要性的认知也有一个逐步提高的过程，甚至可以说是 2020 年夏在接受中国环境出版集团周煜编审的盛情邀请、在与“人文社会科学与生态文明丛书”其他几位作者的反复讨论中，才得以明确意识和确立的。由此可以理解，我们书稿中对于生态文明建设政治学的研究对象和学科性质是相对明晰的，但对于它应

1 郇庆治：“区域生态文明建设推进的云南实践：环境政治视角”，《鄱阳湖学刊》2019 年第 1 期，第 19～31 页。

该着重探讨的议题内容及其研究方法，其实依然是高度开放性的——客观而言，正如各位读者可以看到的，它更大程度上是在与环境政治学相比较的意义上展开论述的。

另一方面，对于这样一个新理论或学科视域下的议题政治研究，2020 年下半年的写作时间显然是远远不够的，再加上集体创作的性质——山东大学的李昕蕾教授负责第一章和第五章的撰写，而目前已任职于东南大学的北京大学的鞠传国博士后则承担了第二章和第三章的写作任务，使得这部书稿明显有些“急就章”甚或“夹生饭”的味道。好在，讨论编辑出版“人文社会科学与生态文明丛书”时达成的共识之一，就是开启引领我国学术界对于社会主义生态文明建设实践的环境人文社会科学视角下的系统性与学理性研究，而这意味着包括《生态文明建设政治学初论》在内的整个丛书都将首先承担一个“抛砖引玉”的功能，以便吸引更多的学术界同仁加入这样一种对于发展中国特色社会主义人文社会科学意义重大、影响深远的智力努力。同时，随着 2022 年党的二十大所确立的全面建设人与自然和谐共生的中国式现代化宏伟目标所必将推动的新时代创新实践和我国生态文明及其建设的理论研究逐渐进入一个质量与深度优先的新阶段，笔者也相信，将来肯定会有机会再对这些初步思考做进一步的补充完善，使之逐渐成为一个中国特色、中国风格、中国气派鲜明的学科方向并发挥其应有的学术教育与社会政治影响，那将是我们莫大的荣幸与欣慰。

参考文献

[1] 罗宾·艾克斯利. 绿色国家：重思民主和主权[M]. 郇庆治，译. 济南：山东大学出版社，2012.

[2] 詹姆斯·奥康纳. 自然的理由：生态学马克思主义研究[M]. 唐正东，臧佩洪，译. 南京：南京大学出版社，2003.

[3] 约翰·巴里. 从环境公民权到可持续公民权[M]//郇庆治. 环境政治学：理论与实践. 济南：山东大学出版社，2007.

[4] 约翰·贝拉米·福斯特. 生态革命：与地球和平相处[M]. 刘仁胜，等译. 北京：人民出版社，2015.

[5] 保罗·伯特尼，罗伯特·史蒂文斯. 环境保护的公共政策[M]. 穆贤清，方志伟，译. 上海：上海人民出版社，2004.

[6] 乌尔里希·布兰德. 超越绿色资本主义——社会生态转型和全球绿色左翼的视点[J]. 探索，2016（1）.

[7] 乌尔里希·布兰德，马尔库斯·威森. 资本主义自然的限度：帝国式生活方式的理论阐释及其超越[M]. 郇庆治，等编译. 北京：中国环境出版集团，2019.

[8] 约翰·德赖泽克. 地球政治学：环境话语[M]. 蔺雪春，郭晨星，译. 济南：山东大学出版社，2012.

[9] 安德鲁·多布森. 绿色政治思想[M]. 郇庆治，译. 济南：山东大学

出版社，2012.

[10] 安德鲁·多布森．政治生态学与公民权理论[M]//郇庆治．环境政治学：理论与实践．济南：山东大学出版社，2007.

[11] 米歇尔·福柯．知识考古学[M]．谢强，马月，译．北京：生活·读书·新知三联书店，1998.

[12] 皮尔·加尔顿．走向21世纪的欧洲绿党[M]//郇庆治．环境政治学：理论与实践．济南：山东大学出版社，2007.

[13] 安东尼·吉登斯．气候变化的政治[M]．曹荣湘，译．北京：社会科学文献出版社，2009.

[14] 爱德华多·古迪纳斯．拉丁美洲关于发展及其替代的论争[J]．国外社会科学，2017（2）.

[15] 威廉·劳里．大坝政治学：恢复美国河流[M]．石建斌，译．北京：中国环境科学出版社，2009.

[16] 阿希什·科塔里，费德里科·德马里亚，阿尔贝托·阿科斯塔．好生活、去增长和生态自治：可持续发展和绿色经济的替代选择[J]．国外理论动态，2016（11）.

[17] 詹姆斯·米勒．福柯的生死爱欲[M]．高毅，译．台北：时报文化出版公司，1995.

[18] 卡米拉·莫雷诺．超越绿色资本主义[J]．鄱阳湖学刊，2015（3）.

[19] 托马斯·思德纳．环境与自然资源管理的政策工具[M]．张蔚文，黄祖辉，译．上海：上海人民出版社，2005.

[20] 安德鲁·文森特．现代政治意识形态[M]．袁久红，译．南京：江苏人民出版社，2005.

[21] 阿希姆·希瓦史塔瓦，阿希什·科塔里．全球化进程中的印度：环境影响与替代性政治选择[J]．南京林业大学学报（人文社科版），2016（1）.

[22] 边纪红．我国已与125个国家、29个国际组织签署173份“一带一路”合作文件[EB/OL].（2019-04-18）[2023-01-10]. http://www.xinhuanet.com/world/2019-04/18/c_1124385792.htm.

[23] 蔡华杰，陈小捷．社会主义生态文明理论的政治经济学基础：何以必要与可能[J]．当代经济研究，2021（1）．
[24] 蔡守秋．环境公平与环境民主：三论环境资源法学的基本理念[J]．河海大学学报（哲社版），2005（3）．
[25] 蔡先凤，成红．论当代西方绿色政治理论的形成和发展[J]．世界经济与政治，2003（9）．
[26] 曹顺仙．中国传统环境政治研究[M]．北京：中国社会科学出版社，2019.
[27] 陈豪．争当全国生态文明建设排头兵[J]．云岭先锋，2015（4）．
[28] 陈润羊，花明，张贵祥．我国生态文明建设中的公众参与[J]．江西社会科学，2017（3）．
[29] 陈学明．建设生态文明是中国特色社会主义题中应有之义[J]．思想理论教育导刊，2008（6）．
[30] 陈以定．当代中国外交中意识形态建设与国际话语权建构——基于中国外交话语分析视角[J]．学术界，2012（7）．
[31] 陈臻．新闻媒体应如何宣传“生态文明”[J]．新闻窗，2007（6）．
[32] 陈正良，周婕，李包庚．国际话语权本质析论——兼论中国在提升国际话语权上的应有作为[J]．浙江社会科学，2014（7）．
[33] 大理州洱海保护治理增强紧迫感打好攻坚战[N]．云南日报，2018-11-15.
[34] 党文琦，奇斯・阿茨．从环境抗议到公民环境治理：西方环境政治学发展与研究综述[J]．国外社会科学，2016（6）．
[35] 邓旭，谢俊，滕飞．何谓“碳中和”？[J]．气候变化研究进展，2021（1）．
[36] 邓永芳，刘国和．新时代中国特色社会主义生态文明建设的理论体系：关于十九大报告生态文明建设的十个理论层面[J]．南京林业大学学报（人文社科版），2019（6）．
[37] 丁开杰，刘英，王勇兵．生态文明建设：伦理、经济与治理[J]．马克思主义与现实，2006（4）．

[38] 董亮. 国际环境政治研究的变迁及其根源[J]. 教学与研究，2016（5）.

[39] 董亮. 习近平生态文明思想中的全球环境治理观[J]. 教学与研究，2018（12）.

[40] 董亮，张海滨. 2030 年可持续发展议程对全球及中国环境治理的影响[J]. 中国人口·资源与环境，2016（1）.

[41] 董云仙，吴学灿，盛世兰，等. 基于生态文明建设的云南九大高原湖泊保护与治理实践路径[J]. 生态经济，2014（11）.

[42] 杜强. 新时代我国农村生态文明建设研究[J]. 福建论坛·人文社科版，2019（11）.

[43] 段昌群. 争当生态文明建设排头兵[J]. 社会主义论坛，2015（4）.

[44] 方世南. 全球生态合作共治：价值、困境与出路[J]. 北华大学学报（社科版），2017（3）.

[45] 方世南. 建设生态文明关系人民福祉关乎民族未来的价值意蕴[J]. 福建师范大学学报（哲社版），2019（3）.

[46] 方世南. 习近平生态文明思想的鲜明政治指向[J]. 理论探索，2020（1）.

[47] 方炜杭. 生态文明建设，看福建！[N]. 福建日报，2012-11-11（5）.

[48] 高卫星. 试论生态文明建设中的政府责任[J]. 河南社会科学，2009（3）.

[49] 高小升. 里约+20 峰会后的世界可持续发展问题析评[J]. 现代国际关系，2012（11）.

[50] 高永强. 新时代人的生态需要逻辑转换与生态文明建设路径选择[J]. 理论学刊，2018（3）.

[51] 关婷，黄海莉. 卡托维茨联合国气候变化大会侧记[EB/OL].（2018-12-14）[2023-01-10]. http://wemedia.ifeng.com/93067858/wemedia.shtml.

[52] 郭丁源. 绿色“一带一路”：源于中国，属于世界[N]. 中国经济导报，2019-04-30（1）.

[53] 国际在线. 携手共建生态良好的地球美好家园——写在北京世园

会开幕倒计时百日之际[EB/OL].（2019-01-20）[2023-01-10]. https://baijiahao.baidu.com/s?id=1623143711689357178&wfr=spider&for=pc.

[54] 国家发展和改革委员会.“一带一路”碳中和基础设施发展与融资高峰会在贵阳成功举办[EB/OL].（2018-09-11）[2023-01-10]. http://mini.eastday.com/mobile/180911150821938.html.

[55] 国家统计局．全国年度统计公报[R/OL]. [2023-01-10]. http://www.stats.gov.cn/tjsj/tjgb/ndtjgb/.

[56] 郭茹，包存宽．科学推进碳达峰和碳中和，实现生态环境明显改善和根本性好转[EB/OL].（2021-01-22）[2023-01-10]. https://theory.gmw.cn/2021-01/22/content_34563904.htm.

[57] 郝栋．习近平生态文明建设思想的理论解读与时代发展[J]．科学社会主义，2019（1）.

[58] 韩一元. 保护生物多样性的世界行动与中国力量[J]. 世界知识，2020（20）.

[59] 胡洪彬．社会资本视角下的生态文明建设路径[J]．四川行政学院学报，2009（2）.

[60] 胡锦涛．高举中国特色社会主义伟大旗帜　为夺取全面建设小康社会新胜利而奋斗[M]．北京：人民出版社，2007.

[61] 胡锦涛．坚定不移沿着中国特色社会主义道路前进　为全面建成小康社会而奋斗[M]．北京：人民出版社，2012.

[62] 胡锦涛文选（第2卷）[M]．北京：人民出版社，2016.

[63] 胡宗山．中国国际话语权刍议：现实挑战与能力提升[J]．社会主义研究，2014（5）.

[64] 华启和．习近平新时代中国特色社会主义生态文明建设话语体系图景[J]．湖南社会科学，2018（6）.

[65] 华启和．中国提升生态文明建设国际话语权的基本理路[J]．学术探索，2020（10）.

[66] 郇庆治．2010年以来的中国环境政治学研究论评[J]．南京工业大学

学报（社科版），2018（1）.
[67] 郇庆治．21 世纪以来的西方绿色左翼政治理论[J]．马克思主义与现实，2011（3）.
[68] 郇庆治．21 世纪以来的西方生态资本主义理论[J]．马克思主义与现实，2013（2）.
[69] 郇庆治．充分发挥党和政府引领作用 大力推进我国生态文明建设[J]．绿色中国，2018（9）.
[70] 郇庆治．重聚可持续发展的全球共识——纪念里约峰会20周年[J]．鄱阳湖学刊，2012（3）.
[71] 郇庆治，等．绿色变革视角下的当代生态文化理论[M]．北京：北京大学出版社，2019.
[72] 郇庆治．当代西方生态资本主义理论[M]．北京：北京大学出版社，2015.
[73] 郇庆治．发展的“绿化”：中国环境政治的时代主题[J]．南风窗，2012（2）.
[74] 郇庆治．国内生态社会主义研究述评[J]．江汉论坛，2006（2）.
[75] 郇庆治，何娟．2016 年国内生态马克思主义研究：进展与评估[J]．云梦学刊，2017（4）.
[76] 郇庆治．环境政治国际比较[M]．济南：山东大学出版社，2007.
[77] 郇庆治．环境政治学：理论与实践[M]．济南：山东大学出版社，2007.
[78] 郇庆治．环境政治学视角的生态文明体制改革与制度建设[J]．中共云南省委党校学报，2014（1）.
[79] 郇庆治．环境政治学视野下的绿色话语研究[J]．江西师范大学学报（哲社版），2016（4）.
[80] 郇庆治．环境政治学研究在中国：回顾与展望[J]．鄱阳湖学刊，2010（2）.
[81] 郇庆治．拉美“超越发展”理论述评[J]．马克思主义与现实，2017（6）.

[82] 郇庆治，李宏伟，林震．生态文明建设十讲[M]．北京：商务印书馆，2014.
[83] 郇庆治．论我国生态文明建设中的制度创新[J]．学习论坛，2013（8）.
[84] 郇庆治．绿色变革视角下的生态文化理论及其研究[J]．鄱阳湖学刊，2014（1）.
[85] 郇庆治．亟待发展的中国环境人文社科学科[J]．环境教育，2011（1）.
[86] 郇庆治．欧洲绿党研究[M]．济南：山东人民出版社，2000.
[87] 郇庆治．欧洲执政绿党：政策与政治影响[J]．欧洲研究，2004（4）.
[88] 郇庆治．区域生态文明建设推进的云南实践：环境政治视角[J]．鄱阳湖学刊，2019（1）.
[89] 郇庆治．人类命运共同体视野下的全球资源环境安全文化构建[J]．太平洋学报，2019（1）.
[90] 郇庆治．社会主义生态文明的政治哲学基础：方法论视角[J]．社会科学辑刊，2017（1）.
[91] 郇庆治．深入探讨社会主义生态文明建设的“进路”难题[J]．毛泽东邓小平理论研究，2020（1）.
[92] 郇庆治．生态文明创建的绿色发展路径：以江西为例[J]．鄱阳湖学刊，2017（1）.
[93] 郇庆治．生态文明创建的生态现代化路径[J]．阅江学刊，2016（6）.
[94] 郇庆治．生态文明及其建设理论的十大基础范畴[J]．中国特色社会主义研究，2018（4）.
[95] 郇庆治．生态文明建设的绿色发展模式：以云南省普洱市为例[M]//普洱国家绿色经济试验示范区白皮书．北京：《人民论坛》杂志社，2018.
[96] 郇庆治．生态文明建设是新时代的“大政治”[N]．北京日报，2018-07-16（13）.
[97] 郇庆治．生态文明建设试点示范区实践的哲学研究[M]．北京：中国林业出版社，2019.
[98] 郇庆治．生态文明建设与环境人文社会科学[J]．中国生态文明，

2013（1）.
[99] 郇庆治．生态文明建设与人类命运共同体构建[J]．中央社会主义学院学报，2019（4）.
[100] 郇庆治．生态现代化理论与绿色变革[J]．马克思主义与现实，2006（2）.
[101] 郇庆治．“碳政治”的生态帝国主义逻辑批判及其超越[J]．中国社会科学，2016（3）.
[102] 郇庆治．文明转型视野下的环境政治[M]．北京：北京大学出版社，2018.
[103] 郇庆治．雾霾政治与环境政治学的崛起[J]．探索与争鸣，2014（9）.
[104] 郇庆治．西方生态社会主义研究论评[J]．马克思主义与现实，2005（5）.
[105] 郇庆治．习近平生态文明思想的政治哲学意蕴[J]．人民论坛，2017（11）.
[106] 郇庆治．新右翼主义、新民粹主义与当代左翼政治[J]．当代世界社会主义问题，2017（1）.
[107] 郇庆治．政治机会结构视角下的中国环境运动及其战略选择[J]．南京工业大学学报（社科版），2012（4）.
[108] 郇庆治．改革开放四十年中国共产党绿色现代化话语的嬗变[J]．云梦学刊，2019（1）.
[109] 郇庆治．中国生态文明的价值理念与思维方式[J]．学术前沿，2015（1）.
[110] 郇庆治．作为一种转型政治的“社会主义生态文明”[J]．马克思主义与现实，2019（2）.
[111] 郇庆治．左翼政党环境转向[J]．绿色中国，2019（1）.
[112] 郇庆治．改革开放和社会主义现代化建设新时期党的生态文明建设历史考察[J]．理论与评论，2022（5）.
[113] 黄高晓．论习近平全球生态文明建设思想[J]．广西社会科学，2018（6）.

[114] 黄娟，许媛媛．生态文明建设中坚持群众路线的问题与对策[J]．毛泽东思想研究，2014（5）．
[115] 姬振海．坚持“五位一体”的总体布局　推进生态文明建设[J]．环境保护，2012，40（23）．
[116] 贾庆林．切实抓好生态文明建设的若干重大工程[J]．求是，2011（4）．
[117] 贾秀飞，叶鸿蔚．环境政治视域下生态文明建设的逻辑探析[J]．重庆社会科学，2019（2）．
[118] 孔凡义．国外环境政治研究：现状及其评价[J]．国外社会科学，2010（4）．
[119] 孔燕，余艳红，苏斌．云南九大高原湖泊流域现行管理体制及其完善建议[J]．水生态学杂志，2018（3）．
[120] 李波，于水．生态公民：生态文明建设的社会基础[J]．西南民族大学学报（人文社科版），2018（3）．
[121] 李凤香．洱海面源污染治理现状及对策[J]．环境科学导刊，2008（B06）．
[122] 李干杰．以习近平生态文明思想为指导　动员全社会力量建设美丽中国[J]．中国人大，2018（5）．
[123] 李干杰．以习近平生态文明思想为指导　坚决打好污染防治攻坚战[J]．时事报告（党委中心组学习），2018（4）．
[124] 李丽平，姜欢欢，高颖楠，等．孟中印缅经济走廊下以环保产业合作推动绿色发展的总体思路[J]．环境与可持续发展，2018（6）．
[125] 李培超，周甲子．生态文明建设的中国方案与环境伦理学本土化建构的目标指向[J]．伦理学研究，2018（1）．
[126] 李昕蕾．全球气候治理领导权格局的变迁与中国的战略选择[J]．山东大学学报（哲社版），2017（1）．
[127] 李昕蕾．全球气候治理中的知识供给与话语权竞争——以中国气候研究影响 IPCC 知识塑造为例[J]．外交评论，2019（4）．
[128] 李昕蕾．习近平生态文明思想的国际传播及其路径优化[J]．当代世界社会主义问题，2019（4）．

[129] 李昕蕾．“一带一路”框架下中国的清洁能源外交——契机、挑战与战略性能力建设[J]．国际展望，2017（3）．
[130] 李昕蕾．中国社会主义生态文明话语体系的构建及其国际传播[J]．中国生态文明，2018（5）．
[131] 李益敏，等．滇池污染特征及治理对策[J].云南地理环境研究，2003（4）．
[132] 李垣．生态文明建设的“浅绿”与“深绿”：基于环境经济学和环境政治学的解读[J]．湖北行政学院学报，2015（6）．
[133] 李媛媛，姜欢欢，李丽平，等．我国与南太平洋和加勒比海国家开展应对气候变化合作策略研究[J]．环境与可持续发展，2020（3）．
[134] 李挚萍，冼艳．“常州毒地”修复案中多重责任与利益主体的关系定位[J]．环境保护，2019（13）．
[135] 李周．夯实生态文明制度体系　加快生态文明建设进程[J]．中国农村经济，2020（6）．
[136] 廖小明，冯颜利．生态文明视阈下的云南生态文化建设[J]．中共云南省委党校学报，2013（1）．
[137] 蔺雪春．变迁中的全球环境话语体系[J]．国际论坛，2008（6）．
[138] 蔺雪春．全球环境话语与联合国全球环境治理机制相互关系研究[D].济南：山东大学，2009.
[139] 刘豪．生态文明建设对云南民族文化的作用研究初探[J]．昆明学院学报，2016（1）．
[140] 刘海龙．生态文明建设的全球视野[J]．云南社会科学，2012（1）．
[141] 刘京希．再论生态政治[J]．东岳论丛，1998（6）．
[142] 刘立成，熊莉军．习近平生态文明思想的全球传播体系构建[J]．学习月刊，2018（9）．
[143] 刘万文，张辉．国内政治与国际政治双向互动的理论探讨及中国实践[J]．理论研究，2010（4）．
[144] 刘希刚，刘扬．中国共产党生态文明建设理念的与时俱进和创新发展[J]．广西社会科学，2018（1）．

[145] 龙军．浏阳镉污染悲剧是如何酿成的[N]．光明日报，2009-08-11（5）．
[146] 娄伟．中国生态文明建设的针对性政策体系研究[J]．生态经济，2016（5）．
[147] 吕学都，刘德顺．清洁发展机制在中国[M]．北京：清华大学出版社，2004．
[148] 马拥军．生态文明：马克思主义理论建设的新起点[J]．理论视野，2007（12）．
[149] 孟娜，周立．新时代推进生态文明建设的实践与探索——以河南省为例[J]．中州学刊，2021（1）．
[150] 彭汉琼，李斌雄．论共产党人的自然价值观与生态文明建设[J]．理论月刊，2013（6）．
[151] 彭永岸，朱彤．滇池污染的成因及其治理新方案[J]．地球信息科学，2003（1）．
[152] 乔永平．我国生态文明建设试点的问题与对策研究[J]．昆明理工大学学报（社科版），2016（1）．
[153] 秦书生，张泓．公众参与生态文明建设探析[J]．中州学刊，2014（4）．
[154] 覃阳平．国家公园发展障碍分析：以云南省普达措国家公园为例[J]．林业建设，2015（6）．
[155] 邱兆祥，刘永元．以绿色金融推动生态文明建设[J]．理论探索，2020（6）．
[156] 仇华飞，孟峤．当代国际环境政治研究理论探讨[J]．同济大学学报（社科版），2012（6）．
[157] 瞿姝宁，杨猛．坚决贯彻落实习近平生态文明思想 切实担负起生态环境保护政治责任[N]．云南日报，2018-09-09（1）．
[158] 全永波，叶芳．“区域海”机制和中国参与全球海洋环境治理[J]．中国高校社会科学，2019（5）．
[159] 冉冉．政体类型与环境治理绩效：环境政治学的比较研究[J]．国外理论动态，2014（5）．
[160] 桑杰．中国共产党关于生态文明建设的理论与实践[J]．红旗文稿，

2006（23）.
[161] 沈承诚．西方环境话语的类型学分析[J]．国外社会科学，2014（5）.
[162] 沈洪涛，黄楠．政府、企业与公众：环境共治的经济学分析与机制构建研究[J]．暨南学报（哲社版），2018（1）.
[163] 生态环境部．中国生态环境状况公报[R/OL]. http://www.mee.gov.cn/hjzl/sthjzk/zghjzkgb/.
[164] 宋献中，胡珺．理论创新与实践引领：习近平生态文明思想研究[J]．暨南学报（哲社版），2018（1）.
[165] 檀有志．国际话语权竞争：中国公共外交的顶层设计[J]．教学与研究，2013（4）.
[166] 唐芳林，等．国家公园在云南省试点建设的再思考[J]．林业建设，2013（1）.
[167] 唐海萍，唐少卿．生态文明建设刍议[J]．生态经济，2001（11）.
[168]“特别策划：生态文明与人类命运共同体”专辑[J]．人民论坛，2018（30）.
[169] 滕玲．国家林业局昆明勘察设计院院长唐芳林谈云南国家公园建设[J]．地球，2016（12）.
[170] 田静，陈晓波，张寅．牢记习近平总书记嘱托　扛起时代使命担当　为把云南建设成为中国最美丽省份而奋斗[N]．云南日报，2018-07-24（1）.
[171] 田启波，关锋．西方激进生态政治的主要理论图谱[J]．国外理论动态，2017（7）.
[172] 万夏林，等．《生物多样性公约》第十五次缔约方大会与生态文明理念的国际传播[J]．环境保护，2020，48（22）.
[173] 王传发．建设中国最美丽省份、展现新时代云南新担当新作为[N]．云南日报，2018-07-26.
[174] 王春荣．生态自治主义及其哲学基础[J]．行政与法，2006（1）.
[175] 王聪聪．欧洲左翼党的可持续政治转向[J]．江西师范大学学报（哲社版），2016（4）.

[176] 王耕，李素娟，马奇飞．中国生态文明建设效率空间均衡性及格局演变特征[J]．地理学报，2018（11）．

[177] 王宏斌．当代中国建设生态文明的途径选择及其历史局限性与超越性[J]．马克思主义与现实，2010（1）．

[178] 王密．滇池治理显成效[N]．昆明日报，2017-02-28．

[179] 王全权，张卫．我国生态文明的对外传播：意义、挑战与策略[J]．中南民族大学学报（人文社科版），2018（5）．

[180] 王世明，余永跃．群众路线与社会主义生态文明建设[J]．云梦学刊，2016（6）．

[181] 王喜军．Nvivo 质性分析新中国成立 70 年生态文明建设政策演进与取向[J]．黄河科技学院学报，2020（3）．

[182] 王雨辰．构建中国形态的生态文明理论[J]．武汉大学学报（哲社版），2020（6）．

[183] 王雨辰．论科威尔的生态学马克思主义理论[J]．广西大学学报（哲社版），2016（4）．

[184] 文小勇，陈炳灿，吴云．试论云南生态省的建设与生态经济发展[J]．大理师专学报，2000（3）．

[185] 吴宁，王璐，陈婧仪．瑞纳・格伦德曼生态学马克思主义思想评析[J]．鄱阳湖学刊，2016（2）．

[186] 吴瑛．滇池流域人口社会分化与水环境空间结构变迁[J]．云南社会科学，2013（1）．

[187] 吴志成，李冰．全球治理话语权提升的中国视角[J]．世界经济与政治，2018（9）．

[188] 习近平．关于《中共中央关于制定国民经济和社会发展第十三个五年规划的建议》的说明[N]．人民日报，2015-11-04（2）．

[189] 习近平．继往开来，开启全球应对气候变化新征程[N]．人民日报，2020-12-13（2）．

[190] 习近平．坚持可持续发展　共创繁荣美好世界[N]．人民日报，2019-06-08（2）．

[191] 习近平．决胜全面建成小康社会　夺取新时代中国特色社会主义伟大胜利[M]．北京：人民出版社，2017.

[192] 习近平．推动我国生态文明建设迈上新台阶[J]．求是，2019（3）.

[193] 习近平．习近平谈治国理政（第 1 卷）[M]．北京：外文出版社，2014/2018.

[194] 习近平．习近平谈治国理政（第 2 卷）[M]．北京：外文出版社，2017.

[195] 习近平．习近平谈治国理政（第 3 卷）[M]．北京：外文出版社，2020.

[196] 习近平．高举中国特色社会主义伟大旗帜　为全面建设社会主义现代化国家而团结奋斗[M]．北京：人民出版社，2022.

[197] 项继权．湖泊治理：从“工程治污”到“综合治理”——云南洱海水污染治理的经验与思考[J].中国软科学，2013（2）.

[198] 解振华．做全球生态文明建设参与者贡献者[N]．联合时报，2018-06-29.

[199] 新华网．习近平接见驻外使节工作会议与会使节并发表重要讲话[EB/OL].（2017-12-28）[2023-01-10]. http://cpc.people.com.cn/n1/2017/1228/c64094-29734770.html.

[200] 新华网．习近平向生态文明贵阳国际论坛 2018 年年会致贺信[EB/OL].（2018-07-07）[2023-01-10]. http://www.xinhuanet.com/politics/leaders/2018-07/07/c_1123092421.htm.

[201] 徐行，张鹏洲．我国生态文明建设的政治考量与政府职责[J]．理论与现代化，2016（4）.

[202] 严耕，等．中国省域生态文明建设评价报告（ECI 2016）[M]．北京：社会科学文献出版社，2017.

[203] 严耕．中国省域生态文明建设评价报告（ECI 2015—2010）[M]．北京：社会科学文献出版社，2010—2015.

[204] 严双伍，肖兰兰．中国参与国际气候谈判的立场演变[J]．当代亚太，2010（1）.

[205] 杨东，等．云南省国家公园建设现状与对策研究[J]．林业调查规划，2016（5）.

[206] 杨芳．云南国家公园的探索与实践[J]．云南林业，2014（2）．
[207] 杨红娟，曹野．少数民族贫困地区生态文明建设中公众意识—意愿—行为研究[J]．学术探索，2020（1）．
[208] 杨宏山．构建政府主导型水环境综合治理机制：以云南滇池治理为例[J]．中国行政管理，2012（3）．
[209] 羊华．洱海 2005—2014 年水质状况及变化分析[J]．水利信息化，2016（1）．
[210] 杨嘉莹，徐春．通过社区介入推动公众参与生态文明建设[J]．广东社会科学，2018（5）．
[211] 杨晶．赢得国际话语权：中国生态文明建设的全球视野与现实策略[J]．马克思主义与现实，2020（3）．
[212] 杨巧蓉．全球化视野下我国生态文明建设之困境与应对[J]．山东社会科学，2014（12）．
[213] 杨志华，严耕．中国生态文明建设的六大类型及其策略[J]．马克思主义与现实，2012（6）．
[214] 尹绍亭．生态文明论：文化人类学的视角[M]//周琼．探索与争鸣：建设美丽中国的西南实践．北京：科学出版社，2018.
[215] 于宏源．“里约+20”与中国的环境外交[J]．绿叶，2012（8）．
[216] 于宏源，王文涛．制度碎片和领导力缺失：全球环境治理双赤字研究[J]．国际政治研究，2013（3）．
[217] 于莎，负涛，朱晓暄，等．“一带一路”参与国家绿色指数评价[J]．全球科技经济瞭望，2019（1）．
[218] 余晓慧，陈钱炜．生态文明建设多元文化的求同存异[J]．西南林业大学学报（社科版），2021（1）．
[219] 于兴安．当代国际环境法发展面临的内外问题与对策分析[J]．鄱阳湖学刊，2017（1）．
[220] 云南环保宣教中心．建设美丽云南、共享生态文明[N]．云南日报，2018-12-05.
[221] 云南省长：坚决打赢洱海保护治理攻坚战[N]．云南日报，2018-11-06.

[222] 曾文婷，郭剑仁，徐艳梅，等．“生态学马克思主义”与马克思主义比较研究[M]．北京：社会科学文献出版社，2015.

[223] 张帆，杨文明，李茂颖．昆明：亮出新颜值　美出新气质[N]．人民日报，2018-11-12（1）.

[224] 张纪华．学习贯彻党的十九大精神　为建设美丽云南砥砺前行[J]．西南林业大学学报（社科版），2018（1）.

[225] 张纪华．争当生态文明建设排头兵　擦亮“绿色云南”名片[J]．环境保护，2017，45（22）.

[226] 张剑智，陈明．推进可持续发展建设全球生态文明的思考[J]．环境与可持续发展，2019（4）.

[227] 张军莉，曾广权，夏晓纯．云南建设生态省的对策建议研究[J]．环境科学导刊，2008（5）.

[228] 张丽君．气候变化领域中的中国非政府组织[J]．公共外交季刊，2016（1）.

[229] 张首先，张俊．生态文明建设：多元主体生态责任的困境与培育[J]．中国环境管理干部学院学报，2011（3）.

[230] 张卫彬，朱永倩．海洋命运共同体视域下全球海洋生态环境治理体系建构[J]．太平洋学报，2020（5）.

[231] 张修玉．云南少数民族生态文明建设路径[M]//周琼．屏障与安全：生态文明建设的区域实践与体系构建．北京：科学出版社，2018.

[232] 张雪．生态文明建设中政府协同动力体系优化问题研究[J]．理论导刊，2019（2）.

[233] 张一群．云南先行探索国家公园体制立法[J]．云南林业，2015（3）.

[234] 张玉林．社会科学领域的中国环境问题研究[J]．浙江学刊，2008（4）.

[235] 张蕴．生态文明建设呼唤多元共治[J]．人民论坛，2018（35）.

[236] 张云飞．2015 年中国生态主义的“主音符”[J]．人民论坛，2016（3）.

[237] 张云飞．70 年来生态文明理念的嬗变[J]．人民论坛，2019（29）.

[238] 张云飞．大力推动新时代生态文明建设[J]．先锋，2019（2）.

[239] 张云飞．社会主义生态文明的人民性价值取向[J]．马克思主义与现

实，2020（3）.
[240] 张云飞．社会主义生态文明内在规定的科学自觉[J]．环境与可持续发展，2020（6）.
[241] 张云飞．唯物史观视野中的生态文明[M]．北京：中国人民大学出版社，2014.
[242] 张召立，吕昌会，刘春学．云南九大高原湖泊治理的复杂性、艰巨性和长期性[J]．社会主义论坛，2011（5）.
[243] 张佐．实施绿色发展战略　建设云南生态文明[J]．西南林学院学报，2008（4）.
[244] 赵成．马克思的生态思想及其对我国生态文明建设的启示[J]．马克思主义与现实，2009（2）.
[245] 赵成，于萍．马克思主义与生态文明建设研究[M]．北京：中国社会科学出版社，2016.
[246] 赵林，任秀芹．拓展生态文明制度建设新路径[J]．社会主义论坛，2017（6）.
[247] 郑红莲．多学科视角下的环境话语研究回顾与展望[J]．东莞理工学院学报，2018（6）.
[248] 郑石明．国外环境政治学研究述论[J]．政治学研究，2018（5）.
[249] 中共云南省委党校中国特色社会主义理论体系研究中心．推进生态文明建设、加快建设美丽云南[N]．云南日报，2018-03-20.
[250] 中共中央关于全面深化改革若干重大问题的决定[M]．北京：人民出版社，2013.
[251] 中共中央关于制定国民经济和社会发展第十二个五年规划的建议[J].求是，2010（21）.
[252] 中共中央　国务院关于加快推进生态文明建设的意见[N]．人民日报，2015-05-06（1）.
[253] 中共中央　国务院印发《生态文明体制改革总体方案》[J]．中华人民共和国国务院公报，2015（28）.
[254] 中共中央文献研究室．十六大以来重要文献选编（中）[M]．北京：

中央文献出版社，2011.
[255] 中共中央文献研究室．习近平关于社会主义生态文明建设论述摘编[M]．北京：中央文献出版社，2017.
[256] 中共中央文献研究室．习近平总书记重要讲话文章选编[M]．北京：党建读物出版社，2016.
[257] 中国共产党第十九届中央委员会第四次全体会议文件汇编[M]. 北京：人民出版社，2019.
[258] 中国共产党第十九届中央委员会第五次全体会议文件汇编[M]. 北京：人民出版社，2020.
[259] 中国国际扶贫中心．“2020 全球减贫伙伴研讨会”举行，探讨后疫情时代全球减贫创新与合作[EB/OL].（2020-11-26）[2023-01-10]. https://www.iprcc.org.cn/article/412epS9PTJf.
[260] 中国环保在线．从点源控制到综合修复　滇池步入精细化治理新阶段[EB/OL].（2018-07-23）[2023-01-10]. http://www.hbzhan.com/news/detail/125107.html.
[261] 中国日报网．五大发展理念丰富世界发展理论增强中国话语权[EB/OL].（2016-03-21）[2023-01-10]. http://china.chinadaily.com.cn/2016-03/21/content_23983805.htm.
[262] 中国生态文明研究与促进会，中国西部生态文明发展报告编委会．中国西部生态文明发展报告（2017）[M]．北京：中国环境出版社，2018.
[263] 中国现代化研究中心．中国现代化报告 2007：生态现代化研究[M]. 北京：北京大学出版社，2007.
[264] 周琼．屏障与安全：生态文明建设的区域实践与体系构建[M]．北京：科学出版社，2018.
[265] 周琼．云南省绿色发展新理念确立初探[J]．昆明学院学报，2018（2）.
[266] 周琼．云南生态文明建设的历史回顾与经验启示[J]．昆明理工大学学报（社科版），2016（4）.
[267] 周生贤．生态文明建设：环境保护工作的基础和灵魂[J]．求是，2008（4）.

[268] 周鑫．构建现代环境治理体系视域下的公众参与问题[J]．哈尔滨工业大学学报（社科版），2020（2）．
[269] 祝光耀．基于分区管理的生态文明建设指标体系与绩效评估[M]．北京：中国环境出版社，2016.
[270] 朱磊，陈迎．“一带一路”倡议对接 2030 年可持续发展议程——内涵、目标与路径[J]．世界经济与政治，2019（4）．
[271] 朱琳琳，魏晓文．民主党派推进生态文明建设的多维思考[J]．贵州社会主义学院学报，2013（3）．
[272] ACOSTA A. La maldición de la abundancia[M]. Quito: FES-ILDIS，2009.
[273] BENTON T. Natural relations：ecology，animal rights and social justice[M]. London：Verso，1993.
[274] BIEHL J. Rethinking eco-feminist politics[M]. Boston，MA：South End Press，1991.
[275] BRAND U，DIETZ K，LANG M. Neo-extractivism in Latin America: one side of a new phase of global capitalist dynamics[J]. Ciencia Política，2016（21）．
[276] BRAND U，WISSEN M. Social-ecological transformation[M]//RICHARDSON D et al. The international encyclopedia of geography. Hoboken：John Wiley & Sons，2017.
[277] BRUCKMEIER K. Social-ecological transformation：reconstructing society and nature[M]. New York：Palgrave Macmillan，2016.
[278] BUSBY J W. Climate change and national security：an agenda for action[M]. New York：Council on Foreign Relations Press，2007.
[279] CARSON R. Silent spring[M]. Boston：Houghton Mifflin Harcourt，2002.
[280] CARTER N，MOL A. Environmental governance in China[J]. Special Issue of Environmental Politics，2006，15（2）．
[281] CHEN G. Politics of China's environmental protection：problems and

progress[M]. Singapore，London and New Jersey：World Scientific Publishing Co.，2009.

[282] CHINAFAQS. Propelling the Durban Climate Talks - China announces willingness to consider legally binding commitments post-2020 [EB/OL]. https://datadrivenlab.org/china/propelling-the-durban-climate-talks-china-announces-willingness-to-consider-legally-binding-commitments-post-2020/.

[283] CUDWORTH E. Environment and society[M]. London：Routledge，2003.

[284] DANERMARK B，EKSTRÖM M，KARLSSON J. Explaining society：critical realism in the social sciences[M]. London：Routledge，2002.

[285] DIAMOND I，GLORIA O. Reweaving the world：the emergence of eco-feminism[M]. San Francisco：Sierra Club Books，1990.

[286] DICKENS P，RAYMOND M. Society and nature：changing our environment，changing ourselves[M]. Cambridge：Polity，2004.

[287] EARTH SUMMIT. The Rio declaration on environment and development [EB/OL]. http://en.wikipedia.org/wiki/Rio_Declaration_on_ Environment_ and_Development.

[288] ECKERSLEY R. The green state：rethinking democracy and sovereignty[M]. Cambridge：The MIT Press，2004.

[289] FRANK B，PATTBERG P，ASSELT H V，et al. The fragmentation of global governance architectures：a framework for analysis[J]. Global Environmental Politics，2009，9（4）.

[290] GARNER R. Environmental politics：Britain，Europe and the global environment[M]. London：Macmillan，2000.

[291] GOERG C，et al. Challenges for social-ecological transformations：contributions from social and political ecology[J]. Sustainability，2017，9（7）.

[292] GUHA R，MARTINEZ-ALIER J. Varieties of environmentalism：essays

north and south[M]. London：Earthscan，1997.

[293] HAAS P. When does power listen to truth? a constructivist approach to the policy process[J]. Journal of European Public Policy，2004，11（4）.

[294] HABERMAS J. Political communication in media society：Does democracy still enjoy an epistemic dimension？The impact of normative theory on empirical research [J]. Communication Theory，2006（4）.

[295] HABERMAS J. Towards a theory of communicative competence[J]. Inquiry，1970（1）.

[296] HAJIER M. The politics of environmental discourse：ecological modernization and the policy process[M]. Oxford：Oxford University Press，1995.

[297] HARDIN G. The Tragedy of the Commons[J]. Science，1968（162）.

[298] HEILBRONER R. An inquiry into the human prospect[M]. New York：Norton，1974.

[299] HODGSON A. Climate of change：a foreign policy analysis of China's participation in international environmental agreements[D]. Lawrence：University of Kansas，2011.

[300] IISD. Summary of the Durban climate change conference[EB/OL]. https://enb.iisd.org/durban-climate-change-conference-cop17/summary-report.

[301] IUCN，UNEP，WWF. Caring for the earth：a strategy for sustainable living[M]. Gland：IUCN，1991.

[302] JACKSON J. The concept of eco-Marxism[EB/OL]. http://environmental-activism.suite101.com/article.cfm/the-concept-of-ecomarxism.

[303] JANICKE M. Dynamic governance of clean-energy markets：how technical innovation could accelerate climate policies[J]. Journal of Cleaner Production，2012，22（1）.

[304] JANICKE M. Preventive environmental policy as ecological modernisation

and structural policy[J]. Science Center of Berlin IIUG Discussion Papers，1985（2）.

[305] KALLEBERG A L. The logic of comparison：a methodological note on the comparative study of political systems[J]. World Politics，1966，19（1）.

[306] KITSUSE J I，SPECTOR M. Constructing social problems[M]. New York：Aldine de Gruyter，1987.

[307] LAMPTON D M. The making of Chinese foreign and security policy in the era of reform，1978-2000[M]. Stanford and California：Stanford University Press，2001.

[308] LANG M，MOKRANI D. Beyond development：alternative visions from Latin America[M]. Amsterdam：Rosa Luxemburg Foundation and Transnational Institute，2013.

[309] LIPSCHUTZ R. Global environmental politics：power，perspectives，and practice[M]. Washington：CQ Press，2004.

[310] MITCHEL R B. International environment[M]//CARLSNAES W，RISSE T，SIMMONS B. Handbook of international relations. London：Sage Publications，2002.

[311] MOL A，BUUREN J V. Greening industrialization in Asian transitional economies：China and Vietnam[M]. Lanham：Lexington，2003.

[312] MOL A. Globalization and environmental reform：the ecological modernization of the global economy[M]. Cambridge：The MIT Press，2001.

[313] MOL A. The refinement of production：ecological modernization theory and the chemical industry[M]. Utrecht: International Books，1995.

[314] MOL A. Environment and modernity in transitional China：frontiers of ecological modernisation[J]. Development and Change，2006，37（1）.

[315] OPHULS W. Ecology and the politics of scarcity： prologue to a political theory of the steady state[M]. San Francisco：Freeman，1977.

[316] PHIL M，URRY J. Contested natures[M]. London：Sage Publications，1998.

[317] PISELLI D，PAVONI R. Governing through goals：sustainable development goals as governance innovation[J]. Transnational Environmental Law，2017，6（3）.

[318] ROBERTS M. The production of the psychiatric subject：power，knowledge and michel foucault[J]. Nursing Philosophy，2005，6（1）.

[319] SALLEH A. Eco-sufficiency and global justice：women write political ecology[M]. London and New York：Pluto Press，2009.

[320] SALLEH A. Ecofeminism as politics：nature，Marx and the postmodern[M]. London：Zed Books，1997.

[321] SMITH M. Against ecological sovereignty：Agamben，politics and globalisation[J]. Environmental Politics，2009，18（1）.

[322] SOPER K. Nature's nature[M]//BIRD J，CURTIS B，MASH M，et al. Future Natural：nature，science，culture. London：Routledge，1996.

[323] TZANKOVA Z. The science and politics of ecological risk：bio-invasions policies in the US and Australia[J]. Environmental Politics，2009，18（3）.

[324] UNFCCC. Streamlined and consolidated text[M]. Ad Hoc Working Group on the Durban Platform for Enhanced Action，2015，https://unfccc.int/files/meetings/bonn_jun_2015/in-session/application/pdf/adp2-9_i3_11jun2015t1630_np.pdf.

[325] UNITED NATIONS. Agenda 21[EB/OL]. http://en.wikipedia.org/wiki/Agenda_21.

[326] UNITED NATIONS. United Nations millennium declaration[EB/OL]. https://www.ohchr.org/en/instruments-mechanisms/instruments/united-nations-millennium-declaration.

[327] UNITED NATIONS. What is Rio+20[EB/OL]. http://www.un.org/en/sustainablefuture/about.shtml.

[328] WALLIS V. Red-Green revolution：the politics and technology of ecosocialism[M]. Chicago：Political Animal Press，2018.

[329] WANG L. Changing climate? China's new interest in global climate change negotiations[M]//KASSIOLA J J，SUJIAN G. China's environmental crisis：domestic and global political impacts and responses. Basingstoke and New York：Palgrave Macmillan，2010.

[330] WARD B，DUBOS R. Only one earth：the care and maintenance of a small planet[M]. New York：Norton Company，1972.

[331] WEALE A. The new politics of pollution[M]. Manchester：Manchester University Press，1992.

[332] World Commission on Environment and Development. Our common future[M]. Oxford：Oxford Paperbacks，1987.

[333] YANDLE B. Community markets to control agricultural non-point source pollution[J]. Fearing Food，1999.

[334] ZHANG L，MOL A，SONNENFELD D. The interpretation of ecological modernisation in China[J]. Environmental Politics，2007，16（4）.

[335] ZÜRN M. The rise of international environmental politics：a review of current research[J]. World Politics，1998，50（4）.